Der geliehene Freund

MICHAEL KÄFER
MIT KAI PSOTTA

Der geliehene Freund

Mein Leben als Gastgeber

EDEL BOOKS

INHALT

PROLOG

Mit einem Mal stand da dieser Mann vor mir. Aus dem Nichts war er aufgetaucht und lächelte mich ein wenig verkrampft an. Ich kannte sein Gesicht, konnte es aber nicht sofort zuordnen. Irgendetwas passte nicht, dachte ich mir, während ich ihn dezent von oben bis unten scannte.

Er trug eine knielange Lederhose und ein blütenweißes Trachtenhemd. Sein Janker stand ihm gut. Aber die weißen Sneaker, die er dazu gewählt hatte, irritierten mich ein wenig.

»Sie müssen mir bitte helfen«, sagte der Zuagroaste. Dass er kein gebürtiger Münchner, ja nicht einmal Bayer war, ließ nicht nur sein nicht ganz traditionelles Wiesn-Outfit, sondern auch sein lupenreines Hochdeutsch vermuten.

In der Hand hielt er sein Handy, darunter geklemmt mehrere Blätter Papier und einen Stift.

»Uli Hoeneß ruft mich jeden Moment zurück. Ich brauche dringend ein Plätzchen, an dem ich mit ihm in Ruhe sprechen kann«, bat der Mann mit leichter Nervosität.

Langsam dämmerte es mir, woher ich ihn kannte. Wir waren uns schon auf diversen Sportpartys begegnet. Er war Reporter, arbeitete für die *Bild* München. Wo immer der Rekordmeister war, war er auch.

Ich musste ein bisschen grinsen angesichts seiner Bitte. Wir waren auf der Wiesn. Auf dem größten Volksfest der Welt. Inmitten dieses wundervollen, blau-weißen Ausnahmezustands, bei dem sich das Grölen von Tausenden Stimmen mit dem

Klirren von Krügen und dem Rhythmus der Musikkapellen zu einem herrlich fröhlichen Klangbad vermischt. In den Zelten ist es laut, vor den Fahrgeschäften sowieso. Hier ein Rattern, da ein Kreischen. Überall wird der Freude lautstark Ausdruck verliehen.

»Kommen Sie bitte mit«, sagte ich zu Kai Psotta, inzwischen war mir sein Name wieder eingefallen. Ich führte ihn raus aus unserer Käfer-Schänke und brachte ihn zu einem der Container, die wir hinter unserem Festzelt aufgestellt hatten. Dort befanden sich unsere Wiesn-Büros, zu denen eigentlich nur unsere Mitarbeiter Zutritt haben. Ein anderer Ort, um in Ruhe mit Uli Hoeneß zu telefonieren, fiel mir auf die Schnelle nicht ein.

Warum und wieso dieses Interview so dringend war, dass Kai Psotta seine Maß und sein Hendl sofort stehen ließ, wusste ich nicht, aber das war auch nicht entscheidend. Uli Hoeneß und er werden ihre Gründe für das Spontangespräch gehabt haben. Mehr als drei Stunden hockte er in unserem Bürocontainer. Spätabends entdeckte ich ihn wieder an seinem Tisch, mit den Freunden ausgelassen schunkelnd. Offensichtlich war das improvisierte Gespräch erfolgreich geführt und in die Redaktion übermittelt worden.

Wir verloren uns nicht mehr aus den Augen. Ein paar Jahre später saß er sogar mit seiner Verlobten bei mir im Büro und wir planten ihre Feier nach der standesamtlichen Trauung bei uns im Restaurant.

Sie entschieden sich für die Hochzeits- und Kristallstube. Wir servierten ein Hochzeitssuppentreppchen mit einer Rinderkraftbrühe, einer Bärlauchcremesuppe mit pochierten Wachteleiern und einer Essenz von Strauchtomaten-Topfennockerl mit Basilikumschaum. Als Hauptgang gab es unter anderem Spargel mit einem Kaiserkalb und Morchelrahmsoße.

Im Vorfeld erfuhr ich viel über die beiden, über ihr Kennenlernen und ihre Familien und Freunde. Wie sie sich ihre gemeinsame Zukunft vorstellen. Sie öffneten mir, wie ganz viele unserer Kunden, für die wir Events planen dürfen, ihr Herz und baten mich wie einen Freund, ins Innenleben ihrer Familie einzutreten. Ich wurde, wie ich es gerne ausdrücke, zu einem geliehenen Freund für Kai und Christina.

Für einen bestimmten Zeitraum lässt einen der Gast nah an sich heran, teilt mit uns manchmal auch intimste Familiengeheimnisse, wenn es zum Beispiel um die Sitzordnung geht – und wer auf keinen Fall nebeneinander platziert werden sollte.

Doch nach Abschluss der Feier war es das auch. Dann entfernen wir uns wieder. Die Intensität der Gespräche nimmt ab.

Doch in dem Fall war es anders. Seitdem kommen einen Tag vor Weihnachten Psottas, inzwischen mit zwei Kindern, immer zu uns – und auch an ihrem Hochzeitstag, dann allerdings allein.

Wir sind verbunden geblieben. Auch nachdem Kai seinen Job als Journalist hinter sich gelassen hat. Nun besucht er uns mit seinen Klienten; er arbeitet im Management von namhaften Fußballern. Das Interesse an Menschen, seine Neugier, seine Lust am Fragestellen und Hinterfragen hat er nie verloren. So hat er sich auch immer für mich interessiert und nach meiner Geschichte gefragt und mir genau zugehört. Und irgendwann, wir kannten uns schon zehn Jahre, gemeint, dass es lohnend sei, meine Geschichte aufzuschreiben.

Ich hatte das nie für mich in Erwägung gezogen. Aktiv wäre ich niemals auf die Suche nach einem Ghostwriter oder einem

Verlag gegangen. Aber die Anfrage erwischte mich mitten im Corona-Lockdown, noch dazu zu einer Zeit, in der ich mich intensiv mit mir und meiner künftigen Rolle im Unternehmen beschäftigte.

Michael Reichardt, ein ganz, ganz enger Freund und auch Förderer von mir, hatte mir kurze Zeit zuvor einen Satz gesagt, der hängen geblieben war: »Man schaut in den Spiegel und sieht nicht, wie alt man geworden ist.«

Ich habe zwar keine Angst vorm Älterwerden und behaupte mal, auch keinem verschobenen Selbstbild zu unterliegen. Trotzdem hatte mich Michaels Satz dazu gebracht, mich mehr mit mir selbst auseinanderzusetzen.

Ich bin 64 Jahre alt, meine beiden Söhne, die gerade zehn Jahre alt sind, sind noch zu jung, um direkt meine Nachfolge im Unternehmen anzutreten. Deshalb beschäftige ich mich auch mit diesem Thema.

Um meine Rolle für die Zukunft zu finden, hilft es, mich mit meiner Vergangenheit zu beschäftigen. Ganz genau in den Spiegel zu schauen. Die Werte herauszuarbeiten, die ich mir zu eigen gemacht habe und die mich geprägt haben. Mir selbst noch einmal zu vergegenwärtigen, wie ich mich entwickelt habe und was mir wichtig ist.

Also habe ich zugestimmt, mich in vielen, vielen Gesprächen meiner Geschichte zu stellen, Einblicke zu gewähren, die ich bisher nicht zugelassen habe. Der Blick in die eigene Vergangenheit hilft, um sich der Zukunft zu stellen und klarer in sie zu blicken.

Ich habe Kai Psotta meine Geschichte erzählen lassen. Nicht in Form einer klassischen, vollständigen Autobiografie. Mein Leben muss nicht lückenlos erzählt werden. Auch nicht in der

Selbstherrlichkeit eines Ratgebers. Sondern Episoden und Erlebnisse ausbreitend, in dem Rahmen, der mir als Dienstleister und geliehener Freund erlaubt ist, wohl wissend, dass meine Kunden immer auch ein Höchstmaß an Diskretion von mir erwarten und es selbstverständlich auch bekommen.

Und wenn letztlich doch der ein oder andere Rat hängen bleibt, meine Geschichte und Erfahrungen exemplarisch anderen Leute helfen, dann freut es mich umso mehr.

Ich lebe vom Dankeschön meiner Kunden. Denn jedes Fest ist immer ein Danke an die eingeladenen Personen.

Deshalb möchte ich Ihnen, verehrte Leserin, lieber Leser, noch bevor Sie den ersten Satz meiner Geschichte gelesen haben, für Ihr Vertrauen danken, mich und uns als geliehene Freunde gewählt zu haben. Wir waren und sind sehr, sehr gerne und mit größter Leidenschaft an Ihrer Seite!

KAPITEL 1

DIE VERLORENEN KARTEN

Eben waren sie noch da. Jetzt waren sie unauffindbar. Weg, verschwunden, egal wie tief ich auch in meinen Hosentaschen buddelte.

Vor zehn Minuten, da war ich mir sicher, hatte ich sie noch in meinen Händen gehalten.

Eilig rannte ich zurück zum Fanshop, der eigentlich nicht mehr war als ein umdisponierter Anhänger, wo ich vor wenigen Minuten zwei Fanschals für mich und meinen Freund Detlef gekauft hatte. »Finale Wembley 2013« war darauf mit weißer Wolle auf rotem Grund gestickt, denn selbstverständlich hatte ich die Bayern-Edition gekauft – die schwarz-gelbe Variante überließ ich den BVB-Anhängern.

Eine beachtliche Schlange hatte sich mittlerweile gebildet. Über mangelnden Umsatz konnte sich der Verkäufer an diesem Champions-League-Finaltag gewiss nicht beschweren, schoss es dem Unternehmer in mir durch den Kopf, während der Fußball-Fan in mir den Verkaufstresen scannte, in der Hoffnung, dort meine verlorenen Eintrittskarten zu entdecken.

Ich rief mir den Ablauf der letzten Minuten in Erinnerung. Nach dem Kauf der Schals hatte ich die Verpackung in einen Mülleimer gestopft. Hatte ich dabei womöglich mehr als nur überflüssiges Plastik und Pappe weggeschmissen? Nämlich aus Versehen unsere Karten?

So was passiert mir eigentlich nie. Ich habe sogar für Handy und Autoschlüssel jeweils einen festen Ablageplatz bei uns im Haus, wo beides deponiert wird, sobald ich heimkomme.

Also begann ich im Abfall zu wühlen. Dummerweise hatte wohl kurz vorher irgendein Fan seinen nicht ganz leeren Bierbecher in die Tonne gekippt. Jedenfalls war alles, was sich in der obersten Schicht befand, triefend durchnässt, teilweise auch noch mit Senf beschmiert. Unsere Karten aber, senfverschmiert oder bierfeucht, in dem Moment war mir das einerlei, blieben verschwunden.

Ich zückte mein Handy, um dem Rest unserer Reisetruppe mein Missgeschick mitzuteilen und den verdienten Spott zu kassieren. Aber bei so vielen Menschen geballt auf einem Haufen, die allesamt versuchten, noch Fotos an die Daheimgebliebenen zu schicken oder sie telefonisch an der Stimmung teilhaben zu lassen, kam – wenig überraschend – erst gar keine Verbindung zustande.

Keine Karten. Kein Handyempfang. Und weniger als eine Stunde, bis das Spiel des Jahrzehnts beginnen sollte.

Weiter vom Stadion wegzugehen, bis Telefonieren wieder möglich wäre, und mich bei einem der Bayern-Verantwortlichen zu melden, damit er Detlef und mich ins Stadion bringt, war für mich vollkommen ausgeschlossen. Ich hatte vorher schon geholfen, einen meiner Bekannten mit seiner Frau nach dem Finalspiel zum feierlichen Bankett des FC Bayern ins Lancaster Hotel zu bringen. Aber für mich selbst, auch wenn Detlef dadurch mit der Leittragende war, würde ich meine guten persönlichen Beziehungen in dieser vertrackten Situation nicht ausnutzen.

Unsere Männer-Reisegruppe war erst am Mittag am Flughafen Heathrow angekommen. Mit einem Minivan hatten wir uns Richtung Stadion bringen lassen. Es gab gut gekühltes Dosenbier, während ein Fahrer uns durch den zähen Londoner Verkehr chauffierte, und Fachsimpelei vom Allerfeinsten.

Ich hoffte so sehr, dass die Bayern gewannen. Ich hatte 370 Tage zuvor aus nächster Nähe in die leeren Gesichter der Bayern-Profis geschaut, nachdem sie das Finale dahoam gegen Chelsea verloren hatten. Wir waren vom Verein ausgewählt worden, die Party hinterher im Postpalast zu veranstalten. Eine große Ehre, der wir natürlich mit einem rauschenden Fest gerecht werden wollten.

So oft schon hatten wir mit den Bayern unglaubliche Nächte erlebt. Zum Beispiel mein persönlicher Favorit: der 50. Geburtstag von Ottmar Hitzfeld. Nach sieben Jahren bei Borussia Dortmund, mit denen er zweimal die Meisterschaft und einmal die Champions League gewonnen und somit den Aufstieg zum Welt-Clubtrainer geschafft hatte, war er ein halbes Jahr zuvor nach München gekommen. Uli Hoeneß hatte mich gebeten, Hitzfeld im Januar 1999 ein Geburtstagsfest auszurichten, das er nie vergessen würde. »Ich möchte, dass er sich endgültig in München und unsere Gastfreundschaft verliebt. Das muss ein Fest werden, wie Hitzfeld es noch nie erlebt hat.«

Wir organisierten es auf der Praterinsel, einem der schönsten Plätze Münchens. Wo früher Franziskanermönche ihr Gemüse anbauten, wunderschöne Kastanien im Garten stehen und die Isar fließt, erfüllten wir Ulis Wunsch.

Auch bei der zweitbesten Feier, die ich mit Bayern erleben durfte, war Ottmar Hitzfeld dabei. Es war gerade einmal eineinhalb Jahre nach seiner großen Geburtstagssause.

Am 30. Spieltag der Saison 1999/2000 hatte Bayern die Tabellenführung verloren. Nach einer Pleite gegen – heute schwer vorstellbar – 1860 München. Bei den Löwen spielten damals noch so klangvolle Namen wie Thomas Häßler und Martin Max, Trainer war Werner Lorant.

Leverkusen schob sich an meinen Bayern vorbei und hielt die Spitzenposition bis zum letzten Spieltag, an dem sie bei der Spielvereinigung Unterhaching antreten mussten. Eine vermeintlich klare Angelegenheit. Die Leverkusener hatten fast doppelt so viele Tore erzielt – was sich in der Tabelle mit neun Plätzen Unterschied zu den Hachingern bemerkbar machte. Außerdem waren sie seit vierzehn Spieltagen ungeschlagen und entsprechend selbstbewusst.

Der Sportpark Unterhaching, Ort des Showdowns, erinnerte mit seinen 10 000 Zuschauerplätzen eher an eine Dorfsportanlage. Na ja, streng genommen ist er das ja auch. Ein paar Journalisten lästerten, es hätte den Anschein, als würde Leverkusen in einem Vorbereitungsspiel gegen einen Sechstligisten antreten und nicht im entscheidenden Spiel um die Deutsche Meisterschaft.

Medienwirksam hatte Uli Hoeneß den Hachinger Spielern »Weißwürste bis zum Abwinken« versprochen, sollten sie Leverkusen schlagen. Und Stefan Effenberg, damals Kapitän der Bayern, versuchte durch öffentliche Sticheleien Nervosität zu schüren: »Die Nerven verliert man nur in Extremsituationen, und Leverkusen erlebt am Samstag eine solche. Die Bayer-Elf hat mehr zu verlieren als wir. Als Leverkusener Spieler würde ich, wenn es dieses Jahr mit dem Titel nichts werden sollte, jahrelang das Kotzen kriegen.«

Lediglich vierzehn Kilometer Luftlinie trennten Bayer und Bayern in diesem Fernduell, für die Münchner ging es am gleichen Tag im ehrwürdigen Olympiastadion gegen Werder Bremen.

Ich war an diesem Nachmittag nur wenige Minuten vom Unterhachinger Sportpark entfernt und bereitete mit meiner Mannschaft in der Alten Gärtnerei in Sauerlach eine, so war es explizit geordert worden, Saisonabschlussfeier vor. Denn trotz aller öffentlichen Kampfansagen und Durchhalteparolen glaubte in Wirklichkeit kaum jemand daran, die Leverkusener, die lediglich ein Pünktchen brauchten, noch abzufangen.

Während wir dekorierten und der Location den letzten Schliff verliehen, liefen die Radios. Außerdem hatte ich noch einen Fernseher samt Decoder in die Alte Gärtnerei bringen lassen. Damals hieß Sky noch Premiere, und die meisten Fernseher, inklusive meinem mitgebrachten, waren noch quadratisch und verdammt schwer. Erst im Jahr zuvor waren überhaupt die ersten Plasmageräte auf dem Markt erschienen. Die waren schweineteuer, kosteten weit über 20 000 Mark – und ihre Bildqualität war im Vergleich zu heute, nun ja, Sechste gegen Erste Liga.

Tom Bayer meldete sich aus dem Olympiastadion, Marcel Reif war in Unterhaching, ich in der Alten Gärtnerei. Wo ich mich gerade darüber ärgerte, dass die Stühle nicht vernünftig aufgestellt waren. Sie standen aus meiner Sicht zu wild, also mit unterschiedlichen Abständen zum Tisch.

Die Lektion habe ich schon als Fünfzehnjähriger gelernt. Ich arbeitete damals bei einer Veranstaltung im Münchner Hofbräuhaus einem Oberkellner zu. Es galt, ein Event für knapp 1000 Leute vorzubereiten. Die sollten an zehn Tischen sitzen, mit jeweils fünfzig Stühlen pro Seite.

Am Ende des Aufbaus holte der etwa sechzigjährige Oberkellner eine Kordel hervor, befestigte sie an der Lehne des Stuhls, der am Tischende stand, und richtete alle anderen Stühle millimetergenau an ihr aus.

»Warum machen Sie das?«, fragte ich ihn. »Ist das nicht ein bisschen übertrieben? Das ist doch nicht schlimm, wenn da mal ein Stuhl einen Zentimeter weiter vorne steht.«

»Doch«, entgegnete er. »Erstens haben die Besucher, wenn sie eintreten, das Recht, einen perfekten Saal präsentiert zu bekommen. Das sieht einfach schön aus, wenn alles vernünftig steht. Und außerdem«, so erklärte er mir, »und das ist noch viel wichtiger, zeigen wir damit unseren Mitarbeitern, dass wir total ordentlich arbeiten und dass es auch auf die kleinsten Kleinigkeiten ankommt. Wenn wir Ordnung und Klarheit von unseren Mitarbeitern einfordern, dann muss ich die auch selbst vorleben. Und zwar überall.«

Wie gesagt, Lektion gelernt, also war ich gerade dabei, unsere Stühle entsprechend zu verrücken, als Tom Bayer seine Stimme erhob. Carsten Jancker hatte soeben, nach nur zwei Minuten Spielzeit, die Münchner Führung erzielt.

Zehn Minuten später rannte ich schon wieder zum Fernseher, um mir die Wiederholung von Janckers zweitem Treffer anzuschauen, nachdem er auf 2:0 gegen Werder erhöht hatte. Mein Herz begann schneller zu schlagen.

*

Ich bin Bayern-Fan, solange ich denken kann. Und zwar wegen eines Mannes, den nur die wenigsten kennen: Hans Bauer, der erste Weltmeister des FC Bayern. So mehr oder minder jedenfalls. Im Finale von 1954 gegen Ungarn ließ ihn Bundestrainer Sepp Herberger nicht ran. Auch nicht im Halbfinale gegen Österreich. Und genauso wenig im Viertelfinale gegen Jugoslawien. Immerhin stand er aber beim vorherigen Entscheidungsspiel gegen die Türkei, beim 7:2, 90 Minuten auf dem Platz. Und er gehörte auch zur Elf, die in der Vorrunde mit 3:8 gegen Ungarn verloren hatte.

Als die Mannschaft mit dem WM-Titel im Gepäck aus Bern zurück nach Deutschland kam, wurde ihr auf dem Münchner Rathausbalkon ein rauschender Empfang bereitet. Der damalige Oberbürgermeister Thomas Wimmer ehrte die Weltmeister um Fritz Walter, Helmut Rahn und Toni Turek, hob aber in seiner Rede explizit hervor, »dass mit Hans Bauer auch ein Münchner in der deutschen Expedition stand«.

Damit war Bauer, auch wenn es ihm selbst unangenehm war, in der öffentlichen Wahrnehmung ein bisschen mehr Weltmeister, als es vielleicht in Wirklichkeit der Fall war.

Aber den Münchnern tat es gut, so ihren Teil am »Wunder von Bern« zu haben und entsprechend begeistert mitzufeiern.

Man mag es heute kaum glauben, aber Erfolge waren zu dieser Zeit beim FC Bayern keine Selbstverständlichkeit. Gerade mal ein einziger Deutscher Meistertitel war bis dato geholt worden. Im Dezember 1957 kam der erste Erfolg im DFB-Pokal hinzu, und Hans Bauer durfte als Kapitän im Augsburger Rosenaustadion die verdiente Trophäe entgegennehmen. Und er bekam, so wie alle anderen aus der Siegermannschaft, einen Ring, ähnlich wie die Ringe, die auch heute noch beim Gewinn der NBA-Meisterschaft verliehen werden.

Diesen Ring hat Hans Bauer mir geschenkt. Er war die Jugendliebe meiner Mutter, ist mit ihr sogar viele Jahrzehnte später im hohen Alter noch einmal zusammen gewesen. Sie sind einst als Jugendliche in der gleichen Nachbarschaft aufgewachsen – und hatten ihr ganzes Leben lang eine besondere, innige Verbindung zueinander, die sie nie ganz losgelassen hat.

Ich war sieben Jahre alt, vielleicht acht, so ganz genau kann ich mich nicht mehr daran erinnern, als meine Mutter Hans fragte, ob ich nicht irgendwo in einem Verein Fußball spielen könne. Meine Eltern hatten sich gerade getrennt und meine Mutter versuchte mir Halt, Stabilität und Ablenkung zu bieten.

Hans hatte zu dem Zeitpunkt seine Karriere bereits seit mehreren Jahren beendet, kannte an der Säbener Straße aber natürlich Gott und die Welt, sodass ich beim Training vorbeischauen durfte.

Das Gelände des FC Bayern hatte mit dem heutigen rein gar nichts zu tun. Es gab kein Klubhaus, keinen Fanshop, keine Schranken oder Tiefgaragen mit direktem Kabinenzugang. Auch Fußballplätze gab es nur einen oder zwei, ansonsten war da ein großes Baseballfeld, das vermutlich die Amerikaner in der Besatzungszeit angelegt hatten.

Umziehen musste man sich in einer Baracke. Wenn man da unvorsichtig auf den Bänken hin- und herrutschte, konnte es passieren, dass man sich Spreißel in den Allerwertesten einzog. Trotzdem fühlte ich mich wohl. Am Wochenende trugen wir graue Trikots mit einem weinroten Streifen. Und Schnüren am V-Ausschnitt. Trotz aller Einfachheit hatte es für mich etwas Erhabenes, in diesen Dress zu schlüpfen.

Ich war nie sonderlich gut. Im Laufe der Jahre wurde meine Position auf dem Spielfeld immer defensiver, bis ich schließlich ins Tor gesteckt wurde. Meine Reaktionen waren immerhin so, dass ich auf der Linie eine passable Figur abgab. Kritisch wurde es, wenn ein Rückpass kam, den ich zwar laut Regelwerk damals noch mit der Hand aufnehmen durfte, der mir aber trotzdem jedes Mal aufs Neue, auch wegen einer gewissen Unkonzentriertheit, Probleme bereitete.

Meiner Verbundenheit mit dem Verein tat das keinen Abbruch. Im Gegenteil, der FC Bayern wurde immer mehr emotionale Heimat für mich.

Mit zwölf Jahren, es war im September 1970, besuchte ich zum ersten Mal ein Spiel im Grünwalder Stadion. Damals war das Olympiastadion für die Spiele zwei Jahre später noch im Bau. Die Bayern traten gegen Gladbach an.

Als Libero fungierte Franz Beckenbauer, der wenige Tage zuvor seinen 25. Geburtstag gefeiert hatte. Georg Schwarzenbeck und Gerd Müller trafen für uns. Klaus-Dieter Sieloff und Jupp Heynckes für die Borussia.

Ich stand unmittelbar hinter Wolfgang Kleff, dem Schlussmann der Borussia, und rief vorpubertäres Zeug, um ihn aus der Fassung zu bringen, bei dem ich mich unheimlich witzig fand. Kleff war derlei Rufe hinter seinem Tor wohl gewohnt und beachtete uns gar nicht.

Uli Hoeneß, der wenige Monate zuvor zu uns gewechselt war, konnte nicht spielen, was mich total ärgerte. Dieser junge Kerl, mit seinem unbändigen Willen, ein Spiel zu gestalten, an sich zu reißen und Verantwortung zu übernehmen, hatte mich sofort in seinen Fußballbann gezogen. Er führte die Bayern dreimal in Folge zur Deutschen Meisterschaft, machte sie zum Pokalsieger und ebenfalls dreimal in Folge zum Europapokalsieger der Landesmeister. Und dann, im Oktober 1978, kam er auf die Schnapsidee, nach Nürnberg zu gehen – ich konnte es nicht fassen!

Heute würde man seinen Unmut darüber auf Instagram äußern oder bei Twitter. In 180 Zeichen. Oder wie wenig Text man auch immer dort zur Verfügung hat. Man würde großzügig Emojis benutzen und öffentliche Zustimmung ernten – oder einen Shitstorm.

Aber 1978 hieß Social Media eben Deutsche Bundespost. Also habe ich mich hingesetzt und Hoeneß einen Brief geschrieben, in dem ich meine Wut, Enttäuschung und Fassungslosigkeit zum Ausdruck brachte. Mit jeder Zeile, die ich mehr zu Papier brachte, wurde meine Schrift krakeliger, so sauer war ich, dass mein Idol meinen Verein im Stich lassen wollte. »Wie kannst du uns Bayern-Fans das nur antun«, warf ich ihm vor und noch vieles mehr. Am Ende fehlte mir der Mut, ihn abzuschicken.

Zu der Zeit war mein Vater bereits ziemlich eng mit einigen prägenden Bayern-Machern befreundet und hatte auch geschäftlich viel mit ihnen zu tun. Zum Beispiel mit Robert Schwan, den Karl-Heinz Rummenigge viele Jahrzehnte später als großen Visionär beschrieben hat, »der in seiner Art den FC Bayern groß gemacht hat und dazu beitrug, dass unser Verein zu den Großen des internationalen Fußballs gehört«.

Schwan war vor seiner Zeit als Bayern-Manager Gemüsehändler auf dem Viktualienmarkt und arbeitete auch als Versicherungsdirektor. Als er sich einst der Mannschaft vorstellte, sagte er: »Ich will nicht viele Worte machen, Fußball spielen kann ich nicht, aber dafür seid ihr ja da. Ich werde darauf achten, dass die Kasse stimmt, auch eure. Man hat mir gesagt, dass ihr nach einem Sieg immer nur eine schöne Rede gehört habt. Ich rede nicht gern. Aber ich schlage was anderes vor.

Wenn ihr gewinnt, gibt es hundert Mark für jeden, bei Unentschieden fünfzig Mark.«

Auch Willi Hoffmann, der erst Schriftführer, dann Schatzmeister und später Präsident des FC Bayern war, gehörte zu den Vertrauten meines Vaters. Willi war häufig Gast bei uns im Laden, feierte nach Siegen gerne mit Champagner, was den Münchner Boulevard freute und ihm den Spitznamen »Champagner-Willi« einbrachte, der rasch Kultstatus erlangte.

Willi hatte einen Sohn, Lemmy, der mein bester Freund wurde. Wir waren zusammen auf dem Gymnasium, spielten auf dem Shakespeareplatz Fußball. Ich wurde für die Familie zu einem sechsten Kind, sie nahmen mich am Wochenende mit, wenn sie in ihr Ferienhaus an den Ammersee fuhren, und auch mit in den Urlaub.

KAPITEL 2

MODERÜFFEL VOM KAISER

Diese Kontakte meines Vaters öffneten mir – ohne dass ich darum gebeten hatte – Türen, die zu der damaligen Zeit allerdings gar nicht richtig verschlossen waren. Wenn mein Vater geschäftlich mit den Bayern zu tun hatte, nahm er mich einfach mit. Und weil Fußballer damals noch keine Entourage hatten, jedenfalls nicht so wie heute, und auch keine Millionen Follower auf Social-Media-Kanälen, überhaupt alles ein wenig unaufgeregter war als heute, durfte ich zum Beispiel einfach mitfliegen, als es für Bayern im Mai 1974 nach Brüssel ging, um im Heysel-Stadion, das seit einem Vierteljahrhundert nicht mehr so heißt, gegen Atlético Madrid im Finale des Europapokals der Landesmeister anzutreten.

Nach der Ankunft in Brüssel, verspätet wegen einer Bombendrohung, die sich als ganz schlechter Scherz entpuppte, checkte ich im gleichen Hotel ein wie die Bayern-Profis und wohnte auf dem gleichen Flur wie sie. Das war einerseits Wahnsinn, andererseits fühlte ich mich in dieser gelassenen Atmosphäre einfach als geduldeter Teil der Reisegruppe.

Am Abend vor dem großen Finale lief ich Franz Beckenbauer in die Arme, als ich gerade mein Zimmer verließ. Er war mittlerweile 28 Jahre alt, zwölf Jahre älter als ich, hatte im Sommer 1972 die deutsche Nationalmannschaft als Kapitän zum EM-Titel geführt und war im Anschluss zum ersten

Mal mit dem Ballon d'Or als bester Fußballer Europas ausgezeichnet worden. Und er war der Kaiser.

Am 10. Juni 1969, das habe ich viele Jahre später nachgelesen, hatte die *Bild-Zeitung* ihn erstmals so genannt. Genauer, nachdem die Münchner zum ersten Mal Bundesligameister geworden waren und Beckenbauer von den Reportern die dritte Saison in Folge die beste Durchschnittsnote aller Ligaspieler erhalten hatte. Da Gerd Müller damals schon als »Bomber der Nation« bezeichnet wurde, es für seinen genialen Doppelpasspartner aber bis dahin keinen adäquaten Superlativ gab, ernannte *Bild* ihn kurzerhand zum »Kaiser von Bayern«.

Kurze Zeit später, es dürften wirklich nur wenige Tage gewesen sein, traten die Bayern im Frankfurter Waldstadion zum Pokalfinale gegen Schalke an. Spielführer der Königsblauen war Reinhard Libuda, den sie im Pott nur »Stan« nannten. Dort wurde er als Jahrhundert-Dribbler verehrt. Und als Meister des Antäuschens. »An Gott kommt keiner vorbei«, verkündete angeblich in den Sechzigerjahren eine Plakataktion des amerikanischen Predigers Billy Graham. Und angeblich schrieb ein Schalke-Fan darunter an die Litfaßsäule: »... außer Stan Libuda«.

Andere Ruhrgebietslegenden behaupteten, er, der den Ehrentitel »König von Westfalen« trug, könne drei Gegner in einer Telefonzelle ausspielen. Und dass an einem seiner guten Tage, an denen er einen Haken nach dem anderen schlug, selbst ein Rudel Jagdhunde ihn nicht hätte einfangen können.

Franz Beckenbauer reichte ein Griff an die Hose und Libuda stoppte gezwungenermaßen. Dieses Foul kam einer Majestätsbeleidigung gleich. Die Schalke-Anhänger pfiffen bei jedem seiner Ballkontakte, was Beckenbauer dazu verleitete, kurz vor einem Eckball genau vor ihnen provokant den Ball zu jonglieren – und eine private Zirkusnummer aufzuführen.

Nach dieser zur Schau gestellten Selbstherrlichkeit und einem 2:1-Sieg griffen auch andere Zeitungen, von der *tz* bis zur *Süddeutschen*, den Beinamen »Kaiser« auf.

Nachdem dann auch – eher aus Zufall – nach einem Freundschaftsspiel bei Austria in der Wiener Hofburg ein Foto von Beckenbauer neben einer Büste seines Halb-Namensvetters, des früheren Habsburger Kaisers Franz Joseph I., entstanden war und wieder vom »Kaiser« geschrieben wurde, war der Ehrentitel endgültig in aller Munde, nicht zuletzt dank der entsprechenden Bebilderung.

Bei dem Auftritt in der Hofburg war Beckenbauer in einem gemusterten Sakko herumstolziert, das nur wenige tragen können beziehungsweise sich trauen zu tragen.

Beckenbauer war also Fußballkaiser, aber auch ein bissl Modekaiser. Und als solcher watschte er mich bei dieser Begegnung vor meinem Hotelzimmer ab.

Kurz vor der Reise hatte ich mir ein Paar sündhaft teurer Plateauschuhe gekauft. Lange hatte ich dafür gespart. Die waren für mich mehr als nur ein schnöder Gebrauchsgegenstand. Aber auch kein klobiger Beinverlängerer, um mit jemandem auf Augenhöhe zu kommen, so wie es Humphrey Bogart beim *Casablanca*-Drch machen musste, um Ingrid Bergman in die Augen schauen zu können. Ich trug sie nicht aus Hochstapelei, sondern putzte und polierte sie schon vor dem ersten Tragen. Über die Schuhe wollte ich mich ausdrücken.

Mehrere hundert, vielleicht sogar ein paar tausend Male hatte ich im Feinkostladen meines Vaters die Einkäufe der Kunden feinsäuberlich in Tüten gepackt und sie ihnen nach draußen getragen, um mir so ein kleines Trinkgeld zu verdienen. Ebenso eisern hatte ich die Pfennigbeträge gespart, die es von meiner Mutter und unseren Nachbarn gab, wenn ich mich am Tag, wenn der Heizöllieferant kam, als Laufbursche und Packesel verdient gemacht hatte. Die neue Lieferung wurde, weil es billiger war, immer nur bis an die Tür gebracht. Von dort aus stapfte ich, mit einem Zehn-Liter-Kanister bewaffnet, wieder und wieder und wieder die Treppe rauf und runter, bis die Speicher der Heizungen auf den jeweiligen Etagen befüllt waren. Ich meine, es waren etwa fünfzig Pfennig, die ich im Höchstfall pro Wohnung erhielt. Eigentlich viel zu wenig, vor allem angesichts der Hausbesitzerin, die zur Furie werden konnte, wenn ich dabei auch nur den kleinsten Tropfen Öl im Treppenhaus verschüttete, das mit Teppich ausgelegt war.

Die Schuhe fielen also in die Rubrik »hart erarbeitet«. Doch anstatt bewundert zu werden, so stylisch aufzutreten, fragte mich Beckenbauer nur ungläubig: »Wen willst du damit denn erschrecken? Schreckliche Dinger.«

Minuten später schmiss ich die Schuhe in meinen Koffer und zog sie nie wieder an. Mein Selbstbewusstsein, mit dem ich hohen Fußes aus dem Zimmer stolziert war, zerplatzte wie ein Luftballon. Aus Stolz wurde Scham. Aus der Überzeugung, en vogue zu sein, wurde die Brüsseler Schuheschande. Aber so war das in den Siebzigern: Von der Lässigkeit zur Peinlichkeit war es im wahrsten Sinne des Wortes oft nur ein kleiner Schritt.

Das Spiel war mäßig, jedenfalls erinnere ich mich an nicht mehr viel, womöglich auch, weil mir der Moderüffel von Beckenbauer wirklich zugesetzt hatte. Nach neunzig Minuten war noch immer kein Tor gefallen. Die »Los Colchoneros«, so wurden die Spieler von Atlético mit ihren gestreiften Trikots genannt, die an ähnlich gestaltete Matratzen erinnerten, hatten auf dem Weg ins Finale ohnehin nur zwei Gegentreffer kassiert, und diese zudem in Abwesenheit ihrer Nummer eins.

Meine Bayern hatten sich bis zu diesem Finale teils dramatische Schlachten geliefert. Bereits das Weiterkommen in der ersten Runde gegen den schwedischen Verein Atvidabergs war alles andere als ein Selbstläufer gewesen. Nach einem souveränen 3:1 im Hinspiel hatte Hoeneß die Bayern gerade so ins Elfmeterschießen gerettet, das sie für sich entscheiden konnten.

Gegen Dynamo Dresden, im damals ersten Duell eines BRD-Meisters gegen einen Champion aus dem Osten nach siebzehn Jahren Europapokal, drohte ebenfalls ein Ausscheiden. Mein Vater war von Robert Schwan gebeten worden, das Catering zu übernehmen. Die Bayern waren skeptisch, ob die Köche in Dresden nicht irgendwas ins Essen mischen würden, damit die Münchner über den Toiletten hängen würden. Weil es meinem Vater nicht erlaubt wurde, die Hotelküche vor Ort zu benutzen, bereitete er das Essen in einem Omnibus auf dem Parkplatz vor der Unterkunft vor.

Doch nun standen die Bayern in Brüssel im Finale und mussten in die Verlängerung. Unruhig rutschte ich auf meinem Platz hin und her. Beckenbauer hatte ich nach etwas mehr als einer Stunde Spielzeit und ein paar guten Aktionen doch zu verzeihen beschlossen. Ich wollte unbedingt diesen Sieg meiner Bayern.

Die Nachspielzeit war fast vorüber, als Atlético einen Freistoß aus nur siebzehn Metern Torentfernung zugesprochen bekam. Luis Aragonés legte sich den Ball am linken Strafraumeck bereit. Er machte nur fünf Schritte, dann zirkelte er den Ball mit seinem rechten Fuß so präzise über die Mauer ins linke Eck, dass Sepp Maier gar nicht erst den Versuch unternahm, ihn zu erreichen. Bereits bevor der Ball die Torlinie überquert hatte, jubelte Aragonés – während bei mir von einer auf die nächste Sekunde die komplette Körperspannung entwich und ich auf meinem Platz zusammensackte. Das konnte doch nicht wahr sein!

Nun rannten die Spieler von Atlético, wann immer sie den Ball hatten, damit in Richtung einer der Eckfahnen und versuchten alles, damit meine Bayern in den verbleibenden Minuten gar nicht erst noch einmal in Ballbesitz kommen konnten. Es war zum Verzweifeln. Es war grauenhaft – als würde man einen Sekundenzeiger mit den Augen verfolgen, wie er erbarmungslos und in immer dem gleichen, nervig schnellen Takt weitertickte.

Tatsächlich waren es nur wenige Sekunden vor dem Schlusspfiff, als Bayern endlich doch einmal den Ball bekam. Schiedsrichter Vital Loraux hatte soeben auf seine Uhr geschaut, und Trainer Udo Lattek stapfte bereits in Richtung Kabinentrakt. Noch einmal trieb Beckenbauer den Ball durchs Mittelfeld, wusste aber nicht so richtig etwas mit ihm anzufangen. Also passte er ihn zu Georg Schwarzenbeck weiter.

Für die meisten Fans, auch in der anschließenden Berichterstattung, war Schwarzenbeck eher der Adjutant des Kaisers und von dessen Glanz überstrahlt. Ein Vorstopper, schmucklos und unscheinbar. Vor allem nahm ihn die breite Masse kaum in der gegnerischen Hälfte und schon gar nicht als Goalgetter wahr.

Bei mir aber kamen sofort Erinnerungen an meinen erwähnten ersten Stadionbesuch bei einem Spiel der Bayern hoch. An diesen besonderen Samstag im September 1970, als ich erstmals Sepp Maier, Franz Beckenbauer und Gerd Müller spielen gesehen hatte. Als ich zum ersten Mal von den übrigen 44 000 Zuschauern im Grünwalder Stadion in den Bann gezogen wurde, wie sie das 2:2 gegen Gladbach bejubelten, die immerhin als Tabellenführer gekommen waren. Es war genau 15.44 Uhr, als ich das erste Mal gespürt habe, welche Emotionen Bayern München auslösen kann, nachdem Georg Schwarzenbeck nach Vorarbeit von Gerd Müller den Führungstreffer geschossen hatte.

Schwarzenbeck war für mich nie nur ein Putzer des Kaisers oder bloß ein Torverhinderer. Er hatte sich als erster echter Torschütze in mein Gehirn gebrannt. Kein Wunder, dass ich nun, nicht ganz vier Jahre später in Brüssel, plötzlich merkte, wie im Bruchteil weniger Sekunden wieder Hoffnung in mir aufkeimte.

Schwarzenbeck war irgendwas zwischen fünfundzwanzig und dreißig Metern vom Tor von Miguel Reina, dem Unbezwungenen, entfernt. Mindestens zwölf Beine und zwei Hände waren in seinem Weg. Doch als Beckenbauer ihm zurief, er solle einfach schießen, tat er es – und schrieb mit seinem Wunderschuss Geschichte.

Der brachte ihm ein Gedicht von Wolf Wondratschek ein, einem Mann, der viel im alten Schumann's abhing und mit dessen Besitzer Charles boxen ging, aber auch immer wieder bei uns im P1 war – und Bayern München ein Wiederholungsspiel, da es damals bei einem Unentschieden noch kein Elfmeterschießen gab.

Zwei Beine, ohne Interesse an Genialität,
vereinfachter Mechanismus, nichts
Brasilianisches,
kein Sternenlauf, kein Jubel in den
Fußgelenken,
Standbein, Schussbein, nichts für
Genießer,
und trotzdem einer, dessen die
Menschen,
die ihn spielen sahen, gedenken.

Ein großer Dorn, der stach und dicht-
hielt,
der die Anstürmenden ersaufen ließ, das
Feuer zertrat,
das sie bereit waren zu entfachen.
Nichts da,
ich arbeite, ich komme aus der Vorstadt,
ich bin geboren für das Einfache.
Nicht einmal
Siege sind es am Ende, die zählen.

Unzuständig für alles Künstlerische!
Kein Dribbling, kein nie gesehener
Trick,
stattdessen Luft für neunzig Minuten,
und notfalls
für die Verlängerung, wenn die Kollegen
Krämpfe quälen.
Merkwürdig, dass so einer, eckig wie eine
leer gegessene
Pralinenschachtel, etwas trifft, das rund
ist.

Karl-Heinz Rummenigge, der erst wenige Monate später aus Lippstadt nach München wechselte, sagte viele Jahrzehnte später, als er Vorstandsvorsitzender der Bayern war: »Das war vielleicht das wichtigste Tor in 116 Jahren Bayern München.«

Unmittelbar nach dem Treffer von Schwarzenbeck sei Atlético, so beschrieb es Reina, »innerhalb von Sekunden in eine tiefe Depression gefallen. Und zwar körperlich wie mental, wir waren wandelnde Leichen.«

Im Nachholspiel, das zwei Tage später im gleichen Stadion stattfand, hatte sich Atlético immer noch nicht von dem Schrecken erholt. Uli Hoeneß erzielte zwei Tore, Gerd Müller ebenfalls. Es war die Sternstunde meines Klubs, der Beginn einer Ära, mit drei Landesmeistertiteln in Folge, bei der ich hautnah dabei sein durfte. Und ich meine wirklich hautnah.

KAPITEL 3

BANKDRÜCKER BEI DER ALKOHOLVERDUNSTUNGS-STUNDE

Das Finale war am Freitag gegen 22 Uhr abgepfiffen worden. Am Samstag um 15.30 Uhr hatten die Bayern zum letzten Bundesligaspiel gegen Borussia Mönchengladbach anzutreten. Eigentlich ein absolutes Topspiel. Der Erste gegen den Zweiten. Beide hatten zwanzig Siege in der Saison geholt. Doch weil Gladbach am vorletzten Spieltag gegen Düsseldorf verloren hatte, war die Entscheidung um die Meisterschaft bereits gefallen.

Trotzdem mussten die Bayern 17 Stunden und 30 Minuten nach dem größten Erfolg der Vereinsgeschichte im Bökelbergstadion sein – und zumindest physische Präsenz zeigen. Zu mehr waren sie auch nicht in der Lage.

Von Brüssel nach Mönchengladbach waren es 185 Kilometer mit dem Bus. Vier Stunden dauerte die Fahrt. Ich war todmüde und so ausgelaugt, als hätte ich selbst 210 Minuten Fußball gespielt. Doch an Schlafen war im Mannschaftsbus, der sich in einen Partybus verwandelt hatte, nicht zu denken. Der Busfahrer hatte eine Kassette, eines dieser Dinger, die man vor Jahren halt benutzte, um Musik abzuspielen, in den Rekorder geschoben. Nun hatte so eine Kassette pro Seite dreißig oder sogar fünfundvierzig Minuten Spielzeit, aber unser

Fahrer hatte, so habe ich es in Erinnerung, anscheinend nur ein Lied aufgenommen, aber das hatte es in sich: Vicky Leandros' Hit *Theo, wir fahr'n nach Lodz.* Immer und immer wieder spulte er zurück auf Anfang, selbst nach der x-fachen Wiederholung schien der Chart-Knaller niemandem aus den Ohren herauszukommen. Immer und immer wieder ging es musikalisch nach Lodz, während wir an Viversel, Zonhoven und Genk vorbeituckerten.

Ich saß auf meinem Platz und beobachtete dieses ausgelassene Treiben. Ein paar Reihen hinter mir hockte Gerd Müller, dieser Ausnahmestürmer, über den im Laufe seiner Karriere so viele Superlative geschrieben worden sind. Das Bild vom zufrieden lächelnden Müller brannte sich in meine Erinnerung ein, denn auf einem Foto festhalten und später wieder hervorkramen konnte ich es nicht.

Wie glücklich wäre ich gewesen, hätte es damals schon Smartphones gegeben, mit denen man mühelos immer und überall hätte fotografieren können. Stattdessen musste ich eine Filmrolle in den Fotoapparat einlegen, dann den Spanner bedienen, sehr genau überlegen, bei nur 36 möglichen Bildern, und dann den Auslöser drücken, um abschließend das Filmdöschen zum Entwickeln zu bringen und gespannt aufs Ergebnis zu warten.

Ich mochte diesen Gerd Müller, der nach Treffern seine Arme kurz in die Höhe riss und manchmal dazu noch mit einem Bein in die Höhe hüpfte, weil er einfach in jeder Lebenslage treffen konnte. Egal ob er gerade fiel oder bereits lag, egal ob mit dem Kopf oder Knie – irgendwie war ihm jedes Körperteil und jedes Mittel recht, um den Ball über die Torlinie zu bugsieren.

Auf seinen Toren, neben denen von Hoeneß, Rummenigge und Beckenbauer, ist der ganze FC Bayern erbaut worden. Ohne Müllers rechten Fuß und linken Fuß, ohne Müllers Kopf, ohne seine Oberschenkel und ohne seine Knie wäre der FC Bayern niemals der Verein, der mich in seinen Bann gezogen hat.

Volley hatte er gegen Atlético Madrid mit ganz viel brachialer Gewalt aus unmöglichem Winkel getroffen. Seinen zweiten Treffer erzielte er mit beeindruckendem Feingefühl im Fuß, als er über Reina drüberlupfte. Und nun hockte er da und summte und brummte zur Lodz-Melodie.

Ich musste an meine Oma mütterlicherseits denken, weil sie in unmittelbarer Nachbarschaft von Gerd Müller gewohnt hatte. Als der aus Nördlingen nach München kam, mietete er sich zunächst ein kleines Zimmer bei einer Freundin meiner Oma. Die bewohnte eine Dreizimmerwohnung, irgendwo zwischen Giesing und Haidhausen, und vermietete ein Zimmer unter. Und das nahm Müller.

Die Luft im Bus war zum Schneiden, und dass die Außentemperaturen so hoch waren, dass die Klimaanlage an ihre Grenzen kam, tat sein Übriges. Noch dazu kroch der Alkohol, den sich die feiernden Stars redlich verdient hatten, ihnen nun aus jeder Pore ihrer Körper heraus. Ich atmete flach, weil ich befürchtete, bei zu tiefem Einatmen selbst betrunken zu werden.

Als wir endlich aus dem Bus mehr fielen als stiegen, schleppte ich mich im Bökelbergstadion auf die Bank und hockte mich neben einen Masseur, der mindestens genauso müde und fertig war wie ich selbst. Ich saß nur wenige Meter vom Spielfeldrand entfernt, neben Bayerns Einwechselspielern Rainer

Zobel und Erwin Hadewicz, und versuchte nicht einzuschlafen. Franz Beckenbauer und Gerd Müller, die nicht nur mit rein körperlicher Erschöpfung zu kämpfen hatten, ging es nicht anders.

Und so genügte an diesem Nachmittag eine simple Körpertäuschung, um den Kaiser, einen der besten Fußballer aller Zeiten, auszuspielen.

Die Borussen schossen ein Tor nach dem nächsten, bis es am Ende 0:5 stand. Als »Alkoholverdunstungsstunde« bezeichnete Trainer Udo Lattek das Spiel, an dessen Ende trotzdem die Meisterschaft gefeiert wurde. Ausgerechnet als ich sogar auf der Bank meines Vereins sitzen durfte, absolvierten sie das wohl schlechteste Spiel ihrer Geschichte. Aber angesichts der Umstände konnte ich es ihnen locker verzeihen.

Ich bin also Bayern-Fan durch und durch. Ich bin mit diesem Verein aufgewachsen. Wir sind parallel zueinander gewachsen, was ich nicht auf meine Körpergröße beziehe, sondern vor allem wirtschaftlich. Käfer war immer nah am Sport, ganz nah an Bayern. Der Verein hat meine gesamte Lebensgeschichte stetig begleitet.

Entsprechend feiere ich auch mit ihm, wenn er Fußballgeschichte schreibt. Egal ob 1974 oder eben 26 Jahre später, wenn eine Meisterschaft plötzlich Realität wird, an die niemand mehr geglaubt hatte.

*

Bayern führte, während wir in der Alten Gärtnerei die Saisonabschlussfeier vorbereiteten, bereits mit 2:0 gegen Werder Bremen. Und weil Bayern weiß, wie man auch in einem Fernduell

Druck aufbaut, passte Markus Babbel auf Hasan Salihamidžić, der weiter zu Scholl spielte, bis der Ball von Paulo Sérgios Hacke zum 3:0 im Tor der Bremer landete. Wenn die weiter so treffen, dachte ich, wird es heute mal ausnahmsweise nichts mit perfekt aufgereihten Stühlen.

An diesem Nachmittag rannte ich ständig zum Fernseher. Als im Parallelspiel der Leverkusener Michael Ballack das eigene Tor traf und die Hachinger somit in Führung brachte. Ebenso als Marco Bode den Anschlusstreffer für Werder machte. Und natürlich als Markus Oberleitner nach Flanke von Jochen Seitz durchs 2:0 für Unterhaching endgültig die Meisterschaft für Bayern sicherte. »Wir brauchen mehr Alkohol«, sagte ich meinen Mitarbeitern. »Das wird heute mehr als eine Saisonabschlussparty.«

Am Ende wurde es eine überschwängliche Sause, wie ich sie selten mit den Bayern erlebte. Die Hachinger Spieler stießen um 23 Uhr zur Party dazu und feierten mit, als wären sie selbst Meister geworden.

Genau auf so ein explosives Fest hatte ich auch gehofft, als wir die Party im Postpalast für die Feier nach dem »Finale dahoam« vorbereiteten. Wild, leidenschaftlich, ungehemmt und unvergesslich sollte es werden. Das Filet war vom Oberländer Rind, wir hatten Lachs-Carpaccio mit Limetten-Crème-fraîche und 100 Liter des besten Champagners.

Wir waren, wie die ganze Stadt, bereit für das Fest des Jahrhunderts. Vor dem Anpfiff, als die Mannschaften ins Stadion einliefen, erstrahlte die Südkurve rot-weiß gestreift. In der Mitte dieser außergewöhnlich schönen Choreografie, die die wichtigsten Silhouetten Münchens zeigte, etwa die Frauenkirche, das Siegestor und das Olympiastadion, befand sich ein gigantischer Pokal, darunter ein Spruchband: »Unsere Stadt, unser Stadion, unser Pokal«.

Noch nie hatten meine Bayern in meiner Geburtsstadt den wichtigen Titel im Klubfußball geholt. Einmal gewannen sie ihn in Belgien, einmal in Frankreich, einmal in Schottland und einmal in Italien.

Einmal, 1974, hatte ich gespürt, wie es sich anfühlt, wenn in der eigenen Stadt ein außergewöhnlicher sportlicher Erfolg errungen wird. Als Deutschland erstmals überhaupt Ausrichter einer Fußballweltmeisterschaft war und das Endspiel in München stattfand.

Es war nur wenige Monate nach meiner Sensationsreise mit den Bayern nach Brüssel gewesen. Nun war ich wieder hautnah bei einem besonderen Fußball-Event dabei. Allerdings dieses Mal nicht nur als Zuschauer. Dieses Mal lernte ich – mehr oder weniger jedenfalls –, wie mein Vater mit dem Fußball Geschäfte machte. Er war zu der Zeit erfolgreich mit seinem Partyservice und als Eventveranstalter. Als solcher wurde er auch beauftragt, auf dem Familienanwesen von Dr. Walther Leisler Kiep in Kronberg im Taunus eine, ich weiß nicht mehr, ob offizielle oder inoffizielle, Eröffnungsfeier für die Fußballweltmeisterschaft zu arrangieren. Das erste Spiel wurde nicht weit entfernt im Frankfurter Waldstadion ausgetragen.

Eine Woche dauerte die Vorbereitung. Bei zum Teil schrecklichstem Wetter. Normalerweise ist der Aufbau von Zelten zwar anstrengend, aber grundsätzlich nicht problematisch. Vor allem nicht für einen sechzehnjährigen Halbstarken mit beinah endloser Energie. Selbst damals, als die Technik noch nicht so vereinfacht war wie heute, hätte ich mit dem eingespielten Team, dem ich zuarbeitete, unter regulären Bedingungen zehn von diesen Faltzelten innerhalb von kürzester Zeit aufstellen können.

Aber der Sommer 1974 war keiner. Es war kalt und regnete pausenlos. Unvergessen der 3. Juni, als innerhalb von knapp einer Stunde vierzehn Liter Wasser pro Quadratmeter das Spielfeld kurz vor Anpfiff der Begegnung zwischen Deutschland und Polen in eine Seenplatte verwandelten und die Feuerwehr zum Abpumpen anrücken musste. Dieses Halbfinale ging als »Wasserschlacht von Frankfurt« in die Fußballgeschichte ein.

Ganz so heftig waren die Niederschläge zuvor nicht. Trotzdem flogen uns reihenweise die Zelte um die Ohren. Windböen rissen die Heringe widerstandslos aus dem aufgeweichten Boden und ließen uns mehr als einmal hinter davonfliegenden Zeltplanen herrennen. Die Schnüre, an denen ich die Zelte hielt, schnitten tief in meine Hände ein. Mit zusätzlichen Steinen und Tauen gelang es schließlich, sie doch noch zu befestigen.

Als das geschafft war, schleppte ich Hunderte Stühle in die Zelte und befreite sie mehr als einmal von hässlichen Schlammspritzern an den Beinen. Am meisten fluchte ich über die schweren Besteckkisten, die einzeln in die Zelte getragen werden mussten, weil im aufgeweichten Rasen mit Rollwägen kein Durchkommen war.

Ich spürte jeden Knochen im Körper. War aber unendlich froh, tatkräftig mitgeholfen zu haben.

Mein Vater war nie derjenige, der sich sonderlich um mich gekümmert hatte. Seit der Scheidung meiner Eltern, als ich sieben oder acht Jahre alt war, hatte er keinen besonders großen Anteil an meinem Leben. Er war nie böse zu mir. Aber er war eigentlich nicht da. Er hat mir nie gesagt, dass er mich liebt, und ich kann mich nicht an irgendeine väterliche Nähe erinnern. So richtig wusste mein Vater auch gar nicht, worüber er mit mir sprechen sollte. Ich war zwar sein Sohn, aber ihm auch irgendwie ein bisschen fremd.

Es war dann leicht zwischen uns, wenn ich funktionierte. Einmal hat er mich als jungen Burschen auf einer Veranstaltung an die Zapfanlage zitiert und wollte, dass ich für ihn und seine Freunde ein schönes Weißbier zapfe.

Natürlich war mir sofort bewusst, dass er mich damit in der Königsdisziplin antreten ließ. Ein Weißbier steht in Bayern für Lebensfreude. Es vermittelt Hoffnung und Zuversicht. Wer Weißbier trinkt, ist frei von Sorgen, genießt das Wochenende oder den Feierabend unter freiem Himmel. Weißbier hat immer Stil, egal ob auf einer Berghütte, im Biergarten auf einer knatschenden Holzbank, wenn der Arbeitstag zu Ende geht und die Sonne die letzten Strahlen des Tages gen Erde schickt, ehe sie am Horizont verschwindet.

Man kann ein Weißbier nicht einfach ins Glas kippen. Es einzuschenken ist Gefühlssache, man zelebriert es. Nur wie, das wusste ich damals natürlich nicht.

Als ich es probierte, schäumte es, als hätte ich eine Handvoll Mentos in eine Flasche Cola geworfen. Wie ein Geysir schäumte mein Glas über. Die Freunde meines Vaters lachten, ihm selbst war nicht danach zumute. Er schaute mich nur fassungslos an.

»Du musst das Glas erst mit kaltem Wasser ausspülen und dann ganz schräg unter den Zapfhahn halten. Dann massierst du das Bier zärtlich ein«, erklärte mir ein Kellner, der Mitleid mit mir hatte, während er mir die genauen Handbewegungen zeigte und auch, wie man die entsprechende Schaumkrone drapierte.

Ich schwor mir, dass ich diesen Blick meines Vaters nie wieder kassieren würde. Auch deshalb kam es während des Aufbaus für mich nicht infrage, vor dem Kronberger Regen Unterschlupf zu suchen und auf besseres Wetter zu warten.

Wenn mich Vater also ab und zu mit zum Fußball oder zu anderen Events nahm, wollte ich ihn von mir begeistern, von ihm ein bisschen Respekt kriegen, indem ich bewies, wie fleißig ich arbeitete. Mein Vater hat sich so über Arbeit definiert, dass auch ich fleißig wurde, um ihm zu imponieren. »Ich habe heute ganz viel gearbeitet. Ich glaube, Papa war stolz auf mich«, sagte ich mehrfach zu meiner Mutter, wenn ich ihr von unseren Ausflügen berichtete.

Die Feier wurde trotz der Widrigkeiten ein voller Erfolg. Deutschland, der Europameister von 1972, siegte sich mit sechs Bayern-Spielern in der Nationalmannschaft bis ins Finale. Das dann in meinem München stattfand. Und ich erlebte, wie der Sport das Gefühl einer Stadt verändern kann.

Doch nun, 38 Jahre später, erwartete ich fürs Finale dahoam trotzdem etwas anderes. Zum einen, weil sich der Fußball in ganz andere Dimensionen verändert hatte. Viel größer, viel ansteckender, viel professioneller geworden war. Fußballer waren zu Popstars geworden. Medien überboten sich gegenseitig an Superlativen und schufen nie zuvor da gewesene Fallhöhen.

Zum anderen, weil es nun um meine Bayern ging. Und nicht nur ein Teil meiner Lieblingsmannschaft mitspielte.

Dieses Mal, anders als bei der angedachten Saisonabschlussfeier von 2000, waren bis zum Anpfiff alle Vorbereitungen abgeschlossen, sodass ich das Spiel vor Ort miterleben konnte.

KAPITEL 4

EINE COLA FÜR RUMMENIGGE

Als ich das Stadion verließ, um in den Postpalast zu fahren, war München so ruhig, wie ich die Stadt noch nie zuvor erlebt hatte.

Ich liebe diese Stadt. Es gibt nichts an München, was ich nicht gut finde. München ist die schönste Stadt, die ich mir vorstellen kann.

Wenn man wie ich in München aufgewachsen ist und immer in München gelebt hat, ist einem wahrscheinlich gar nicht bewusst, wie schön diese Stadt ist. Heute ist sie ein bisschen langweiliger geworden, als sie es früher war. In München, zumindest habe ich dieses Gefühl, ist das Wetter ein bisschen schöner als in anderen Städten, man lebt mehr im Freien als in anderen Städten. Wenn man in München mit offenem Blick durch die Fußgängerzone schlendert, bemerkt man, dass die meisten Menschen gut gekleidet sind und Wert legen auf ihr Äußeres.

Einen Großteil der Schönheit Münchens habe ich abends beim Laufen entdeckt.

Gegen 22 Uhr durch Schwabing zu joggen ist eine Erfüllung. Manche Gegenden wirken um diese Zeit eher wie Stillleben. Man ist mit sich und seinem Lauf allein. Ich bin aber keiner dieser Läufer, der das Alleinsein schätzt. Wenn Laufen zur einsamen Tätigkeit wird, bleibe ich stehen.

Entweder gehe ich mit meiner Frau Clarissa laufen oder mit Peter, meinem Personal Trainer. Wenn Clarissa und ich laufen, haben wir tolle Gespräche. Es dreht sich alles ausschließlich um uns, wir reden und diskutieren, die Zeit vergeht wie im Flug. Es ist eine liebgewonnene Routine für uns, es fehlt richtig was, wenn wir es mal nicht schaffen, laufen zu gehen.

Für mich ist es hilfreich, diesen festen Termin mit Clarissa oder alternativ eben mit Peter zu haben, um diszipliniert zu bleiben. Sonst würde ich den Verlockungen eines gemütlichen Sofas oder von Netflix häufiger erliegen.

Aber sobald Peter losläuft, laufe ich auch los. Laufen an sich ist ja eigentlich etwas total Simples. Wäre dieses verfluchte *Los*laufen nicht so kompliziert. Aber dank Peter schaffe ich es. Meist joggen wir um die zehn Kilometer. Wobei ich auch nicht zu der Sorte Läufer gehöre, für die Streckenlängen oder Trainingszeiten etwas Religiöses haben. Ich brauche auch nicht den Rausch der Geschwindigkeit oder der Beschleunigung zu spüren. Laufen weckt selbst nach den anstrengendsten Tagen eine neue Wachheit in mir. Es lässt mich abschalten und regt gleichzeitig neue Gedankenströme an. Und es lässt mich genießen. Außer die letzten ein, zwei Kilometer, wenn wir uns wieder meinem Haus nähern. Dann zähle ich Laternen.

Noch zehn bis nach Hause. Nur noch neun. Noch acht. Halt durch, Michael.

Aber sonst, auf den ersten Kilometern, liebe ich es, München, seine Häuser und die Menschen zu beobachten. Einfach die Schönheit dieser Stadt zu genießen.

Es gibt einen Platz, den muss eigentlich jeder mal erlaufen haben. Das ist der Hofgarten zwischen der Residenz, dem Tambosi und der Bayerischen Staatskanzlei. Vor allem in den

Wintermonaten, wenn ein wenig Schnee liegt, hat es etwas Magisches, hier eine Runde zu drehen. Dann verschwinden die moderne Stadt und sämtliche Hektik des Alltags. Man wird sanft in die Zeit von Ludwig II. gezogen und hat das Gefühl, dass jederzeit der Kini höchstpersönlich an einem vorbeistolzieren könnte.

Jeder Einheimische – und auch jeder Tourist – sollte München mindestens einmal erlaufen. Und sich Schwabing bei Nacht gönnen, wie es blüht und lebt und glänzt.

München ist wie eine wunderschöne Frau, die so schön ist, dass sie den Männern Angst macht – und die sich deshalb niemand traut anzusprechen.

In der Nacht, in der Ivica Olic beim Elfmeterschießen nur den rechten Arm von Chelseas Torwart Petr Čech traf und Bastian Schweinsteigers Schuss an den Pfosten krachte, hatte München zwar nichts von seiner Schönheit verloren. Aber es war gespenstig ruhig. Der Lebensmut dieser prächtigen Stadt war wie ausgelöscht. Die Menschen, die ich weinen sah, weinten ganz leise vor sich hin. Eigentlich sah Bayern immer wie der Sieger aus, lag selbst im Elfmeterschießen bereits nach der ersten Runde vorne. Doch auch die dritte Hoffnung, dass wir das Spiel gewinnen würden, wurde enttäuscht. München, diese zu perfekte Frau, verwandelte sich an diesem Abend der fußballerischen Ungerechtigkeit in Schneewittchen – immer noch schön, aber von einem vergifteten Apfel eingeschläfert.

Im Foyer des Postpalastes hatten wir einen Podest errichtet, vorgesehen für den wunderschönen Henkelpott. Nun blieb er leer.

Alles war auf Triumph ausgerichtet. Einen Plan für eine Nacht der Niederlage hatte es nie gegeben. Eilig wies ich ein paar Mitarbeiter an, die kaltgestellten, prominent platzierten

Champagnerflaschen verschwinden zu lassen. Es würde sowieso niemand davon trinken.

Nachdem alle Spieler langsam eingetrudelt waren, erhob sich Karl-Heinz Rummenigge und griff zum Mikrophon. Ich bewunderte ihn dafür, dass er selbst in dieser Nacht die Kraft fand, Worte an alle Spieler und Mitarbeiter zu richten.

Als er 1974 aus Lippstadt nach München kam, war er gerade mal achtzehn Jahre alt. Seine Lehre zum Bankkaufmann hatte er wegen des Angebots des FC Bayern abgebrochen. Rummenigge galt als Zukunft des Vereins, der die goldene Generation um Sepp Maier, Franz Beckenbauer und Gerd Müller beerben sollte.

Nach nur kurzer Zeit in München beschlossen Rummenigge, der blonde Wuschelkopf, den die Mitspieler Rotbäckchen nannten, und seine damalige Freundin Martina mit Anfang zwanzig einmal ins Käfer zu gehen. Sie hatten doch so viel davon gehört. »Ich war dann so aufgeregt, in diesem vornehmen Laden zu sitzen, dass ich mich beim ersten Mal nur getraut habe, eine Cola zu bestellen«, verriet er mir Jahrzehnte später.

Und nun stand er, der schüchterne Bursche von damals, hier vor all den niedergeschlagenen Menschen und fand die passenden Worte:

» Heute ist einer dieser Abende, wo man sagt, man wäre besser daheimgeblieben und hätte das nicht erlebt. Einer dieser Abende, wo man sich fragt: Wie konnte das zustande kommen?

Das ist eine Rede, die ich eigentlich nie halten wollte und auch immer noch nicht halten möchte. Aber es ist die Wahrheit. Wir hatten den Traum, in das Endspiel zu kommen.

Das haben wir geschafft. Und man hat im Spiel gesehen, dass Wille, Einsatz und Kampfgeist von uns okay waren. Ich spüre, dass die Mannschaft das Spiel gewinnen wollte. Wenn man der Mannschaft einen Vorwurf machen will, dann den, dass sie drei Matchbälle hatte und sie nicht genutzt hat.

Das sind die nicht so angenehmen Seiten des Fußballs. Wir haben 1:0 geführt in der 83. Minute, wir haben in der Verlängerung einen Elfmeter bekommen. Wir haben nach drei Elfmetern geführt – und es trotzdem nicht geschafft.

Ich habe auf dem Weg hierher Heerscharen an Bayern-Fans gesehen. Ich habe eine unglaubliche Trauer gesehen. Die Leute, die Fans waren niedergeschlagen. Diese ganze Trauer, die Wut, wird erst morgen früh, wenn wir aufwachen, zum Tragen kommen. Wenn wir realisieren, was für eine Chance wir verpasst haben.

Ich sehe hier Trauer, das ist die allgemeine Stimmung. Es tut mir unglaublich leid für die Mannschaft, die eigentlich eine großartige Champions-League-Saison gespielt hat. Das war das 15. Spiel heute, wir haben alle Heimspiele gewonnen. Die Frage ist, warum wir heute nicht gewonnen haben.

Das ist schwer zu verstehen zum jetzigen Zeitpunkt. Es ist wichtig, in der Stunde, die bitter ist, die traurig ist, rational zu bleiben und zu akzeptieren, dass es so gekommen ist.«

Ich mag es, mich mit der Sprache des menschlichen Gesichts auseinanderzusetzen. Es gibt darüber einen Aufsatz von Jürgen

Werner, einem Philosophieprofessor von der Universität Witten, der mit einem großartigen Satz beginnt: »Wenn Gesichter ihre Autobiografie schreiben könnten, müssten sie sich über ihr eigenes Aussehen beugen.«

Von Arjen Robbens Gesicht konnte ich in dieser Nacht nur einmal, als er den Postpalast verließ, einen kurzen Blick erhaschen. Die meiste Zeit saß er wie eine leere Hülle mit gesenktem Haupt an seinem Tisch vor seinem Teller. Ich glaube, er hat nicht einmal wahrgenommen, wie Kellner Teller brachten und wieder abräumten, ohne dass er etwas davon angerührt hatte.

Selbst bei Philipp Lahm, dessen Gesicht immer etwas Spitzbübisches hatte, sah ich nur Leere.

Warum konnten die nicht schauen, wie Gerd Müller es auf der Rückreise aus Brüssel getan hatte? Mit dieser Mischung aus Erschöpfung und purer Freude? Warum summte hier niemand? Warum hatten wir Chelsea nicht in dieses verdammte Tal der Verzweiflung und puren Fassungslosigkeit geschossen? Die hätten sich nicht einmal beschweren dürfen, wenn sie nach England als Verlierer zurückgekehrt wären.

Kurz bevor ich mit Detlef und meinen Freunden nach London geflogen bin, holten mich all diese Erinnerungen wieder ein. 370 Tage lagen zwischen dem Finale dahoam und dem Endspiel zwischen Bayern München und Borussia Dortmund im Wembley-Stadion.

»Was machst du denn da?«, riss mich Detlef aus meinen Gedanken, während ich noch immer vor dem Mülleimer stand, in den ich definitiv nicht unsere beiden Tickets geworfen hatte. Ein gekühltes Dosenbier auf den Schock wäre jetzt gut, dachte ich.

Wie sollte ich es ihm nur beibringen? Oder gab es irgendeine Lösung, die uns fünfundvierzig Minuten vor dem Anpfiff rettete?

KAPITEL 5

NEUE VORHÄNGE FÜR NEUSCHWANSTEIN

Beruflich zählt es ja auch zu meinen Aufgaben, unseren Gästen jeden Wunsch zu erfüllen, ganz gleich wie unmöglich er auch sein mag. »Geht nicht« gibt es bei uns nicht. Egal wie absurd eine Anfrage oder ein Bedürfnis zunächst auch klingen mag.

Einmal wollte ein Kunde, ein sehr vermögender, seinen Geburtstag unbedingt auf Neuschwanstein feiern. Also in einem der schönsten Schlösser, die Bayern, ja Deutschland zu bieten hat.

Eine Zeit lang, wahrscheinlich ist es sogar auch heute noch so, das verschiebt sich ja auch immer wieder, zählte Neuschwanstein mit dem Kölner Dom, dem Berliner Reichstag und der Dresdner Frauenkirche zu den meistbesuchten Sehenswürdigkeiten unseres Landes. Mehr als anderthalb Millionen Besucher kommen jährlich, um sich König Ludwigs Traumreich anzuschauen. Eigentlich absurd, nutzte er selbst das Schloss doch nicht als Kulisse königlicher Repräsentation, sondern sah es vielmehr als poetischen Rückzugsort für sich. Ludwig II., diesem Exzentriker, dem unnahbaren und widersprüchlichen Märchenkönig ohne Macht, wurde eine Menschenscheu nachgesagt. Neuschwanstein sei, so heißt es, ein Spiegel seiner Seele. Und der aufsteigende Schwan ist das Leitmotiv im ganzen Ensemble und begegnet einem immer wieder. Glasfenster ziert er ebenso wie Wasserhähne.

Rund 300 Arbeiter waren über anderthalb, vielleicht auch zwei Jahrzehnte damit beschäftigt, diesen majestätischen Bau, diese zur Schau gestellte Handwerkskunst mitten in den Alpen auf einer begradigten Bergspitze zu errichten. Heute braucht es kräftige Waden, will man das Schloss besichtigen, muss man doch in der Lage sein, 169 Treppen hoch- und 204 Treppen hinunterzusteigen.

Das Märchenschloss mag, wie es Ludwig im Sinn hatte, an eine mittelalterliche Ritterburg erinnern, doch bau- und ausstattungstechnisch war es seinerzeit hochmodern, ja geradezu revolutionär für die Zeit.

Neuschwanstein ist ein Ort zum Träumen und versetzt Menschen aus der ganzen Welt ins Staunen. Milliardenfach wurde es fotografiert. Angeblich soll es sogar die Zeichner von Walt Disney inspiriert haben, als sie das Cinderella-Schloss erschufen.

An diesem Ort wollte unser Gast seinen Geburtstag feiern. Und es war nicht nur irgendeine spontane Idee von ihm, sondern tatsächlich ein lang gehegter Herzenswunsch, von dem er sich nicht abbringen ließ, nur weil wir ihm erklärten, dass derartige Veranstaltungen eigentlich nie von der Schlösserverwaltung erlaubt wurden.

»Dann machen Sie es möglich«, ermunterte er uns. »Sie machen das schon!«

Also fingen wir an zu recherchieren, ob es eine Möglichkeit gab, ein Nein in ein Ja zu verwandeln. Wir fuhren zu Neuschwanstein, stiefelten die 169 Treppen hoch und die 204 wieder runter, nahmen an Führungen teil, lasen Artikel und schauten uns Dokumentationen über das Schloss an und telefonierten mit unseren Kontakten. Wir mussten etwas finden, über das wir ins Gespräch kommen könnten, einen Triggerpunkt, mit dem wir die Verwaltung emotionalisieren könnten.

Schließlich fanden wir heraus, dass die von den Besuchermassen eingeschleppte Feuchtigkeit damals noch ein Problem darstellte. Mangels Lüftung bröckelte, so hatte ich es jedenfalls verstanden, zum einen der Putz, außerdem hatten historische Stoffe angefangen zu schimmeln. Die mussten dringend erneuert werden.

»Wenn Sie«, sagten wir unserem Kunden, »eine Spende für neue Vorhänge leisten würden, glaube ich, dass wir eine Chance haben, die Ausnahmeregel zu bekommen und Ihren Geburtstag auf Neuschwanstein zu feiern.«

So kam es dann auch. Wir feierten zwar nicht im Schlosssaal, sondern im Innenhof ein rauschendes und unvergessliches Fest. Immerhin den Aperitif durften die Gäste in einem Saal zu sich nehmen.

Gegen Mitternacht ließen wir Neuschwanstein sogar einstürzen. In einer Videosimulation, die wir von innen an eine Schlosswand projizierten.

Gigantisch gedacht war auch die Idee eines Automobilkonzerns, eine Fahrzeugpräsentation auf einem Flugzeugträger im Mittelmeer in der Nähe von Rom durchzuführen. Tatsächlich fanden wir einen ausgemusterten 80 000 Tonnen schweren Stahlgiganten der US-Marine, den wir hätten leihen können. Am Ende aber einigten wir uns mit dem Kunden auf eine Veranstaltung, die ähnlich beeindruckend, jedoch deutlich umweltfreundlicher war.

Wir wollen, können und müssen möglich machen, was unsere Kunden wünschen. Dazu gehört es auch, maximale Flexibilität zu gewährleisten. Zum Beispiel bei einer Großveranstaltung mit den Mitarbeitern der Münchner Allianz. Mehr als 1000 Gäste sollten zusammenkommen.

In der ursprünglichen Location war alles hergerichtet. Sogar die Stühle hatten wir bereits an der berühmten Schnur ausgerichtet, das ist einer der letzten zu erledigenden Schritte. Doch dann nahm das Unglück seinen Lauf: ein Wasserschaden im Keller des Veranstaltungsorts. Lager und Küche waren nicht mehr nutzbar. Uns fehlten Räumlichkeiten, aus denen wir den Service steuern konnten, und das bei dieser Gruppengröße.

Kurz, 24 Stunden vor Veranstaltungsbeginn drohte der Super-GAU. In so einem Moment müssen sich unsere Kunden trotzdem auf uns verlassen können. Die Ursache ist irrelevant. Es hilft auch niemandem, über eine mögliche Schuldfrage zu diskutieren. Als Erstes muss eine Lösung gefunden werden.

Wir hatten auf der Praterinsel bereits mehrere Events reibungslos durchgeführt. Auch in einer ähnlichen Größenordnung. Während unsere Mitarbeiter die Stühle stapelten und mit dem Besteck und der kompletten Dekoration auf Lastwagen packten, hing ich mit meinen engsten Vertrauten am Telefon. Die Allianz musste informiert werden, schließlich war es ihr Event. Auch sie waren einverstanden. Per Hausnachricht wurde den Mitarbeitern der Ortswechsel für die abendliche Veranstaltung mitgeteilt.

Wenig später erfuhren wir, dass der neue Besitzer der Location noch keine Konzession beantragt hatte – wir standen erneut ohne Veranstaltungsort da.

Daraufhin rief unser Kunde Münchens damaligen Oberbürgermeister an, immerhin war es mittlerweile kurz vor Mittag. Christian Ude versprach zu helfen, konnte so kurzfristig aber nur noch eine Messehalle anbieten. Nicht die ideale

Kulisse. Aber besser als nichts. Wir blockten sie erst einmal, während wir parallel versuchten, doch noch etwas Besseres aufzutun. Schließlich gelang es uns, das Haus der Kunst und das P1 zu bekommen und so zusammenzulegen, dass ein stimmiges Konzept daraus wurde.

Damit es in der Außendarstellung nicht peinlich wurde, machten wir zusammen mit unserem Kunden aus den sich ständig ändernden Locations ein Konzept, taten gegenüber den Mitarbeitern so, als gehörte der Szenarienwechsel dramaturgisch dazu. Ein Stilmittel, um den Abend spannend vorzubereiten. Von dem wahren Chaos, das sich im Hintergrund abspielte, ahnten nur die wenigsten.

*

Bisher hatte auch Detlef keine Ahnung, dass er meinetwegen mit größter Wahrscheinlichkeit das Match des Jahrzehnts verpassen würde. In Deutschland gab es kein anderes Thema mehr. In Sondersendungen wurde jede Winzigkeit rund um das Spiel beleuchtet. Selbst Prinz William tippte öffentlich auf den Ausgang des Spiels. Millionen in Deutschland und Milliarden auf der Welt waren elektrisiert. Und ich stand kurz davor, meinen Freund enttäuschen zu müssen.

*

Im Job, vor allem im Privatkundenbereich, sind wir, wenn wir Events wie Hochzeits- oder Geburtstagsfeiern vorbereiten, mitunter extrem nah an unseren Kunden dran. Sie gewähren uns den Zugang zu ihren Häusern, lassen uns an einem ganz wichtigen Ausschnitt ihres Lebens teilhaben. In dieser Zeit bekommen wir mit, wie diese Menschen leben und was sie bewegt. Kunden öffnen uns ihr Herz, manche mehr, manche weniger, offenbaren uns die schönen und glücklichen Seiten ihres Lebens, aber auch die schwierigen und komplizierten. Wenn wir etwa über Tischordnungen sprechen, erfahren wir sehr viel über das Beziehungsgeflecht innerhalb der Familie. Oft erklären uns unsere Kunden, wer aufgrund welcher Vorgeschichte nicht nebeneinandersitzen darf. Familien sind wunderschön, aber mitunter auch kompliziert. Nach außen wird oft der Schein gewahrt, doch wie es innen wirklich ausschaut, wissen nur die Beteiligten und enge Freunde. Es passiert uns häufig, dass uns für den Zeitraum der Vorbereitung ein wahrer Blick in den vertrautesten Familienkreis gewährt wird. Dann werde ich, so bezeichne ich es immer, zum geliehenen Freund. Zu einem Menschen, der eine Zeit lang nah dran sein darf, aber nach dem Event wieder draußen ist. Das Verhältnis bleibt auch anschließend nett, aber bekommt nicht mehr diese persönliche Tiefe, wie sie in den vorherigen Monaten erreicht worden ist.

KAPITEL 6

SCHWARZMARKTGESCHÄFTE

Es ist für uns als Unternehmen völlig ausgeschlossen, unsere geliehenen Freunde zu enttäuschen. Genauso undenkbar ist es für mich, wahre Freunde zu enttäuschen.

Natürlich würde Detlef niemals wegen eines nicht gesehenen Fußballspiels unsere Freundschaft infrage stellen. Sie würde deshalb nicht zerbrechen. Trotzdem würde ich ihn enttäuschen – und das wollte ich einfach nicht.

»Ich fürchte«, gestand ich Detlef nun endlich, »dass wir das Spiel in einem Pub gucken müssen.«

Detlef wusste sofort, dass ich mir keinen schlechten Scherz erlaubte.

In meiner Firma habe ich einen Leitspruch, den ich neuen Führungskräften regelmäßig an die Hand gebe: »Die klügsten Menschen sind die, die einfach denken können.«

Vielleicht sollte ich meinen eigenen Rat beherzigen und es damit einmal probieren, dachte ich mir, während mir allmählich dämmerte, dass es sehr unwahrscheinlich sein dürfte, mal eben und ohne Ortskenntnis so kurz vor Anpfiff und ohne Reservierung einen Platz in einem Pub zu bekommen.

Dann kam es mir. »Wir müssen einen Schwarzmarkthändler finden. Irgendjemand wird doch bestimmt versuchen, Tickets völlig überteuert an – bayrisch gesagt – Deppen wie uns zu verkaufen«, sagte ich zu Detlef, eigentlich viel zu euphorisiert angesichts der weniger als vierzig verbleibenden Minuten.

»Dann such du mal«, erwiderte mein Freund, der zu meiner Erleichterung weniger sauer war, als ich erwartet hatte.

Ich drehte mich um mich selbst und versuchte dabei, die umstehenden Leute zu scannen.

»Woran erkennt man eigentlich so einen Händler?«, fragte ich Detlef, der darauf genauso wenig eine Antwort hatte wie ich selbst, aber immerhin ziemlich amüsiert zu sein schien.

Mit einem Mal sprach mich jemand an.

»Suchen Sie noch Karten?«, fragte der Unbekannte, der definitiv nicht so aussah, wie ich mir einen Schwarzmarkthändler vorstellte.

»Sie sind doch der Herr Käfer aus München, oder?«

Der Mann, dessen Outfit eigentlich zu elegant für ein Fußballspiel war, kam ebenfalls aus München. Er wohnte nicht weit weg von Bogenhausen und war schon mal bei uns im Restaurant essen gewesen.

»Ich habe noch zwei Tickets«, sagte er. Der Flieger zweier Geschäftsfreunde sei gestrichen worden, sodass er sie übrighätte. »Sagen wir 500 Euro?«

So viel Geld hatte ich nicht bei mir.

»Ich muss erst einen Geldautomaten finden«, erklärte ich ihm. Doch der Fremde, der mich kannte, winkte entspannt ab.

»Ich gebe Ihnen die Karten. Und nächste Woche komme ich bei Ihnen im Laden vorbei und hole mir das Geld ab.«

»So viel Dusel kann man doch gar nicht haben!«, lachte Detlef.

Eine halbe Stunde vor Anpfiff nahmen wir also – ich hatte es nicht mehr für möglich gehalten – unsere Plätze ein.

Zwischen mehreren tausend BVB-Anhängern. Alle schwarzgelb gekleidet, außer Detlef und ich. Zwar trugen wir keine Trikots, waren nur dezent durch unsere eigens gekauften Schals als Bayern-Fans auszumachen. Aber innen drin fühlte ich mich ganz klar als ungebetener Gast in der falschen Kurve.

Ich spürte, wie die Dortmunder Anhänger um mich herum lauter und lauter wurden. Wie sie sich nach den Chancen von Jakub Błaszczykowski und Robert Lewandowski, der damals noch für die Borussen spielte, euphorisiert aufluden. Wieder tauchte Błaszczykowski vor Neuer auf, dann scheiterte Marco Reus an unserem Torwart.

»Was ist hier los?«, flüsterte ich Detlef zu. Ich wollte nicht, dass jemand merkte, dass wir aufatmeten, als Neuer auch Chance Nummer fünf vereitelt hatte.

Die zunehmende Hoffnung der Dortmunder Anhänger erdrückte uns beinah. Bender schoss, die Dortmunder kochten. Wäre es vielleicht besser gewesen, nicht in diesem Stadion zu sitzen? Um nicht die zweite Finalschmach in Folge zu erleben? Wieder hängende Köpfe zu sehen?

Endlich auch mal eine Chance für Bayern. Mario Mandžukić drückte sich energisch vom Boden ab, stand in der Luft und wuchtete den Ball kraftvoll mit seinem Kopf in Richtung von Roman Weidenfeller, der seine Hände irgendwie noch an den Ball bekam.

Das war der Moment, in dem ich meine Sympathien nicht mehr verheimlichen wollte. Ich drückte mich aus meiner Sitzschale und schlug die Hände vors Gesicht. Ich konnte mich hier doch nicht verstellen. Seit 43 Jahren war Bayern mein Klub.

*

Wenn Uli Hoeneß und Karl-Heinz Rummenigge bei uns in der Besteckstube zu geheimen Verhandlungen mit den Managern von Fußballern saßen, drückte ich jedes Mal die Daumen, dass die Gespräche so liefen, dass neue Top-Stars zu uns kamen. Einmal bekam ich mit, wie Rummenigge nach stundenlangen Gesprächen mit Vertretern von David Alaba Champagner bestellte, um auf die Vertragsverlängerung anzustoßen. Ich ballte kurz, natürlich ohne dass es jemand sah, die Hand zur Faust, wie es Boris Becker gerne nach gewonnenen Big Points auf dem Tennisplatz getan hatte.

Niklas Süle erklärte vor Kurzem dem *Sport BILD*-Reporter Christian Falk in dieser Stube, warum er Bayern verlasse und nach Dortmund wechsle. Selbst ein Stubenverbot meinerseits hätte nichts an seiner Entscheidung geändert.

Was waren auf diesen sechzehn Quadratmetern für Geschichten geschrieben worden! Wie oft hatten Reporter und Fotografen von *Bild* und der *tz* stundenlang vor unserem Lokal gewartet, um den Bossen aufzulauern! In der Hoffnung, sie zusammen mit ihren Gesprächspartnern zu erwischen und ein gemeinsames Foto zu ergattern. Aber meist verließen die Beteiligten über verschiedene Ausgänge und zu verschiedenen Zeiten unser Haus.

Edle Raritäten wie Bestecke aus Silber und Elfenbein sind in der Stube ausgestellt, die davon ihren Namen hat, und zeugen von der Tischkultur vergangener Zeiten. Die bequeme Sitzecke und die mit dunklem Holz getäfelten Wände schaffen ein gemütliches, heimeliges Ambiente.

Die Besteckstube ist die hinterste von unseren sechzehn Stuben, gelegen am Ende des Ganges, der vom Hauptrestaurant abgeht. Hier schlendert auch kein anderer Gast vorbei, selbst dann nicht, wenn man sich auf dem Weg zur Toilette verlaufen hat. Ruhiger und dezenter geht es gar nicht.

Selbst Gunter Sachs, Filmemacher, Fotograf und Kunstsammler ebenso wie Inbegriff des weltläufigen Playboys, der Stammgast in unserem Restaurant war und einen ganz speziellen Platz liebte, wäre es in der Besteckstube zu diskret gewesen.

Sachs, der sich dank eines ansehnlichen Vermögens schnelle Autos und das süße Leben leisten konnte, war eine Größe des europäischen Jetsets. Kein Wunder, lieferte er doch mit seinen Frauengeschichten regelmäßig Schlagzeilen, nicht nur, weil er die französische Schauspielerin Brigitte Bardot – zumindest eine Zeit lang – für sich gewann, nachdem er rote Rosen auf ihr Anwesen in Saint-Tropez hatte regnen lassen.

Bei uns saß er an einem Tisch, der eigentlich gar nicht für Gäste vorgesehen war. An einem wirklichen Katzentisch, im hinteren Bereich unseres Restaurants, auf dem Gang, von dem aus es in die Stuben geht.

Normalerweise kann man Katzentische, die es natürlich in jedem Restaurant gibt, aufwerten. Ein Trick ist es zum Beispiel, diese mit besonderen Stühlen zu bestücken. Denn mit wertigen Lehnstühlen kann man auch einen engen und nicht so gut platzierten Tisch aufhübschen.

Aber dort, wo sich Sachs gerne hinsetzte, funktionierte dieser Kniff nicht. Denn er wählte den Platz aus, den wir eigentlich als Notplatz für Sicherheitspersonal oder Chauffeure eingerichtet hatten und wo ein Lehnstuhl gar nicht hingepasst hätte. Er ist gerade groß genug, um einen Teller und ein Glas draufzustellen, aber nicht so, dass man das Essen dort schön drapieren kann, geschweige denn, dass es dort besonders gemütlich ist.

Sachs war trotzdem glücklich mit seiner Wahl, weil er hier weitestgehend ungestört war und es dennoch gleichzeitig viel zu beobachten gab. Manchmal nahm Giuseppe Flotta, der Fahrer von Karl-Heinz Rummenigge, später am gleichen Tisch wie Sachs Platz, während sein Chef in der Besteckstube verhandelte.

Wenn Uli Hoeneß als Privatperson kommt, zusammen mit seiner wunderbaren Frau Susanne, dann sitzt er gerne auf dem Balkon. Zu seinem 50. Geburtstag habe ich ihm diesen Platz quasi geschenkt und symbolisch mit einer Plakette mit seinen Initialen versehen.

*

Ich fürchtete, für meinen emotionalen Ausbruch nach der Mandžukić-Chance mit Bier überschüttet zu werden. Ganz fest rechnete ich zumindest mit ein paar klaren Ansagen der Dortmund-Anhänger. Aber sie ließen Detlef und mich, die beiden Rot-Weißen im schwarz-gelben Meer, in Ruhe. Das Spiel bot zu viel Dramatik, um sich mit uns verirrten Seelen zu beschäftigen.

Arjen Robben scheiterte erst an Roman Weidenfellers linker Schulter, dann an seinem rechten Unterkiefer. Das konnte nicht wahr sein. »Jetzt macht doch endlich dieses Tor«, brüllte es in meinem Kopf.

Wieder trieb Robben den Ball nach vorne. Er spielte zu Franck Ribéry. Der passte zurück. Und dann, nach ganz genau drei Kontakten, schlenzte er den Ball millimetergenau an Roman Weidenfeller und Marcel Schmelzer vorbei zum heraneilenden Mandžukić, der die Führung erzielte. Kurze Zeit später glich Dortmund aus.

London kochte. Nur noch eine Minute plus Nachspielzeit. Boateng schlug den Ball weit nach vorne, Ribéry legte ab – und Robben, wer auch sonst, rauschte langen Schrittes heran. Wieder benötigte er drei Ballkontakte, um an Mats Hummels, Neven Subotić und Weidenfeller vorbeizukommen.

Robben hatte in diesem Moment eine Energie, wie ich sie sonst nur von Prince kannte, wenn der nach einer Strophe seine Gitarre nach oben riss und zu einem Solo ansetzte. Prince, dieser globale Superstar, konnte auf der Bühne eine überbordende Energie ausströmen. Genau wie Robben jetzt.

KAPITEL 7

MEIN BASQUIAT

Vor vielen, vielen Jahren, als ich das erste Mal auf der Art Basel war, ist es mir passiert, dass mich ein Bild binnen weniger Sekunden in seinen Bann gezogen hat.

Es muss 1986 gewesen sein. Ich hatte mit dem P1, meiner Disco, damals das erste Geld verdient und bin von meinem wichtigsten Mentor und großen Freund, Michael Reichardt, in die Schweiz zu dieser Großveranstaltung der internationalen Kunstszene mitgenommen worden. Ich hatte nicht den blassesten Schimmer von Kunst, war aber offen und gespannt darauf, in diese Welt einzutauchen. In Basel stellten Künstler und Galerien aus der ganzen Welt ihre Werke aus.

Michael kannte sich aus. Er kannte auch ziemlich viele wichtige Menschen, die dort zusammenkamen. Einer der Galeristen erzählte uns von einem jungen Kerl, gerade einmal Mitte zwanzig, dem es gelungen war, die Aufmerksamkeit von Andy Warhol, dem wohl bekanntesten Pop-Art-Künstler der Welt, zu gewinnen.

Sein Name, so der Galerist, sei Jean-Michel Basquiat. Ein junger, wilder Straßenkünstler, geboren in eine schwarze Mittelschichtsfamilie, der Warhol verrückt mache. Vielleicht, so mutmaßte es der Mann in Basel, weil Warhol Parallelen zwischen sich und Basquiat gesehen habe: beide frühreif und furchtlos, irgendwie schräg. Warhol würde sich vielleicht in dem dreißig Jahre jüngeren Kerl wiedererkennen und daran zurückdenken, wie er in den Fünfzigerjahren selbst als Künstler am Anfang stand und begierig nach Anerkennung war. Beide hätten sich schon zum Mittagessen getroffen, voneinander Polaroids gemacht und sich gegenseitig porträtiert.

Basquiat habe Football-Helme und Kühlschranke bemalt. Wenn man sich seine Leinwände »vorlesen« würde, auf denen er Elemente aus der Kunstgeschichte und Literatur vereine, aber genauso auch die Sängerin Madonna und Frühstückscerealien, könne man hören, wie Basquiat denke, hatte irgendjemand irgendwann gemeint.

Den Rest der Ausführungen merkte ich mir nicht. Mir reichte, was ich sah. Und das war ein Bild, das mir gefiel. Die Farben so klar und ausdrucksstark, vor allem durch die harten Gegensätze. Ich sah Gesichter, Augen, Wörter, Textfetzen, einen Mix, der mich immer näher an das Bild heransaugte. Es zog mich magisch an. Es sprang mir entgegen, so viel Energie besaß es. Basquiats Werke fielen einfach auf, egal wie viel Drumherum sonst auch ausgestellt war.

»Dieser Basquiat«, sagte ich zu Michael, »malt, wie Prince singt. Er hat *Purple Rain* auf die Leinwand gebracht.«

1984 hatte Prince *Purple Rain* veröffentlicht. Diesen magischen Song. Wenngleich Prince selbst ihn niemals so bezeichnet hätte, weil er das Wort im Zusammenhang mit sich und seiner Musik verachtete. Er sei ein Mensch, seine Werke das Ergebnis harter Arbeit.

Was Prince mit seiner Stimme veranstaltete, veränderte die Gesetze der Musik. Ich hatte das Gefühl, mit seinen Liedern zu verschmelzen. Sie waren gefühlvoll, ehrlich – und Prince selbst trug sie mit einer ekstatischen Art vor, dass sie sogar gefährlich auf mich wirkten.

Prince meinte einmal, dass eine Ballade beim Hörer das Bedürfnis wecken sollte, Liebe zu machen. Und Basquiat malte, wie Prince sang. Auch wenn ich in seinen Werken keine Balladen erkannte, sondern eher Gitarrensoli.

Es war, als hätte Basquiat unabsichtlich oder, besser gesagt, unbewusst einen Rat von Prince befolgt, den er in irgendeinem Interview mal äußerte: »Fangt einfach an, euren Tag zu erschaffen. Dann erschafft euer Leben.«

Basquiat hatte etwas geschaffen. Etwas Faszinierendes.

Das Bedürfnis, Liebe zu machen, weckte dieses Bild in mir nicht. Dafür verspürte ich etwas anderes. Es hatte etwas Entblößendes und Schmerzhaftes. Ich stellte mir vor, wie der Künstler nach dem letzten Pinselstrich kraftlos in sich zusammengesackt war, so viel Kraft hatte er in dieses Bild investiert.

Ich musste dieses Bild unbedingt haben. Ich sah es und war verliebt. Ich musste diesen Basquiat in meiner Wohnung hängen haben und kaufte ihn schließlich für 25 000 Mark.

Ein paar Wochen später hielt ein Transporter vor meiner Wohnung in der Nähe des Englischen Gartens unweit vom heutigen Hilton Hotel. Die Lieferung und das Aufhängen waren im Preis inbegriffen. Mit größtmöglicher Vorsicht machten sich zwei Männer auf, mein erstes selbst gekauftes Bild durchs Treppenhaus in mein Wohnzimmer zu schleppen. Doch schon auf dem Weg in meine Wohnung kamen den beiden erfahrenen Transporteuren Zweifel.

»Wo soll es überhaupt hängen?«, erkundigten sie sich.

»Im Wohnzimmer.« Während sie das Bild zunächst draußen stehen ließen, zeigte ich ihnen den Ort meiner Wahl.

»Und wie soll das dahin passen?«

Erst jetzt erkannte ich das Problem: Das Bild war zu groß für meine Wohnung.

Ich war wie selbstverständlich davon ausgegangen, dass mein Wohnzimmer mit einer Deckenhöhe von zwei Meter siebzig genug Platz für meinen Basquiat bieten würde. Nun wurde uns allen schlagartig klar, dass zwanzig Zentimeter fehlten, damit es überhaupt an die Wände hätte passen können.

Dank Michael Reichardts Kontakten konnte ich das Bild zurückgeben und bekam mein Geld zurück. Ein schwacher Trost, hatte ich mich doch in dieses Werk verguckt.

Zwei Jahre später starb Basquiat, von dem selbst ich inzwischen wusste, dass er so viele verschiedene Facetten in sich vereinte, dass er nicht nur Zeichner und Maler und Performer war, sondern auch Schauspieler, Dichter und DJ, in seinem Loft an der Great Jones Street in New York im Alter von gerade mal 27 Jahren an einem Drogencocktail.

Die Kunstwelt hatte einen Wortakrobaten und Sprachkünstler verloren, der »Wörtern Augen, Mund und Seele« verliehen hatte, wie es der New Yorker Galerist Klaus Kertess auf den Punkt brachte.

2017 wurde eins von Basquiats Werken, *Untitled*, für über 110 Millionen Dollar an den japanischen Milliardär Yusaku Maezawa verkauft. 1984 hatte es noch gut 20 000 Dollar gekostet, das waren etwa 57 000 Mark.

Das Bild *Hardware Store* aus dem Jahr 1983, das eine ähnliche Größe wie mein Traumbild hat, nämlich mehr als drei Meter breit ist, allerdings nur zwei Meter hoch und damit in mein Wohnzimmer gepasst hätte, wurde 2021 von der New

Yorker Galerie Van de Weghe für vierzig Millionen Dollar angeboten – und verkauft. Es zeigt die Kombination von zwei Leinwänden, eine in Gelb und die andere in Blau, darauf eine Reihe von schwebenden Köpfen und Totenköpfen inmitten von Basquiats typisch gekritzelten Texten.

Ich weiß nicht mehr, wie mein zu großer Basquiat hieß. Es ist auch reine Spekulation, ob das Bild eine ähnliche Wertsteigerung hingelegt hätte. Darum ging es mir auch gar nicht. Ich hätte es einfach nur gerne in meinem Zuhause gehabt, wegen der ungeheuerlichen Energie, die es versprühte.

*

Basquiat malte, wie Prince sang. Prince sang, wie Basquiat malte. Und nun vollführte Arjen Robben in Wembley Dinge, die mich an Basquiat und Prince erinnerten.

Prince hatte immer betont, dass er nicht in der Vergangenheit lebe. Er habe sich immer als ein Künstler verstanden, der sich im Werden befinde, der sich immer wieder neu in die Zukunft projizierte. Sein Leben sei eine fließende Abfolge des Vorstellens, Schaffens und Werdens.

Genauso wie jetzt bei Arjen Robben.

Der Holländer setzte seine Karriere unbeirrt fort, nachdem er im Weltmeisterschaftsfinale von 2010 in Johannesburg an der rechten Fußspitze von Spaniens Torwart Iker Casillas gescheitert war. Er ließ sich auch von seinem verschossenen Elfmeter im Champions-League-Finale des Vorjahrs nicht entmutigen. Stattdessen durchlebte er den notwendigen Schmerz und machte weiter.

Prince übte bis tief in die Nacht hinein, spielte stundenlang allein, bis er zufrieden war. Robben lief in jeder Trainingseinheit vorneweg und war immer der perfekte Sportsmann.

Musik könne heilen, davon war Prince überzeugt. Robbens Vorlage und sein Treffer zum 2:1-Sieg in London heilten auch. Ihn! Mich! Fans auf der ganzen Welt! Robben erschuf Bayern neu. Er erschuf Glücksmomente bei Millionen Fans auf dem Erdball. Er wärmte Herzen, so wie Prince.

Detlef und ich sprangen aus unseren Sitzen. Jubelten ausgelassen, während sich rund um uns herum Tausende Dortmunder auf ihren Plätzen vergruben. Im Jahr zuvor hatte ich mich genauso wie sie jetzt gefühlt. Ich wusste, wie es sich anfühlte, wenn binnen Sekunden jegliche Euphorie und der letzte Funke Hoffnung aus dem Körper entwichen.

Lothar Matthäus, den ich zu meinen engsten Freunden zähle, sagte einmal: »Es gab Momente in meiner Karriere, da bin ich an diesem Erwartungsdruck fast erstickt.« Als ich Robben zuschaute, wie sich die Freude über seinen Treffer entlud, wusste ich genau, was Lothar gemeint hatte.

Wir flogen noch in der gleichen Nacht zurück. Wiedervereint mit unseren Freunden, die sich unter den Bayern-Fans ein bisschen wohler gefühlt hatten als Detlef und ich. Wobei es, um es vorwegzunehmen, nicht das einzige Mal bleiben sollte, dass ich fälschlicherweise zwischen Tausende von Dortmund-Anhängern geraten sollte.

2017 durften wir beim DFB-Pokalfinale das Catering in den VIP-Zelten rund um das Berliner Olympia-Stadion machen. Wieder einmal standen die Borussen im Endspiel. So wie in den drei Jahren zuvor, in denen sie allerdings zweimal gegen Bayern und einmal gegen Wolfsburg verloren. Nun, im vierten Anlauf, gelang es der Mannschaft von Trainer Thomas Tuchel mit Marco Reus, Pierre-Emerick Aubameyang und Ousmane Dembélé die Frankfurter Eintracht zu besiegen.

Als ich gegen 23 Uhr in die Innenstadt zu meinem Hotel fahren wollte, standen keine Taxen mehr vor dem Stadion. Also entschied ich mich, mit öffentlichen Verkehrsmitteln ins Zentrum zu gelangen.

Eine S-Bahn stand abfahrbereit am Gleis, als ich die Haltestelle erreichte. Ich quetschte mich in den überfüllten Waggon und erkannte in diesem Moment, dass ich – wie schon in London – so gar nicht in diesen hineinpasste. Jeder außer mir war in Schwarz-Gelb gehüllt. Alle trugen Dortmunder Fankluft, sodass ich mit meinem dunklen Anzug, dem Hemd und der Krawatte ziemlich viele Blicke auf mich zog.

Die Stimmung in dieser S-Bahn war, das muss ich zugeben, gigantisch. Von einem der unmusikalischsten Männerchöre hörte ich mehr brüllend als singend nahezu alles, was das Dortmunder Musikrepertoire hergibt, und trotz vieler schiefer Töne war es irgendwie ansteckend. Als die Borussen-Tenöre freudetrunken ihr *You'll Never Walk Alone* anstimmten, musste ich mich beherrschen, um mich nicht zum Mitsummen mitreißen zu lassen.

Doch plötzlich kippte die Stimmung. Von der einen auf die andere Sekunde hatte einer der Fans, ich wurde ja eh schon seit Minuten von mehreren Leuten skeptisch gescannt, eine Idee, woher er mich kennen könnte. »Das ist ein Münchner«, rief er. »Der hat was mit Bayern zu tun.«

Für einen Moment fühlte ich mich wie eine Antilope, die einem ausgehungerten Rudel Löwen zum Fraß vorgeworfen wird. Doch mit einem Lächeln und der Erklärung, zwar aus München zu kommen, aber heute auch zahlreiche Dortmunder VIPs verköstigt zu haben, blieb die Meute erneut gnädig mit mir.

»Was wäre wohl gewesen«, fragte mich Detlef, als wir mit Dosenbier bewaffnet durch die Nacht wieder gen Deutschland flogen, »hättest du damals als Kind mehr Gefallen an den Münchner Löwen gefunden?« Dann lachte er schelmisch.

Detlef wusste genau, dass durchaus eine kleine Gefahr bestanden hatte, auf die andere Münchner Seite gezogen zu werden. Schließlich war mein Großvater mit Adalbert Wetzel bekannt, dem damaligen Präsidenten von 1860 München. Und auch Petar Radenković, der wohl beste Torhüter, den die Löwen jemals hatten, gehörte zu den Stammgästen bei uns im Laden.

Adalbert Wetzel war eine beeindruckende Persönlichkeit. Er war früh, so erzählte man es sich zumindest, von zu Hause ausgerissen und hatte irgendwann beschlossen, zur See zu fahren. Auf diesem Weg landete er in Südamerika, wo er, keine Ahnung, was davon Legende ist, Sprachen lernte, Öl fand und reich wurde, sein Geld wieder verlor, Malaria und Schwarzwasserfieber ebenso überlebte wie einen Angriff mit einer Machete, bei dem ihm die Bauchdecke aufgeschlitzt worden sein soll.

Als er nach Deutschland zurückkehrte, übernahm er erst die Leitung des Bürgerbräukellers und irgendwann auch die Verantwortung als Präsident von 1860 München.

Er sei »einer der wenigen Löwen-Präsidenten« gewesen, schrieb zumindest die *Süddeutsche Zeitung* in einem Nachruf,

»über die man nicht lacht oder schimpft«. Schließlich wurde der heutige Drittligist unter Wetzel 1966 Deutscher Meister. Als er Boss war, erreichten die Löwen 1965 das Finale des Europapokals der Pokalsieger, das sie gegen West Ham United verloren.

Damals hielten achtzig bis neunzig Prozent der Schüler in der Region, so wurde angeblich ermittelt, zu den Blauen. Und laut einer Umfrage aus dem Jahr 1967 unter deutschen Kindern und Jugendlichen, die nach ihrem Vorbild gefragt wurden, schaffte es Petar Radenković, der Löwen-Keeper, auf den vierten Platz, nach Größen wie John F. Kennedy, Winnetou und Albert Schweitzer.

Nur mich packte, obwohl ich als Kind ja durchaus in diesen Bann hätte gezogen werden können, noch dazu, wenn man in diesem Alter zwei schillernde Protagonisten des Vereins regelmäßig trifft, dieser Klub nicht, trotz seiner kurzen, aber spektakulären Epoche im deutschen Fußball, mit diesen wundersam erfolgreichen Jahren. Hans Bauer hatte es nicht nur meiner Mutter, sondern auch mir mehr angetan.

Bayern München ist perfekt für mich. Wie schon erzählt, bin ich mit diesem Verein groß geworden. Ich habe mit der Mannschaft gelitten und gefeiert. Ich habe rauschende Nächte erlebt und ausgerichtet.

Seit meinem ersten echten Spiel im Stadion, im September 1970, hat Bayern 73 Titel gewonnen. Der Verein ist groß und größer geworden. Er verführt mich Jahr für Jahr aufs Neue. Und trotzdem gibt es ein Thema, das mich in meiner Liebesbeziehung zu Bayern seit Jahren nervt. Dass ich nicht das Catering in der Münchner Allianz Arena mache.

Ausgerechnet im gleichen Jahr, in dem ich in London meine Bayern den Fußball-Olymp besteigen sah, verlor ich ein ganz wichtiges Match.

Der Düsseldorfer Energiekonzern E.ON war zu der Zeit Eigentümer der Firma Arena One, die eigens für die Gastronomie gegründet worden war, hatte aber beschlossen, sich künftig wieder komplett auf sein Kerngeschäft zu konzentrieren und entsprechend Randaktivitäten, wie eben die Catering-Sparte, die neben der Allianz Arena auch Gäste im Olympiapark verköstigte, zu verkaufen.

Nach reichlicher Prüfung des Unternehmens beschloss ich, einen höheren zweistelligen Millionenbetrag für die Übernahme zu bieten.

Von meinem Bauchgefühl her war ich total überzeugt. Aber ich hatte auch Respekt vor der wirtschaftlichen Herausforderung, die diese Investition mit sich bringen würde.

Do&Co, ein österreichischer Konkurrent, bot ebenfalls um Arena One. Sie waren bereit, noch mehr zu investieren, packten fast noch mal ein Drittel auf mein Angebot drauf. Ich bekam die Chance zum Nachlegen. Eine Million mehr und ich hätte mit höchster Wahrscheinlichkeit den Zuschlag bekommen. Aber ich stieg aus. Ich traute mich 2013 nicht, eine weitere Million auszugeben.

Ich dachte zu sehr mit der Vorsicht eines mittelständischen Unternehmers, anstatt auf meinen Bauch und mein Herz zu hören.

Bei YouTube gibt es ein Video, keine zwei Minuten lang, auf dem Do&Co sich und seine Arbeit in der Allianz Arena präsentiert. Manchmal schaue ich es mir an und ärgere mich über mich selbst, mir diese Partnerschaft 2013 nicht geschnappt zu haben. Wenn ich die Windlichter mit dem österreichischen Logo im VIP-Bereich der Arena entdecke, tut mir das weh. Das hätte mein Bereich sein können. Aber noch ist die Saison, um in der Fußballsprache zu bleiben, nicht zu Ende – und ich hoffe, dass ich noch mal eine Chance bekomme.

KAPITEL 8

EINE NACHT MIT PAPA

Die Augen meines Vaters sind müde. Und leicht gerötet. Die Luft hier in seinem Schlafzimmer ist ziemlich trocken, obwohl das Fenster seit Stunden gekippt ist, um ein bisschen frühsommerliche Frische hineinzulassen.

In der Ecke lehnt ein Wanderstock. Einer von vielen. Mein Vater sammelt sie. Er war gerne in den Bergen. Die, die ihn beim Wandern begleiten durften, erzählten, er sei stets zügig unterwegs gewesen, habe das Tempo an den Tag gelegt, mit dem er sonst im Arbeitsalltag verkehrte.

Ob das stimmt, kann ich gar nicht so genau sagen. Weil ich mich an keine Wanderung mit meinem Vater erinnere. Wir waren nie gemeinsam wandern.

Früher strahlten Papas Augen immer in einem leuchtenden Himmelblau. Wenn er in seinem Büro wirbelte und wenn er mit Gästen über deren Events sprach. Oder wenn ihn jemand für die Party lobte, die er ausgerichtet hatte. Lob für seine Arbeit war wie der Applaus von Zehntausenden von Menschen nach einem Tor für Arjen Robben. Das gab ihm Kraft, Stärke und die Power, auch nach der längsten Partynacht am nächsten Morgen voller Tatendrang wieder im Büro zu stehen und anzupacken. Mein Vater war im Grunde ein Künstler, der die Bestätigung brauchte, weil sie ihm unendlich guttat. Auch der Handschlag von prominenten

Persönlichkeiten oder Politikern konnte seine Augen zum Leuchten bringen.

Unsere Augenpartien sehen sich schon sehr ähnlich, merke ich, jetzt wo ich ihn minutenlang ansehe, auch wenn seine blau und meine braun sind.

Wir schauen uns einfach nur an. Genießen das stille Beisammensein. Es fühlt sich gut an, bei meinem Vater zu sein. Gleichwohl macht es mich unendlich traurig, ihn so kraftlos zu sehen.

Mein Vater wird sterben. Mit 82 Jahren. Der Krebs gewährt ihm kein weiteres Lebensjahr mehr.

Er will etwas sagen, sein Mund ist aber zu trocken. Langsam tastet er nach einem Glas Wasser, das neben seinem Sessel auf einem Tischchen steht. Er benötigt beide Hände, um es an den Mund zu führen und einen winzigen Schluck zu nippen.

»Kannst du mich«, fragt er in die Stille rein, »bitte ins Bett tragen? Ich kann nicht mehr sitzen.«

Es sind nur wenige Schritte vom Sessel zum Bett. Zu viele für meinen Vater. Selbst wenn ich ihn stützen würde, würde er es nicht schaffen. Also nehme ich ihn hoch.

Wenn unsere Kinder Raphael und Nikolas im Auto eingeschlafen sind und Clarissa und ich sie schlafend ins Bett bringen wollen, dann tragen wir sie auch so wie ich jetzt meinen Vater. Oder wenn sie sich beim Skaten oder Fußballspielen das Knie aufgeschlagen haben und nicht mehr laufen wollten, habe ich sie so hochgenommen.

Eigentlich trägt ein Mann seine Kinder, denke ich. Oder seine Frau über die Schwelle. Aber dass ein Mann seinen Vater trägt, erscheint mir ungewöhnlich.

Vielleicht kommt es mir auch so komisch vor, weil in diesem Moment eine Nähe zwischen uns herrscht wie noch nie zuvor.

Ich hatte keine körperliche Nähe zu meinem Vater. Er hatte mich in seinem ganzen bisherigen Leben auch nie um Hilfe gebeten.

Obwohl ich kein kräftiger Mensch bin, kann ich meinen Vater ohne Probleme hochnehmen. Er hat in den letzten Wochen stark an Gewicht verloren. Ich drücke ihn fester an mich ran, als ich müsste. Und erschrecke sogleich, weil ich Angst bekomme, ich könne ihm wehtun.

Einen kurzen Moment verharre ich nur im Raum, mit geschlossenen Augen, und atme ganz tief ein, um den Geruch meines Vaters aufzusaugen und abzuspeichern.

Mein Vater wird sterben. Und ich teile, im Alter von 57 Jahren, einen der innigsten Momente überhaupt mit ihm.

Viele private, kleine Erinnerungen gibt es nicht. Wir haben nie Karten miteinander gespielt oder Gesellschaftsspiele. Wir haben auch keine gemeinsamen Fernsehmomente, wie ihn zahlreiche andere Jungs mit ihren Vätern haben, wenn sie gemeinsam Tennismatches oder Boxkämpfe geschaut oder bei Fußballübertragungen mit ihrer Mannschaft gemeinsam mitgefiebert haben.

»Wo war mein Vater wohl?«, frage ich mich, als Dick Fosbury bei den Olympischen Spielen 1968 in Mexiko-Stadt im dritten und letzten Versuch 2,24 Meter übersprang, auf eine zuvor nicht gekannte Art und Weise, nämlich rückwärts über die Latte. »Wahrscheinlich richtete er für einen Kunden ein Fest aus«, antworte ich mir selbst.

In meiner Erinnerung jedenfalls war ich allein. Als ich Fosbury und seiner Flop-Technik begeistert nacheiferte, am

Shakespeareplatz in Bogenhausen, zwischen der Possartstraße und der Keplerstraße, in einen Haufen aus Jacken hüpfte, fand mein Vater nicht statt. Er hat mir die wichtige Währung, die man einem Kind schenken kann, nicht geschenkt.

Für Kinder gibt es nichts Wichtigeres als das gemeinsame Spielen. Wenn meine Söhne Raphael und Nikolas zu mir kommen und mich fragen, ob ich mit ihnen spiele, lassen sie mich an ihrem wertvollsten Gut teilhaben beziehungsweise bieten mir an, daran teilzuhaben. Spielen ist für Kinder das Höchste. Wenn ich mit ihnen spielen darf, bedeutet es höchstmögliche Wertschätzung für mich als Papa.

Mit Nikolas und Raphael zusammen habe ich Kugelbahnen aus Toilettenpapierrollen durchs ganze Treppenhaus gebaut und verschnürt, die über ein Jahr lang hängen bleiben durften. Ich habe mit den Jungs auf im Garten aufgebaute Wände Graffitis gesprüht. Und wir haben Clarissa mal ein Spiegelei serviert – also ein gebratenes Ei auf einem echten Spiegel, weil wir diese Albernheit so witzig fanden.

Ich hoffe, dass irgendwas davon bei ihnen hängen bleibt und sich meine Kinder zumindest bruchstückhaft daran erinnern werden, wenn sie groß sind. Und dass ich für sie nicht nur derjenige bin, der von früh bis spät gearbeitet hat.

Meinen Vater, so richtig als Papa, gab es für mich nur an jeweils einem einzigen Tag im Jahr. An jedem 25. Dezember. Der erste Weihnachtsfeiertag war unser Tag.

Mittags haben wir uns bei ihm im Haus getroffen. Meine Oma war auch dabei. Es gab Hummer. Richtig guten Hummer. Das ist einer der ersten Geschmäcker, den ich auf meiner Geschmacksfestplatte abgelegt habe.

Sich Geschmäcker zu merken und abzuspeichern zählt für mich zu den großen Intelligenzleistungen. In Bezug auf Wein bin ich, was die Speicherqualität meiner Geschmacksfestplatte angeht, keinesfalls hochbegabt, auch nicht übermäßig intelligent. Ich kann sehr guten von gutem Wein unterscheiden, aber leider ist es nicht so, dass ich Hunderte von flüssigen Geschmackserlebnissen auf ihr abgelegt hätte.

Wenn ich aber Hummer esse, dann meldet sich sofort mein zehnjähriges Ich, weil ich diesen Geschmack von damals nie wieder vergessen habe.

Früher galt Hummer als Arme-Leute-Essen, weil er fast nichts kostete. »Ihr Überfluss macht sie wenig angesehen und selten gegessen, außer von Indianern, die jeden Tag viele davon beschaffen und sie als Köder für ihre Haken verwenden oder sie essen, wenn sie keinen Barsch fangen«, schrieb ein Historiker Mitte des 17. Jahrhunderts. Und weiter: »Was tut man also mit diesen unerwünschten ›Kakerlaken des Meeres‹? Die Antwort: sie an Häftlinge, Diener, Witwen und Kinder verfüttern.« Auch Anfang des 19. Jahrhunderts galt ein leerer Hummerpanzer vor dem Haus oft noch als ein Zeichen von Armut.

Erst als sich in den USA das Eisenbahnnetz entwickelte und man ein Geschäftsmodell darin erkannte, Bahnreisende mit Mahlzeiten zu versorgen, begann langsam der kulinarische Aufstieg des Hummers. Das Geschmackserlebnis verbreitete sich von der Küste aus ins ganze Land, wo der Hummer zuvor kaum bekannt und entsprechend wenig populär gewesen war. Die folgende Überfischung tat ihr Weiteres, um schrittweise aus dem Hummer ein begehrtes Luxusprodukt zu machen.

Als einige Jahre nach dem Zweiten Weltkrieg wieder ungetrübt in Deutschland gefeiert werden durfte, gab es bei uns im Laden Hummer. Und bei uns daheim eben am 25. Dezember.

Wenn ich Hummer esse, erzeugt das bei mir bis heute ein kindliches Glücksgefühl. Ein wohliges Befinden, einen Mix aus innerer Ruhe, Zufriedenheit und Dankbarkeit, das sich bei anderen womöglich dann einstellt, wenn es Glühwein, Tee oder Zimtsterne im Familienkreis gibt.

Nach dem Essen ging es abends mit meinem Vater in den Circus Krone. Mein Vater machte, seit die Aktion »Stars in der Manege« ins Leben gerufen worden war, eine Sondervorführung, bei der Promis Zirkusnummern für den guten Zweck vorführten, das Catering für die Wohltätigkeitsveranstaltung. Mal spazierte Münchens Oberbürgermeister mit einem Gepard an der Leine in die Manege. Mal legte Hans-Dietrich Genscher für eine Zaubervorführung einer Dame Eisenketten an. Mal ließ die hinreißende Romy Schneider Robben mit Bällen jonglieren. Oder Sepp Maier vollführte Luftakrobatik.

Der Circus gehörte damals zur Stadt wie das Hofbräuhaus und die Frauenkirche. Im Festbau, der bis heute in der Marsstraße steht, traten, wenn kein Zirkusprogramm war, einst die Beatles auf, etwas später auch Pink Floyd und Led Zeppelin. Tina Turner sang in der zur Showbühne verwandelten Manege ebenso wie die Rolling Stones. Muhammad Ali bereitete sich hier auf einen seiner Boxkämpfe vor, den er schließlich in der Münchner Olympiahalle bestritt. Ja, München hat tatsächlich auch seinen Platz in der Geschichte des wohl größten Boxers der Geschichte, wenngleich der Kampf gegen den Engländer Richard Dunn weniger Spektakel war als andere von Alis Ringschlachten und angeblich erst nach fünf Runden beendet war, weil der Fernsehsender NBC für fünf Runden Werbung gebucht hatte.

Am 25. Dezember eröffnete traditionell die Winterspielzeit – und Papa und ich waren dabei. Das Größte war es für mich, die Clowns zu sehen. Also keine Politclowns wie den früheren US-Präsidenten Donald Trump oder Horrorclowns wie Stephens Kings Angst und Schrecken verbreitender Pennywise, sondern die wahren Entertainer, denen es im selben Moment gelingt, Kinder und Intellektuelle zum Lachen zu bringen.

Weiße Pferde vollführten ihre Kunststücke. Affen kletterten verkleidet umher. Und selbst Bären gab es damals noch, die auf Hochrädern fahren konnten.

Aber nichts faszinierte mich so sehr wie die Clowns. Bernhard Paul, der Erfinder des Circus Roncalli und ebenfalls ein enger Freund meines Vaters, hatte mir mal den Ursprung der Clowns erklärt. Ich habe es mir, ehrlich gesagt, nicht richtig gemerkt.

Ich glaube mich zu erinnern, dass sie im Zirkus zunächst nur dafür da waren, um Umbauphasen zwischen verschiedenen Nummern zu überbrücken. Und dass das weiße Gesicht den Tod symbolisiert und nur der »August« eine rote Nase hat. Sicher bin ich nur, weil Bernhard Paul diesen Satz oft gesagt hat, dass es das Schlimmste, was man als Clown machen könne, sei, »immer alles zu übertreiben«. Wenn man viel zu große Schuhe anhabe, reiche es, erklärte Paul einmal, als mein Vater Teil einer Clownsnummer sein durfte, normal mit diesen Schuhen zu laufen. »Nur ein schlechter Clown übertreibt maßlos.«

Streng genommen war der Zirkus nur ein nettes Beiwerk. Die Kirsche auf der Torte. Das Wichtigste war für mich die Zeit mit meinem Vater. Diese ein oder zwei Stunden Papa pur.

Ich habe diese Tradition, also nicht den Hummer, sondern den Zirkus, weil es mir so viel gegeben hat, sogar beibehalten und besuche inzwischen selbst mit Raphael und Nikolas einen Tag nach Heiligabend den Zirkus.

KAPITEL 9

SECHZIG FLASCHEN CHAMPAGNER

»Papa, wir haben noch so viel zu besprechen«, denke ich, während ich ihn behutsam auf dem Bett ablege, traue es mich aber nicht zu sagen, wohl wissend, wie sehr ihn das Sprechen anstrengen würde. Ich fühle, dass wir noch nicht miteinander fertig sind, zu viele Themen unausgesprochen geblieben sind.

Jetzt in diesem so intensiven Moment habe ich das Bedürfnis, alles von ihm wissen zu wollen, mit ihm auch über Dinge zu sprechen, über die man als Kind oder Jugendlicher nicht mit seinen Eltern spricht.

Die Psychologin Marga Kreckel hat einmal, ich habe diesen Satz in einer Zeitung gefunden, gesagt: »Bleibt der Vater für den Sohn das unbekannte Wesen, so bleibt der Sohn auch sich selbst fremd.«

Ganz so weit würde ich bei meinem Vater und mir nicht gehen wollen. Als unbekanntes Wesen würde ich ihn nicht bezeichnen. Aber mir fehlen definitiv wichtige Fragmente, um ihn komplett zu verstehen.

Ich würde ihn so gerne fragen, warum er meine Mutter und mich damals verlassen hat. Gar nicht als Anklage oder Vorwurf verstanden. Sondern einfach nur, weil es mich interessieren würde, wie er sich gefühlt hat.

Ich vermute, dass die Zeit nicht einfach für ihn war. Als er in einem Alter war, in dem man heutzutage die Jugend auslebt und sich ausprobiert, Partys feiert und Mädels kennenlernt, litt Deutschland unter den Folgen des Zweiten Weltkrieges. Mit 28 Jahren war er verheiratet und Vater. Er hat gearbeitet, das Unternehmen weiter aufgebaut. Er hatte also früh große Verantwortung, konnte nie so erwachsen werden, wie es zum Glück heute die jungen Menschen können. Die Leichtigkeit ist ihm – wie so vielen seiner Generation – geraubt worden. Und irgendwann überrollte ihn, so vermute ich, das Bedürfnis, die verlorene Jugend nachzuholen und zumindest ein wenig auszukosten.

Ich hätte gern einen Vater gehabt, der mehr mit mir geredet hätte. Vielleicht hätte ich ihm diesen Wunsch auch genau mitteilen müssen. Vielleicht ging er davon aus, dass mir das, was wir hatten, reichte. Das kann durchaus sein. Wie sehr es mir fehlte, dass wir nie viel miteinander gesprochen haben, dieses Bewusstsein kam mir leider viel zu spät. Erst jetzt, wenige Wochen vor seinem Tod.

Ich glaube, mein Vater wusste von sich aus gar nicht so richtig, worüber er mit mir hätte sprechen können. Wie es mir in der Schule erging, bekam er nicht richtig mit. Das war in seiner Wahrnehmung, und damals war das Rollenverständnis logischerweise auch noch ein anderes, die Aufgabe meiner Mutter.

In all den Jahren hat er mich maximal zweimal von der Schule abgeholt. Er war auch nie ein Backup für meine Mutter, wenn sie mal krank war oder selbst in der Arbeit Überstunden machen musste.

Die meisten Werte und Verhaltensweisen fürs Leben habe ich daher von meiner Mutter mitbekommen. Sie war eine durch und durch bemerkenswerte Frau und ihrer Zeit weit voraus. Sie lebte nach der Trennung von meinem Vater komplett eigenständig und verdiente selbst ihr Geld. Sie war zu 100 Prozent berufstätig und gleichzeitig zu 100 Prozent Mutter.

Nachdem sie nicht mehr bei uns im Laden arbeitete, leitete sie zunächst ein Modegeschäft in der Maximilianstraße. Etwas später gründete sie einen Friseursalon, obwohl sie das Handwerk nie gelernt hatte, noch später eine Boutique und dann ein Bettengeschäft.

Mama und Papa waren beide extrem fleißige Menschen. Das haben sie mir vorgelebt. Und, sehr wichtig, meine Mutter hat mir ein hohes Maß an Vertrauen entgegengebracht.

Vielleicht wollte ich ihnen in ihrem Engagement schon als Schüler nacheifern. Ich ließ mich zum Klassensprecher aufstellen und bekam sogar die Mehrzahl der Stimmen. Später organisierte ich auf dem Gymnasium Schulkonzerte. Wobei gleich das erste ein wirtschaftlicher Flop war. Ich hatte das Catering, für das ich damals auch verantwortlich war, viel zu üppig gestaltet, sodass ein Großteil der bestellten Würstl nie gegessen worden ist.

Später stieg ich, so mit sechzehn Jahren, zum Bandmanager auf, wobei das viel größer und klangvoller klingt, als es war. Eigentlich war ich nur der Hilfsbursche für eine Münchner Underground-Gruppe. Meine Managertätigkeit bestand darin, dass ich Stühle und Bänke schleppte, um im Schwabinger Bräu Konzerte für 1000 Leute mit aufzubauen.

Mit ganz viel Wohlwollen könnte man in mein Engagement ein gewisses Unternehmergen hineininterpretieren, das schon früh in mir steckte. In Wahrheit ließ ich mich damals vom großspurigen Etikett »Bandmanager« täuschen und ließ es eben zu, mich für einfachste Arbeiten ausnutzen zu lassen.

»Ich kann nicht über meinen Vater reden, ohne über mich selbst zu reden, so wie ich nie in den Spiegel sehen kann, ohne sein Gesicht zu sehen«, heißt es in dem autobiografischen Roman *Lügen über meinen Vater*, in dem der schottische Schriftsteller John Burnside der Geschichte seiner Herkunft nachgeht.

Die Wahrheit, die in diesem Satz steckt, wie tief ich mit meinem Vater verbunden bin, obwohl er so viel weniger in meinem Leben präsent war als meine Mutter, wird mir auch erst in diesem Moment wirklich bewusst.

57 Jahre lang hatten wir eine sehr wechselhafte Beziehung. Mal hat er mich gefördert. Mal als Konkurrenten gesehen. Ein »Ich liebe dich« ist ihm nicht über die Lippen gekommen. Dafür hat er mir zur Eröffnung des P1 sechzig Flaschen Champagner geschenkt, die ich verkaufen durfte, was, so vermute ich stark, seine Art war, seine Zuneigung mir gegenüber auszudrücken.

Ich möchte für meine Söhne ein anderer Vater sein, als mein Papa es für mich war. Aber so wie er war, hat er mir trotzdem viel gegeben.

*

In einem gemeinsam mit meinem Vater verfassten Buch, das 2006 erschienen ist und im Regal bei meinem Vater im Schlafzimmer steht, hat der Unternehmer Erich Lejeune in einer Hommage an seinen Freund geschrieben: »Gerd ist der ungekrönte König des Partyservice, der Genussmeister der Reichen und Schönen. Mit unbeirrbarer Stilsicherheit und überschäumender Erfindungsgabe hat er gekrönte Häupter aus aller Welt, den gesamten Hochadel und die High Society Europas verwöhnt. Die Schickimickis der Bussigesellschaft waren ohne

Käfer gar nicht denkbar. Ja, viele von ihnen wurden durch eine Käfer-Party erst zum Gesprächsthema. Gerd Käfer ist Teil des deutschen Wirtschaftswunders.«

Ich blättere durch die Seiten, während mein Vater eingeschlafen ist. Ganz leicht, kaum wahrnehmbar, hebt und senkt sich sein Brustkorb. Aus Angst, die leichte Decke, mit der ich ihn zugedeckt habe, könne ihn, so kraftlos wie er ist, erdrücken, rolle ich sie ein Stück herunter.

Wie schön es wäre, denke ich, würde mein Vater jetzt so energiegeladen sein, wie ihn die *Vogue* mal beschrieben hat: »Hinter dem Äußeren einer Spitzweg-Figur steckt Power, auf die mancher Topmanager neidisch ist. Mit dem Partyservice und dem Feinkost-Palazzo hat Käfer seine Landsleute gelehrt, was Genießen heißt.«

Ich fliege durch Beschreibungen, die pfiffige Journalisten über meinen Vater formuliert haben. Die *Wirtschaftswoche* befand, dass es »zum guten Tone gehöre, sich von Käfer bewirten zu lassen. Die Reichen und Neureichen ließen sich nur zu gerne für seine fantasievollen Dekorationen und spitzfindigen Speisevariationen begeistern.« Der Münchner Boulevard nannte Papa den »Mundschenk der Mächtigen«. Aber wer genau ist er eigentlich für mich?

KAPITEL 10

NACHTSCHICHTEN BEI GISELA

Vielleicht komme ich ja sogar der Antwort auf die Frage, die ich mir selbst als Vater oft stelle, etwas näher, nämlich wie oft ein Papa für die Kinder da sein muss, um ein guter Vater zu sein.

Ich beschließe, in Gedanken unsere gemeinsame Geschichte zu durchwandern. In diesem Moment der Stille will ich zum ersten Mal Papas Perspektive einnehmen und versuchen, aus seiner Sicht die Dinge zu betrachten, die schwierig zwischen uns waren. Sofort muss ich an die wirtschaftlich harten Zeiten von Käfer denken, als ich nächtelang wach lag, weil ich nicht wusste, was ich den Banken noch erzählen sollte, und mich von meinem Vater einfach nur im Stich gelassen fühlte. Es hat mir damals so wehgetan, wenn er mir in seiner Frustration und Resignation entgegenschleuderte, dass er mit dem ganzen Schlamassel nichts mehr zu tun haben wolle, weil uns doch sowieso bald das Geld ausginge. Ich sehnte mich nach seinem Rat. Aber er zeigte mir die kalte Schulter. Lange war ich sauer und unser Verhältnis über viele Jahre gestört. Ich hatte aber bisher nie versucht, sein Verhalten zu verstehen. Ich wollte es gar nicht akzeptieren. Bis zu diesem Moment.

Meine Kindheits- und Jugenderinnerungen, ob mit meinem Vater oder ohne ihn, kommen wild durcheinander. Die Begebenheiten sind in meinem Gedächtnis nicht chronologisch sortiert, sämtliche Erinnerungen liegen verstreut. Ich habe Lücken, was das Leben meines Vaters angeht. Was mir aber ziemlich schnell auffällt, und was mich beeindruckt, ist, dass es in meiner Erinnerung an ihn und damit auch mich keine Langeweile gibt, keinen Stillstand oder anstrengendes Zeittotschlagen. Mein Vater war immer in Bewegung – und ich auch.

Mein Vater wurde 1932 in München geboren. Als der Zweite Weltkrieg im Mai 1945 endet, ist er zwölf Jahre alt. Über dreieinhalb Millionen Wohnungen in Deutschland sind zerstört, Millionen Menschen obdachlos, Hunderttausende bei Bombenangriffen getötet. Franz Josef Wagner, der legendäre Boulevard-Journalist und *Bild*-Kolumnist, der zu der Zeit zwei Jahre alt war, schrieb einmal über seine frühe Kindheit – und ich finde, dass mit diesen Sätzen klar wird, wie sich das Leben für Kinder damals angefühlt haben muss –: »Ich bin aufgewachsen an einem Sarg, in dem Sarg lag Deutschland.« Und weiter: »Menschen, die hungern müssen, essen langsam, nicht gierig. Je langsamer man die Suppe löffelt, desto länger hat man was von ihr.«

Das ist meinem Vater zum Glück erspart geblieben. Seine Eltern, meine Großeltern, gründeten bereits 1930 einen Tante-Emma-Laden, aus dem das heutige Unternehmen hervorging. Oma fing schon damals an, Salate so zu drapieren, dass sie auch optisch was hermachten. Opa kam aus einer Weinbauernfamilie und kaufte direkt beim Winzer. Essen war bei uns nie bloß zum Sattwerden. Essen war bei uns von jeher besonders. So lernte mein Vater das Bewusstsein für gutes und genussvolles Essen von klein auf.

Mit 22 zog mein Vater nach einem riesigen Streit mit seinen Eltern zu Hause aus und eröffnete wenig später einen eigenen

Feinkostladen mitten in Schwabing. Auf achtzig Quadratmetern verkaufte er in seiner »Schwabinger Feinkost-Boutique« erlesene Köstlichkeiten. Damals, 1954, war das etwas äußerst Ungewöhnliches. Man konnte nicht, so wie heute, einfach im Internet Hummer aus Westschweden bestellen, der dann mittels perfekt durchgetakteter Lieferkette wenige Stunden, höchstens einen Tag später wie selbstverständlich bis vor die Tür gebracht worden wäre. Die Welt war weder digitalisiert noch vernetzt.

Getippt wurde noch auf Schreibmaschinen. Jeder Buchstabe, jedes Satzzeichen erzeugte ein reales Geräusch. Mit jedem zusätzlichen Hämmern in die Tasten wuchsen die Sätze. Heute wird geräuschlos geschrieben. Niemand zerknüllt mehr niedergeschriebene Gedanken, weil sie sich als Unsinn entpuppen. Heute werden ganze Absätze still gelöscht.

Informationen brauchten aus unserer heutigen Sicht Ewigkeiten, um sich zu verbreiten. 1960 besaßen gerade einmal vier von 100 Deutschen einen Telefonanschluss, also so ein Ding mit Wählscheibe und Kabel, an einem festen Platz, einen Apparat, den man nicht überallhin mitnehmen konnte.

Das Flugzeug war auch noch meilenweit davon entfernt, ein Massenverkehrsmittel zu sein. Ohnehin durften die Deutschen nach dem Zweiten Weltkrieg zunächst einmal gar nicht fliegen. Das hatten die vier Siegermächte 1945 beschlossen. Erst im April 1955 startete in Hamburg und München je eine Convair von Lufthansa zu planmäßigen Linienflügen. Auch Düsseldorf, Frankfurt/Main und Köln-Bonn wurden angeflogen.

Wenig später, mit Inkrafttreten der Pariser Verträge, konnte die Lufthansa auch internationale Ziele ansteuern. Im Sommer 1958 begrüßte das Unternehmen seinen millionsten Fluggast seit Aufnahme des Flugbetriebs. Kein Vergleich zu heute: Allein 2019, um mal aufs Geratewohl ein Jahr herauszupicken, traten von den 24 größten Verkehrsflughäfen in Deutschland 124,4 Millionen Fluggäste eine Reise an.

München übte damals noch das Großstadtsein. Und mein Vater probierte fleißig mit. Er überredete den Lieferanten eines Großhandels so lange, bis der ihm ebenfalls kleine Portionen erlesener Delikatessen verkaufte. Der Lieferant gewährte ihm einen winzigen Rabatt, der bei der kleinen Menge, die mein Vater verkaufte, nicht ansatzweise reichte, um Gewinne zu erzielen. Zumal Papa jeden Cent, die Dinger hießen damals Pfennig, der reinkam, sofort wieder in seinen Laden investierte. Die Qualität der Waren war top, wie er sie seinen Kunden präsentierte, ebenso, nur in den Büchern sah es schnell schlecht aus.

Vor allem gab es nicht genug Kundschaft, um seine teuren Produkte zu verkaufen. Und alles, was er an Fisch, Meeresfrüchten, Obst und Gemüse nicht frisch verkaufen konnte, musste er wegschmeißen.

Weil der Laden nicht reichte, damit Papa genug Geld verdiente, eröffnete mein Vater nebenan eine kleine Bar, in der er nach Ladenschluss weiterarbeitete. Eigentlich war es eine aufgehübschte Würstlbude, in der es Grillhendl gab, zum Trinken Sekt und Whiskey, während man auf Bananenkisten hockte. Der Laden entwickelte sich zu einem Hotspot für reiche und prominente Leute und mein Vater knüpfte die ersten wichtigen Kontakte, unter anderem zu Falk Volkhardt, dem Besitzer des Bayerischen Hofs.

Doch weil er groß, zu groß, dachte und einkaufte, konnte Papa schnell die Lieferanten seines Feinkostladens nicht mehr bezahlen, mit der logischen Folge, dass sie ihn nicht weiter belieferten. Er ging pleite, musste den Laden verkaufen und stand vor einem Haufen Schulden.

Doch anstatt sich zu beklagen, fing er an, bei Gisela Jonas, einer schillernden Wirtin, einer Institution, die alle Münchner nur die »Schwabinger Gisela« nannten, zu arbeiten.

In der Occamstraße hatte sie *den* Nachtklub der Stadt. »Bei Gisela« sang die Besitzerin selbst mit ihrer dunklen, rauchigen Stimme Chansons, mitunter mit schlüpfrigen Texten. Nicht selten wurde sie am Klavier von jungen Männern begleitet, die für eine warme Gulaschsuppe spielten. Sie hießen Udo Jürgens oder Konstantin Wecker. Die Suppe kochte mein Vater.

Damals waren die Ausgehmöglichkeiten noch sehr überschaubar. Allein schon deshalb war die Schwabinger Gisela eine Attraktion. Selbst internationale Berühmtheiten schauten vorbei, etwa der russische Kosmonaut Juri Gagarin, der am 12. April 1961 als erster Mensch im All die Erde umrundet hatte, oder der Schauspieler Kirk Douglas.

Erich Kästner war Stammgast. Franz Josef Strauß, der damals an seiner politischen Karriere schmiedete, kam regelmäßig vorbei. Nach den Vorstellungen in der Lach- und Schießgesellschaft versackte Dieter Hildebrandt regelmäßig mit seinen Kabarettistenkollegen bei Gisela.

Kein einziges Mal kam mein Vater vor dem Morgengrauen aus der verqualmten Kneipe. Das sei die härteste Zeit seines Lebens gewesen. Aber nach eineinhalb Jahren war Papa schuldenfrei.

Er versöhnte sich mit seinen Eltern und arbeitete wieder bei ihnen im Laden. Durch die Nähe zum Prinzregententheater knüpften meine Großeltern und mein Vater Kontakte zur

Theatergastronomie. Zunächst kamen die Künstlerinnen und Künstler nur zu uns. Dann fingen wir an, im Theater Speisen und Getränke anzubieten. Am liebsten waren meinem Vater die Opern mit zwei Pausen, weil dann noch mehr konsumiert wurde.

KAPITEL 11

KRISENSTIMMUNG BEI GUNTER SACHS

Er war ein durch und durch fleißiger Mann. Immer am Arbeiten. Immer am Überlegen, womit er den Geschmack seiner Kunden treffen konnte.

Die Stimmung in Deutschland veränderte sich langsam. Das Bedürfnis nach mehr Lebensfreude und Genuss wuchs, vor allem bei denjenigen, die Deutschland wieder mit aufgebaut hatten – und Tag und Nacht für ihre Firmen und deren Aufstieg schufteten.

Deutschland wurde, in diesen Jahren, stimmungstechnisch gesehen bunter. Die Farbe kehrte zurück. Das Leben wurde leichter. Und die Macher wollten sich dafür auch feiern. Zeit und Lust, diese Partys und Events zu organisieren, hatte allerdings niemand.

Mein Vater verstand es, wie er mit »Dienen« oder Dienstleistung Geld verdienen konnte. Und er brachte den Deutschen das Feiern bei.

Seine Feste waren nicht bloße Partys. Es waren kleine oder große Inszenierungen. Geplant wie Opern, inklusive Ouvertüre, Zwischenspiel, Arie und dem letzten Akt.

Für den 60. Geburtstag von Friedrich Karl Flick, einer der schillerndsten Figuren der bundesdeutschen Wirtschaftsgeschichte, engagierte mein Vater achtzig Wiener Geiger und zusätzlich noch weitere fünf Bands, weil Flick Abwechslung gefordert hatte. Für Max Grundig organisierte er ein kleines Oktoberfest. Bei einer Jubiläumsfeier für den Münchner Automobilhandel MAHAG ließ er die männlichen Gäste in Overalls erscheinen, statt Blumenarrangements lagen Hämmer, Schrauben, Zangen und Ersatzteile von VW und Porsche auf den Tischen. Für einen Flugzeughersteller ließ er eine Bar in einem Heißluftballon aufbauen und kreierte als Tischdekoration Miniatur-Landebahnen samt Schokoladenflugzeugen.

Jedes Event war maßgeschneidert, jedes Fest eine Traumwelt, wie man es zu dieser Zeit noch nicht erlebt hatte.

Mein Vater organisierte nicht nur, er zelebrierte geradezu – ein Künstler, der immer wieder etwas Einzigartiges schuf.

Für Events, für die zusätzliche Toiletten benötigt wurden, ließ er einen Luxus-WC-Wagen bauen. Mit Messingklinken und Deckeln aus Teakholz, so wie er es mal in London bei einem englischen Lord gesehen hatte. Direkt nach dem Geschäft bekam man von einem Toilettendiener, der mit Smoking und weißen Handschuhen ausgestattet war, ein Glas eisgekühlten Champagner serviert.

Im Sinne der Inszenierung hat er einmal sogar seine Auftraggeber Gunter Sachs und dessen Bruder Ernst Wilhelm sowie alle 300 geladenen Gäste reingelegt. Den Sachs-Brüdern war das Event in einer Scheune neben ihrem Anwesen bei Oberaudorf extrem wichtig. Sie wollten wie immer ein perfektes Fest. Doch als sie kurz vor Veranstaltungsbeginn die Location betraten, war nichts hergerichtet. Nur ein paar Mitglieder der örtlichen Blaskapelle standen planlos herum und wussten nicht, wo sie sich und ihre Instrumente in der leeren Scheune platzieren sollten.

Plötzlich tauchte mein Vater hinter ihnen auf, scheinbar verstimmt und mit gespielt schlechtem Gewissen, und nuschelte etwas von einem kleinen Problem und einem Riesenstau. »Der Lkw-Fahrer hat mich angerufen. Er steckt in einer Blechlawine fest. Da geht gar nichts mehr. Ich weiß im Moment gar nicht, was wir tun können.«

Bestimmt zwanzig große Feiern hatten die Brüder Sachs bereits von meinem Vater ausrichten lassen. Sie bezahlten gutes Geld für hohe Qualität und Zuverlässigkeit. Dass er sie nun so hängen ließ und auch noch so ratlos auftrat, war für sie nicht zu akzeptieren.

»Du Idiot, du Blöder«, brach es aus ihnen heraus. »Wenn du es richtig organisiert hättest, wäre das Essen schon längst da. Das kommt davon, wenn man alles auf den letzten Drücker macht.«

Sie wurden richtig laut.

»Wie stellst du dir das denn jetzt vor, Gerd? Wir stehen hier mit 300 Gästen in unserer leeren Scheune. Und außer einer hässlichen Girlande ist nichts da.«

Statt alles aufzulösen, trieb mein Vater sein Spiel weiter. Er könne schnell, schlug er vor, ins Dorf fahren und ein paar Gläser mit Essiggurken und etwas Knäckebrot und Käse kaufen. Dazu ein paar gekochte Eier.

Die Gleichgültigkeit, mit der Papa seine Pseudo-Rettungsvorschläge präsentierte, trieb bei Gunter und Ernst Wilhelm den Puls erst recht in die Höhe.

»Auf einer Party von Sachs gibt es doch keine Essiggurken. Was bildest du dir eigentlich ein? Bist du verrückt geworden? Du bekommst keine Mark von uns.«

Selbst jetzt, als ihnen die Zornesröte im Gesicht stand, blieb mein Vater in seiner Rolle.

»Ich brauch euer Geld nicht. Ich will ja nur, dass eure Gäste trotz der Panne nicht hungern müssen.«

Nie wieder werde mein Vater, so verkündete Gunter Sachs, einen Auftrag von ihm erhalten. »Mit dir sind wir fertig. Auf Lebzeiten.«

Sie sollten wenigstens die Musik spielen lassen, riet mein Vater noch. Dann käme gleich eine bessere Stimmung auf. Und in Richtung der Trachtenkapelle, die sich in der ganzen Aufregung unbemerkt bereit gemacht hatte, rief er: »Kommt's, spuit's auf, Buam.«

Die taten wie ihnen befohlen und legten richtig los, während Ernst Wilhelm schrie: »Jetzt spinnt der Gerd komplett. Lässt die Blaskapelle spielen, wenn es nichts zu essen gibt.«

Der Streit spitzte sich weiter zu. Weil mein Vater jetzt auch anfing, zurückzuschreien. Selbst von einem Gunter Sachs lasse er sich nicht so behandeln, polterte mein Vater zurück. »Ich heiße immerhin Käfer.«

Doch kurz bevor die Situation komplett eskalierte, drückte mein Vater einen Knopf, der eine hydraulische Hebebühne in Gang setzte. Die »Decke« der Scheune begann leicht zu erzittern, dann senkte sie sich plötzlich langsam ab.

Heimlich hatte mein Vater eine Art Podest bauen lassen, auf dem nun Köche und hübsche Bedienungen samt vorbereitetem Essen herunterschwebten, um die Gäste kulinarisch zu versorgen. Sofort war der Streit der letzten Minuten vergessen und es wurde, ohne dass jemand nachtragend war, bis in die frühen Morgenstunden gefeiert.

Auftraggeber wie Max Grundig, Gunter Sachs oder Friedrich Karl Flick hatten es allesamt über Spitzenleistung und ungeheures Engagement zu etwas gebracht. Wenn sie mal nicht arbeiteten, sondern ausgingen oder einluden, war für sie der zweitbeste Fisch nicht gut genug. Sie wollten immer die Besten sein und das Beste bekommen – auch von meinem Vater.

Am Anfang organisierte er Feiern für allenfalls ein paar hundert Leute. Bis er die Anfrage bekam, den Welt-Juristenkongress in Schloss Schleißheim mit rund 2500 Gästen zu übernehmen. Es gab vor Ort keine dafür geeignete Küche. Das vorhandene Personal reichte ebenso wenig wie die Gläser, das Geschirr und Besteck, das sein Unternehmen zu dem Zeitpunkt besaß. Trotzdem nahm mein Vater den Auftrag an, meisterte ihn, sodass er damit in neue Größenordnungen aufstieg.

KAPITEL 12

SCHWANKENDER OZEANRIESE

Ich stehe auf und drücke das Fenster ein Stück weiter auf. Mein Vater schläft mittlerweile seit mehreren Stunden. Die Medikamente, die ihm die Schmerzen erträglich machen sollen, machen ihn gleichzeitig sehr müde. Ich greife seine Hand und fahre erschrocken zurück, weil sie so knochig und zerbrechlich ist.

Mit diesen Händen hat mein Vater immer so wunderbare Briefe geschrieben. Er hat diese entschleunigte Art der Kommunikation geliebt. Wer ihm wichtig war, dem schrieb er. Auf einem feinen Blatt Papier, mit seiner so ausgeprägten Handschrift. Heute sieht jedes Wort gleich aus. Die Hintergrundfarbe ändert sich, je nach Messengerdienst und Smartphone-Typ. Oder je nachdem was für eine Schrift der PC-Nutzer in seinem Textverarbeitungsprogramm eingestellt hat. In Briefen sind Gedanken viel strukturierter, der Verfasser hat sich intensiv mit seiner Botschaft befasst, erzeugt letztlich, das habe ich dank Papa verinnerlicht, eine emotionale Nähe bei demjenigen, der sie bekommt.

Wer einen Brief schreibt, noch dazu mit der Hand, der nimmt sich Zeit. Nicht nur für den Inhalt, sondern auch beim Zusammenfalten und Eintüten, man muss ihn zum Postamt bringen oder zum nächsten Briefkasten. Jeder Brief ist ein Unikat, es wird niemals passieren, dass man eine Randnotiz erhält, dass er »häufig weitergeleitet« wurde, wie es bei WhatsApp-Nachrichten passieren kann.

Zu schade, denke ich, dass mein Vater keine Briefe mehr schreiben wird.

1993 hat er mir einmal, es war in einer schwierigen Zeit zwischen uns, in einer Weihnachtskarte Worte geschrieben, die mir bis heute in Erinnerung geblieben sind: »Du hast jetzt eine große Verantwortung. Du musst sehr stark sein, um diesen großen Ozeanriesen gut über die Meere zu lenken.«

Ich wusste nie so recht und weiß es ehrlich gesagt bis heute nicht, was er mir damit genau sagen wollte. Ob es Worte des Respekts und der Anerkennung waren. Oder Worte der Warnung, weil er mir nicht zutraute, dieses riesige Schiff, mit dem er unser Unternehmen meinte, durch die unruhigen Gewässer zu manövrieren?

1988 bin ich ins Unternehmen eingestiegen. Fünfundvierzig Prozent gehörten meinem Vater, fünfunddreißig Prozent seinem Bruder, also meinem Onkel. Und ich bekam zwanzig Prozent von meiner Oma Else geschenkt.

Mit meinem Vater hatte ich zu etwa dieser Zeit gemeinsam eine Immobilie gekauft, nachdem ich mit dem P1 ein bisschen Geld verdient hatte. Irgendwann bekam ich mit, dass mein Vater weder seinen Teil der Zinsen noch der Tilgung leistete. Ich bot ihm an, seine Schulden zu begleichen und dafür weitere zehn Prozent des Unternehmens zu bekommen, worauf er sich einließ.

1991 wollte mein Onkel 22,5 Prozent seiner Anteile zu Geld machen und an einen externen Investor verkaufen. Ich konnte ihn davon abbringen und überzeugen, mir auch diese Anteile zu verkaufen, wofür ich einen höheren Millionenbetrag bei der

Bank aufnehmen musste. Dabei hatte ich erst ein Jahr zuvor vierzig Millionen Mark in den Ausbau einer neuen Firmenzentrale in Parsdorf investiert – und auch über Kredite finanziert. Einen Teil seines Geldes bekam Helmut sofort ausbezahlt, den Rest durfte ich ihm als Rente ausschütten.

Mit 52,5 Prozent gehörte mir nun der Großteil unseres Unternehmens. Mein Vater war sauer, genauer gesagt war er neidisch, weil mein Onkel, wie er es ausdrückte, »nun viel Geld hatte und er nicht«.

Hinzu kam, dass sich einige seiner langjährigen Kunden, die er fürs Unternehmen gewonnen und durch die Qualität seiner Arbeit an Käfer gebunden hatte, nun eher an mich wandten, wenn sie Feste und Events organisieren lassen wollten. Einfach, so vermute ich jedenfalls, weil ich jünger und in ihrer Wahrnehmung eine Spur moderner war.

Papa und ich hatten uns nicht mehr viel zu sagen. Er ging mir aus dem Weg.

Kurze Zeit später, in den Jahren 1992 und 1993, erwischte es die deutsche Wirtschaft dann plötzlich hart. Die Wiedervereinigungseuphorie war verflogen. Deutschland stürzte ab, die Stimmung war mies. Von Helmut Kohls Vision, die neuen Bundesländer »durch eine gemeinsame Anstrengung schon bald wieder in blühende Landschaften zu verwandeln«, war nichts mehr zu spüren. Die Wirtschaftskraft der DDR war überschätzt worden, die Unternehmen wesentlich maroder als angenommen. Nach dem Einheitsrausch kam der Wendekater, hieß es plötzlich.

In einem Großteil der Branchen gingen die Aufträge drastisch zurück. Die Gewinne brachen ein, teils wurden Arbeitsplätze abgebaut, teils damit gedroht. Nach Jahren des Booms erwischte es unter anderem den Maschinenbau und die Stahlbranche hart. Kurzarbeit statt Sonderkonjunktur, von der die deutsche Industrie nach der Vereinigung zunächst profitiert hatte. Die wirtschaftliche Lage war katastrophal. Und Deutschland feierte nur noch ganz leise und vor allem sehr selten.

Auch die Bilanzwerte unserer Immobilie in Parsdorf sanken in dieser Zeit dramatisch, weil nun auch München im Bereich der Gewerbeimmobilien hohe Leerstände verzeichnete.

Die Banken bewerteten das Kreditrisiko höher und verlangten dementsprechend einen höheren Zinssatz.

Mit einem höheren zweistelligen Millionenbetrag stand ich damals in der Kreide. Die Frequenz, in der unsere Hausbank anrief, nahm deutlich zu. Ich hatte plötzlich das Gefühl, dass das Telefon anders klingelte als zuvor. Aus dem melodischen Ringen war ein aggressives, dröhnendes Schrillen geworden.

»Herr Käfer, wir haben da noch mal ein paar Fragen«, hieß es, sobald ich abnahm. »Herr Käfer, wir müssen noch mal über Ihre Finanzierung sprechen.«

Ich war fünfunddreißig Jahre alt – und saß festgeschnallt in der heftigsten Gefühlsachterbahn meines Lebens. Mal gab es Momente, in denen ich davon überzeugt war, dass es eigentlich überhaupt kein Problem sei, wieder aus dieser Situation rauszukommen. Ich war schließlich fleißig, wusste, was ich tat. Wenn ich mich nur genug anstrengen würde, würde ich diese Misere schon bewältigen, redete ich mir ein.

Jetzt erst, 23 Jahre später, im Haus meines Vaters, der neben mir ruhte, entdeckte ich, dass ich womöglich den gleichen Starrsinn oder Willen oder die gleiche Dickköpfigkeit – wie auch immer man es nennen möchte – hatte wie er, als er sich selbst durch Fleiß und nächtelange Mehrarbeit »bei Gisela« von seinen Schulden befreite.

Wobei es bei ihm um ein paar tausend Mark ging, höchstens einen kleinen fünfstelligen Betrag, und nicht um zig Millionen, wie nun bei mir.

Ich beschloss, mir mein Gehalt als Geschäftsführer zu streichen. Immerhin hatte ich noch die Einnahmen aus dem P1, die allein mir halfen, sehr vernünftig über die Runden zu kommen.

Das P1 war sogar eine Goldgrube. In Momenten, in denen ich mich in meiner Gefühlsachterbahn im Aufstieg befand, würde ich es sogar sehr selbstbewusst formulieren: »Ich hatte das P1 zu einer Goldgrube gemacht.«

1983 hatte mein Vater den Pachtvertrag für die Räumlichkeiten vom Bayerischen Finanzministerium erworben. München erlangte als Filmmetropole immer größere Bedeutung, und zusammen mit Alfred Wurm, dem Messedirektor der Münchner Modewoche und Chef des Filmfests München, wollte er einen spektakulären Treff für Schauspieler und Schauspielerinnen schaffen. Eine großartige Idee – aber mein Vater stand sich letztlich selbst im Weg. Wie so oft bei Wachstumsentscheidungen behielt seine Wankelmütigkeit die Oberhand.

Ähnlich war es beim Seehaus, diesem wunderbaren Fleckchen am Kleinhesseloher See im Englischen Garten. Eine Zeit lang gehörte uns das Grundstück. Meinem Vater war es gelungen – eine beachtliche Leistung –, vom Freistaat das Erbbaurecht auf 99 Jahre zu bekommen. Damals hätten wir sogar ohne Probleme das Haus abreißen und ganz nach unserem Geschmack neu errichten können. Doch anstatt die Chance zu nutzen und in dieses finanzielle Risiko zu gehen, das es zweifelsohne zur damaligen Zeit für uns gewesen wäre, machte mein Vater einen Rückzieher zugunsten einer Münchner Brauerei.

Papa war in vielerlei Hinsicht gigantisch gut. Er war auch ein Träumer, der Käfer wachsen lassen wollte, aber wenn sich konkrete Möglichkeiten dazu boten, scheute er letztlich häufig das Risiko. Da war er, um richtig groß zu werden, oft nicht mutig oder konsequent genug.

So kam es, dass er mir das P1 überließ – und ich mich als junger Bursche mit gerade einmal fünfundzwanzig Jahren ausprobieren durfte.

KAPITEL 13

NEW YORKER LEKTIONEN FÜR DIE NACHT

Zu der Zeit, als ich mich der Herausforderung stellte, war ich gerade mit meinem BWL-Studium fertig. Weil ich darin auch einen Schwerpunkt auf Touristik gelegt hatte, war ich kurze Zeit zuvor für fast sieben Monate in den USA gewesen. Vier Monate in Houston, zweieinhalb Monate in New York.

An einem der ersten Abende nach meiner Rückkehr war meine Mutter in Aying zum Kegeln eingeladen. Sie fragte mich, ob ich mitkommen wolle. Nach der langen Zeit, in der sie mich nicht gesehen hatte, tat ich ihr den Gefallen und begleitete sie. An sich war es ein netter, unspektakulärer Abend. Angenehme, sympathische Menschen, die gesellig miteinander spielten und Zeit verbrachten.

Irgendwann saß ich in einer der hinteren Ecken und vernahm nur noch vier Geräusche. Wie die Kugel mal mehr, mal weniger krachend auf der Bahn aufsetzte. Wie sie dann in die neun Kegel schepperte. Und wie sie schließlich über den Rücklauf transportiert wurde und gegen eine andere Kugel titschte. Von Zeit zu Zeit wurde diese Geräuschkette vom Klirren anstoßender Gläschen unterbrochen, wenn es eine Runde Schnaps zur Auflockerung gab.

Es war alles in bester Ordnung. Aber die Geräuschkulisse erschien mir so unbedeutend im Vergleich zu dem, was ich zuletzt in New York gehört hatte. Plötzlich kam mir dieses wunderbare München, auch wenn es womöglich unfair klingt, es auf die Ayinger Kegelbahn zu reduzieren, so klein und dörflich vor.

In Houston hatte ich zunächst im Warwick Hotel gearbeitet. In New York durfte ich im Restaurant Windows on the World im World Trade Center Erfahrungen sammeln.

Im World Trade Center war es irgendwie immer laut. Das Gewusel, wenn morgens all die Angestellten in diesen Bürokosmos einfielen, und das ständige Geklingel der Fahrstühle, die die Mitarbeiter in die verschiedenen Etagen brachten, hätte jedes der Ayinger Kegelgeräusche einfach verschluckt.

Die Zwillingstürme gab es noch nicht allzu lange. Bei der Eröffnung 1973 waren sie das höchste Bauwerk der Welt. Mit über 400 Metern und jeweils 110 Stockwerken ragten die Türme in den Himmel Manhattans. Sie wurden als Ort der Superlative empfunden, der New York ein neues Gesicht verliehen hatte.

Zehn Jahre hatten der Architekt Minoru Yamasaki und der Ingenieur Leslie Earl Robertson für ihre Errichtung benötigt.

Als 1966 die ersten Abrissbagger rollten, murrten zahlreiche New Yorker. Vor allem diejenigen, die ihre Läden räumen mussten. Ein ganzes Traditionsviertel wurde damals plattgemacht, mehr als 300 Geschäfte mussten schließen, um das damals größte Bauvorhaben in der Geschichte der USA zu ermöglichen.

Doch schnell gewannen die Touristen wie die Einheimischen die Riesentürme lieb, sodass sie zusammen mit der Freiheitsstatue nicht nur zum Wahrzeichen New Yorks wurden, sondern symbolhaft auch für die Macht und Größe der Vereinigten Staaten standen.

Bis zu den schrecklichen Anschlägen vom 11. September pulsierte hier das Leben. 50 000 Angestellte hetzten täglich in die Büros in den Towern. Zehntausende von Touristen kamen täglich, um die Stahlgiganten mit den 43 600 Fenstern zu bestaunen.

1976 eröffnete im Nordturm das höchstgelegene Restaurant der Stadt, das erwähnte Windows on the World. Von den Plätzen an den raumhohen Fenstern aus hatte man einen wunderbaren Blick auf die Freiheitsstatue, Ellis Island und Staten Island. Unten leuchtete der Hudson in je nach Wetterlage wechselnden Blauabstufungen. Drinnen funkelten Messinggeländer und dazu passende Hängeleuchten.

Die Bar des Gastronomiebetriebs, der sich über die Stockwerke 106 und 107 erstreckte, wurde eine Weile mit dem Slogan »The Greatest Bar on Earth« beworben. Angesichts der erlesenen Auswahl von verschiedensten Cognac- und Whiskey-Sorten völlig zu Recht. Einen besseren Platz zum Essen und zum Feiern gab es in ganz Manhattan lange nicht.

Eine Zeit lang, ich weiß nicht, wie lange, existierte dort sogar ein Dresscode. Männer, die ohne Jackett kamen, wurden selbst bei bestehender Reservierung abgewiesen. Angesichts all dieser Extravaganzen ist es wenig verwunderlich, dass es lange hieß, es sei leichter, ein Ticket für die angesagtesten Musicals zu ergattern, als im Windows on the World einen Tisch zu bekommen.

Während »mein« Restaurant ganz oben im Nordturm lag, war ich über 100 Stockwerke entfernt vor allem im Keller zugange. Ich arbeitete nämlich hauptsächlich im Lager und lernte viel über Warenbestellung.

In den zweieinhalb Monaten im Big Apple schlief ich nicht sonderlich viel. Tagsüber arbeitete ich. Nachts ließ ich mich von der Partykultur einsaugen und erst dann wieder ausspucken, wenn es Zeit war, mich für einen weiteren Tag im Windows fertig zu machen.

Es war eine verrückte Zeit. Das Studio 54 hatte zwischen April 1977 und Februar 1980 das New Yorker Nachtleben von Grund auf verändert. In nur sechs Wochen hatten Ian Schrager und Steve Rubell ein leer stehendes Theater zwischen einem Pornokino und einem Parkhaus in einen magischen Ort verwandelt, der die Nachtschwärmer anzog wie Motten das Licht. Für einige war der Klub eine Märchen- oder Traumwelt, für manche eine Power-Zentrale, in der unbeschreibliche Energie frei wurde.

»Es fühlt sich anders an«, sagte Michael Jackson, der als junger Mann dort zu Gast war. »Man kommt hierher, wenn man der Wirklichkeit entfliehen will.«

Schrager und Rubell gelang es, einen Klub zu erschaffen, der sprachlos macht und seinen Gästen ständig etwas Unerwartetes bietet. Tatsächlich fühlte man sich bereits im Eingangsbereich wie auf einem Laufsteg. Die Stunden im Studio 54 hatten mit dem wahren Leben auf New Yorks Straßen rein gar nichts zu tun.

Disconächte im Studio 54 waren Inszenierungen, die sich die Macher mitunter viel Geld kosten ließen. Einige dieser Shows verschlangen sogar mehr, als durch die Einnahmen wieder reingespült wurde.

Den ersten Zeitungsartikel, der überhaupt über den legendären Klub geschrieben wurde, verfasste Anna Wintour, damals eine junge Redakteurin, die sich später zur Chefredakteurin der amerikanischen *Vogue* hocharbeitete und zur einflussreichsten Frau der Modebranche wurde. Die Londoner Tageszeitung

The Guardian bezeichnete sie während ihrer Hochzeiten als »inoffizielle Bürgermeisterin von New York«, die *New York Times* schrieb über sie: »Anna hält ihren Finger nicht in den Wind, sie ist der Wind.«

Zuvor waren Schrager und Rubell der Wind. Sie machten das Studio 54 zum zweiten Zuhause von Bianca Jagger, der damaligen Ehefrau von Rolling-Stones-Frontmann Mick Jagger, der natürlich auch kam, genauso wie sein Bandkollege Keith Richards. Liza Minnelli, die den Emmy Award und die Golden Globes gewonnen hatte, war regelmäßig anzutreffen. Soullegende Diana Ross, Sylvester Stallone, die Modeschöpfer Halston, Calvin Klein und Yves Saint Laurent gehörten zu den Gästen, ebenso wie Elton John oder auch mal Lillian Gordy Carter, die Mutter von Jimmy Carter, dessen Amtszeit als US-Präsident sich fast genau mit der Lebenszeit des Studio 54 deckte. Truman Capote feierte hier, Autor des Kultromans *Frühstück bei Tiffany*, ebenso Pop-Art-Ikone Andy Warhol – und natürlich Jean-Michel Basquiat, dessen Name mir zu der Zeit aber gar nichts gesagt hätte.

Indirekt verantwortlich war der Klub für einen der Discokracher dieser Zeit. Denn Nile Rodgers, Gitarrist und Mastermind der Band Chic, wurde einmal an der Tür des Studio 54 abgewiesen, obwohl er auf der Gästeliste stand. Aus Frust schrieb er in der Nacht den Hit *Le Freak*, der fünfundzwanzig Wochen lang Nummer 1 der US-Charts war.

Hunderte Menschen warteten regelmäßig vor der Tür des Klubs in der Eight Avenue, Ecke 54th Street (daher der Name). Hinter einer Samtkordel, die für viele unüberwindbar war. Mitbesitzer Schrager stand manchmal neben dem Eingang auf einem Hydranten, um sich einen Überblick über die

Menge zu verschaffen, und pickte dann einzeln heraus, wer hineindurfte.

Wem dieses Glück schließlich zuteilwurde, der hatte das Gefühl, gleichzeitig mit dem Einlass selbst prominent zu werden. Es wurde zur Obsession einer ganzen Stadt, ins Studio 54 reinzukommen.

Als ich nach New York kam, war das Studio 54 leider schon wieder geschlossen. Wegen Steuerhinterziehung und Drogendelikten mussten Schrager und Rubell ins Gefängnis. Ihr Vermächtnis für das Nachtleben blieb allerdings. Deshalb beschäftigte ich mich auch mit ihrer Geschichte und der ihres stilbildenden Klubs. Und als Schrager etwas später das Palladium eröffnete, war ich ganz häufig da, ebenso wie im Save the Robots oder dem Infinity.

In New York habe ich gelernt, wie die Kultur der Nacht funktioniert. Was es heißt, zu flirten, zu verführen, zu tanzen und zu vergessen.

Von der wundervollen US-amerikanischen Schauspielerin Judy Garland, die durch ihre Hauptrolle im Filmklassiker *Der Zauberer von Oz* unsterblich wurde, stammt der Satz: »Sei eine erstklassige Ausgabe deiner selbst, keine zweitklassige von jemand anderem.«

Damit hat sie grundsätzlich recht. Aber ich finde schon, dass es schlau ist, sich an den Besten zu orientieren, sich bei ihnen Anregungen zu holen und als Unternehmer immer wachsam durch die Welt zu reisen, um Trends mitzubekommen und wahrzunehmen.

KAPITEL 14

EIN HOCHZEITSTAG IN DEN FISCHHALLEN

Das habe ich damals schon, 1983, in New York gemacht und es hat mir bei der Eröffnung des P1 geholfen. Ich habe diesen Grundsatz aber auch Jahrzehnte später nicht vergessen.

Als meine Frau Clarissa und ich über unseren Hochzeitstag in New York waren, ich meine, es war 2014, habe ich sie einen Tag lang durch fünfzehn verschiedene Metzgereien geschleppt, die ich mir unbedingt anschauen wollte. Ich habe sie sogar gebeten, zu Recherchezwecken vor Ort zu fotografieren, ohne dass es großes Aufsehen erweckt. Ich selbst bin leider nicht der Typ dafür, heimlich mit dem Smartphone Fotos zu machen, ich würde alles nur verwackeln, weil ich zu aufgeregt wäre, oder den Auslöser verfehlen und gewiss häufiger ganz ohne Foto wieder aus dem Geschäft kommen. Also brauchte ich meine Frau bei dieser Mission. Dass sie genauso enthusiastisch bei der Sache war wie ich, das kann ich nicht unbedingt behaupten. Aber sie hat die Metzgereien Tour klaglos mitgemacht und noch dazu ausgezeichnete Fotos geschossen.

Als wir an einem anderen Hochzeitstag in Paris waren, weckte ich Clarissa sogar mitten in der Nacht, weil ich mal wieder das Treiben in Rungis anschauen wollte, im wohl besten Großmarkt der Welt.

»Wenn du Priester bist, willst du den Vatikan besuchen. Wenn du Chefkoch bist, willst du hierherkommen«, heißt es über diesen legendären Ort. Angeblich soll ein ehemaliger Chefkoch des Weißen Hauses das gesagt haben. Ob das stimmt, weiß ich nicht. Was ich aber weiß, ist, dass dieser Ort wirklich ein faszinierender ist, der mich immer wieder anzieht. Mein Onkel fuhr hier schon regelmäßig hin, ehe Fernsehreportagen darüber gedreht worden sind. »Rungis ist die Seele des guten Geschmacks«, sagte er immer.

Als mein Onkel ganz am Anfang hierherkam, um den besten Fisch und die besten Krustentiere für Käfer zu kaufen, transportierte er noch selbst die Ware im Kofferraum. Heute ist die Logistik in Perfektion durchgeplant.

1969 erfolgte der Umzug aus einem Hallenviertel in der Pariser Innenstadt in die Vorstadt Rungis, von wo aus es vom Bauch von Paris zum Nabel der Welt wurde.

Rungis ist kein bloßer Markt, es ist eine Verköstigungsstadt der Superlative. Mit seinen 232 Hektar ist es größer als Monaco. Es gibt eigene Restaurants, eine Bank, ein Polizeirevier, einen Güterbahnhof und Hallen, Hallen, Hallen. Neun Hallen für Obst und Gemüse, fünf große für Milch- und Käseprodukte, sieben für Fleisch und dann noch welche für die Blumen.

Mehrere zehntausend Menschen, die Zahl schwankt natürlich, kommen täglich, um zu liefern, zu lagern, zu kaufen oder um zu verkaufen. Es ist ein vergleichbares Gewusel wie im World Trade Center.

In den Fischhallen fängt die Arbeit früher an als bei den Blumen. Einkäufer kontrollieren die Farben der Kiemen, prüfen mit vorsichtigen Berührungen, ob sich die Austern noch bewegen, um so festzustellen, ob sie frisch sind. Augen und

Schuppen werden begutachtet, es wird mit der Präzision eines Parfümeurs an Waren geschnüffelt, die von Kaufinteresse sind.

In Rungis gibt es wirklich alles. Vom bretonischen Hummer über Lammkeulen aus dem Département Lozère. Wolfsbarsche, Seeigel, Schwertfische – Fische aus allen Weltmeeren. Aber auch Froschschenkel und exotische Früchte aus allen Kontinenten.

Clarissa und ich schlendern an Paletten mit gestapelten Styroporkästen vorbei. Händchenhaltend stehen wir neben auf Eis gelagertem, herrlich glänzendem Seeteufel. Daneben Thunfische, Seespinnen, Rochen, Dorsche, Schollen und Taschenkrebse.

Ein paar Hallen weiter, wir sind mit dem Fahrrad dorthin gefahren, hängen Kalbsfüße, halbe Rinder und Schweine. Wir fahren an Käselaiben vorbei, die so groß sind wie Wagenräder. Natürlich dürfen bei so einem Hochzeitstagausflug auch keine Paletten voller Erdbeeren, malerische Artischocken, Tulpen, Ranunkeln und Rosen fehlen.

Rungis ist, und vor allem darum bin ich da, auch ein Barometer. Der Großmarkt zeigt Tendenzen an, Trends, Moden. Man kann hier neue Produkte entdecken, aber auch alte Gemüsesorten wiederfinden.

Wer Partys und Events ausrichtet, egal ob in den Achtzigern oder heute, oder ein Restaurant leitet, muss Trends erkennen, ja erspüren und verfolgen. Während und nach meinem Studium war ich extrem auf der Suche nach Trends und Innovationen. In Zukunft wird das auch wieder eine ganz wichtige Rolle für mich bedeuten. Mein Unternehmen darf nie nur im gesicherten Autopilotmodus fliegen.

2010 bin ich mit der Geschäftsführung und ein paar unserer Spitzenköche in Kopenhagen gewesen, um im Noma zu essen.

René Redzepi hatte für sein Restaurant das gesamte Spektrum der nordischen Wälder erforscht und auf die Teller gebracht. Ihm war es mit seinem beeindruckenden Einfallsreichtum gelungen, die Geschmacksknospen seiner Gäste völlig neu zum Entfalten zu bringen.

»Der größte Genuss stellt sich ein, wenn der Gast seine eigenen Erfahrungen macht, anstatt von uns durch hochtrabendes Wortgeklingel beeinflusst zu werden. Er sollte sich ein eigenes Bild machen, denn dann wird eine Erfahrung mehr sein als ein netter Geschmack auf der Zunge«, erklärte Redzepi einmal. Das finde ich zutreffend.

Das Noma wurde drei Jahre in Folge zum besten Restaurant der Welt gekürt. Was mich dabei am meisten beeindruckte, war die Lässigkeit, mit der Redzepi und sein Team ihre Gäste behandelten. Als wir dort essen gingen, fiel mir ein Sommelier auf, der einfach auf der Fensterbank hockte und mit Kunden über Wein sprach. So präsentierte sich zu der Zeit eigentlich kein Sommelier.

Sommeliers hatten damals eher etwas von einem Oberlehrer, sie galten als die heiligen Genussmanager, vor denen man in Habachtstellung ging, wenn sie begannen, ihr Wissen über Weine, Aromen und Geschmackskombinationen zu präsentieren. Sie waren ein bisschen, so wie es im El Bulli und Co. über Jahre zelebriert worden war, vom Gast entrückt und schienen über allen zu schweben.

Im Noma erlebten wir einen Sommelier, der eher einem Entertainer glich und auf Augenhöhe mit den Gästen über Wein sprach.

Grundsätzlich wurde im gesamten Restaurant eine große Offenheit gelebt, was zu dieser Zeit in einem Sternehaus ein völliges Novum war. Nachdem wir mit dem Essen fertig waren, wurden wir gefragt, ob wir Lust hätten, uns die Küche anzuschauen. Zunächst dachten wir, es hätte etwas mit dem Namen Käfer zu tun, den wir auch für die Reservierung benutzt hatten. Aber so war es nicht. Jeder Gast, der im Noma gespeist hatte, erhielt diese Einladung.

In der alten Sternegastronomie war die Küche ein Heiligtum, ein geheimer Ort, über den ja nichts nach außen dringen durfte, schon gar nichts über die Methoden des Küchenchefs, der den weltlichen Sphären genauso entrückt zu sein schien wie der Sommelier.

Im Noma durften wir Fragen stellen, bekamen Antworten. Selbst die Versuchsküche, in der an neuen Kreationen gezaubert wurde, blieb uns nicht verborgen. »Wir haben heute«, sagte ich zu meinen Kollegen, »etwas Besonderes entdeckt. Eine neue Welt des Kochens.«

Ähnlich inspirierend war es im Hide Restaurant in London, nicht weit entfernt vom Buckingham Palace, gegenüber dem Regent's Park. Eine aus Eiche gepresste Wendeltreppe verbindet die Bar im Souterrain mit dem Tagesrestaurant im Erdgeschoss und dem Fine Dining im ersten Stock. Nicht das leiseste Geräusch dringt dank Dreifachverglasung durch die anthrazit getönten, bodentiefen Fenster. Alles in diesem Restaurant ist teuer. Das fühlt man, das sieht man, aber es erschreckt einen nicht.

Der Besitzer, der auch die bestsortierte Weinhandlung Londons betreibt, hat es entworfen, mit Ollie Dabbous einen Koch gewonnen, der so brillantes Essen zubereitet, dass Menschen bereit sind, bis zu zwölf Monate auf einen Tisch bei ihm zu warten.

KAPITEL 15

MÜNCHEN BOOMT

Der Geräusch-Schock von Aying, das dörfliche Scheppern, Krachen und Titschen von Kegelkugeln konnte ich zum Glück recht schnell durch kreischende Sägen, pochende Hammerschläge und das schrillende Kreischen einer Schleifmaschine auf Parkettboden übertönen.

Zusammen mit Freunden machte ich mich ans Werk, das P1 in einen Laden zu verwandeln, wie ihn München noch nicht gesehen hatte.

Wir schleppten verratzte Sitzpolster heraus. Schlugen die Bar mit einem Vorschlaghammer kurz und klein. Der Staub der Vergangenheit musste raus. In einer der letzten Ecken im Keller fand ich ein Porträtbild des griechischen Vorbesitzers Alecos, der unter sein Foto geschrieben hatte: »›In‹ zu sein ist eine momentane Erscheinung, der ›Beste‹ zu sein ist eine Kunst.«

Das P1 sollte anders sein, irgendwie einzigartig. Anziehend wie das Studio 54. Ein Ort, an dem die gleiche Energie zu spüren war. Ein Raum der Überraschungen. Aber es sollte vor allem langlebiger sein.

Meine Oma schenkte mir, sehr zu meinem Glück, 50 000 Mark, um mehr Spielraum für Investitionen zu haben. Geld, das ich natürlich gebrauchen konnte. Trotzdem packte ich voll mit an. Höchstwahrscheinlich hatten sich Schrager und Rubell genauso gefühlt wie ich, als sie in ihrem Theater auf den Knien lagen und es in eine Märchenwelt verwandelten.

Je dreckiger ich abends nach Hause ging, desto glücklicher war ich. Je mehr Hobelspäne, so sagte ich mir, in meinen Klamotten und Haaren hingen, desto größer die Veränderung und der Fortschritt im P1.

Eines Tages, es war um die Mittagszeit, hockte ich auf einer Empore und schmiergelte an einem Pfeiler. Um an die hintere Seite heranzukommen, lehnte ich mich tief herunter, als plötzlich der Boden unter mir zu knacken begann und sich innerhalb von Sekunden auftat. Ich hatte keine Chance zurückzuweichen und knallte aus drei, vielleicht vier Metern auf den Boden. Ein bisschen weiter rechts und ich wäre auf einen Werkzeugkasten aufgeschlagen. Doch zu meinem Glück landete ich auf Knallfolie, die meinen Sturz minimal dämpfte. Da lag ich nun auf dem Rücken, mit Schmerzen am Steißbein und einem pochenden Sprunggelenk. Aber es war keine Zeit, zu jammern oder zum Arzt zu fahren. Oder den angeschwollenen Fuß hochzulegen. Die Zeit bis zur Eröffnung rannte uns davon. Schließlich wollten wir einen Klub erschaffen, nach dessen Besuch sich die Gäste schwertun würden, wieder ins Helle aufzutauchen.

Tanzen gehört zum Menschen, das haben sogar Wissenschaftler bestätigt. Tanzen verbindet Menschen. Tanzen kann wie Klebstoff wirken, wenn synchronisierte Körper im Gleichklang von Rhythmus und Bewegung miteinander verschmelzen und Hormonrauschen auslösen. Aber auch wer sich allein vollständig dem Rhythmus hingibt, kann im Takt von wummernden Bässen das größte Glück verspüren.

Die Eröffnung des P1 fiel 1984 genau in die richtige Zeit. Auch wenn ich nach der Rückkehr aus der Millionenstadt New

York mich in Aying kurzzeitig so fühlte, als sei ich in eine Kleinstadtidylle zurückgekehrt, so entsprach diese Wahrnehmung ja nicht der Wirklichkeit. München war zu der Zeit eine boomende Stadt, viel bedeutender, schillernder und angesehener als Bonn oder Berlin. München war ohne Übertreibung die heimliche Hauptstadt Deutschlands, das sah nicht nur das Nachrichtenmagazin *Der Spiegel* so.

Spätestens seitdem die bayrische Landeshauptstadt im April 1966 den Olympiazuschlag vor Detroit, Montreal und Madrid bekommen hatte, wurde aus dem Millionendorf Stück für Stück, Jahr für Jahr mehr eine Weltstadt.

Die Vorbereitungen für die Sommerspiele 1972 brachten auch eine umfassende Modernisierung der Stadt mit sich, und zwar im Eiltempo. München wurde, so hieß es, in die Zukunft quasi katapultiert. Es entstand ein komplett neues Verkehrsnetz mit einem neuen U- und S-Bahn-System. Fußgängerzonen wurden eingerichtet, erweitert und verschönert, Verkehrsumfahrungen und neue Brücken errichtet.

München gewann an Schönheit und Lebensqualität, weil auch einzelne Stadtviertel aufgewertet wurden. Haidhausen, einst als eher unattraktives Glasscherbenviertel verspottet, wurde langsam wieder zu einem Ausgeh- und attraktiven Wohnviertel.

Im Norden verwandelte sich auf schier magische Weise die riesige Freifläche Oberwiesenfeld, auf der sich unter anderem als Überbleibsel der Aufräumarbeiten nach dem Zweiten Weltkrieg Schuttreste türmten und mit der man lange Zeit nichts Richtiges anzufangen wusste. Die Fläche wurde bepflanzt und begrünt. Ein Trümmerberg wurde zum sechzig Meter hohen Olympiaberg. Die Basis für das attraktive und wirtschaftlich starke München war gelegt.

Auch popkulturell tat sich in den Siebzigern einiges in München. Nicht zuletzt dank Giorgio Moroder und seinen Musicland Studios im Arabellapark, da, wo heute das Sheraton Hotel steht. Moroder produzierte zusammen mit Donna Summer nicht nur einige Discoklassiker, sondern hatte in seinem Studio recht früh, was einer technischen Sensation glich, einen Moog-Synthesizer.

Schon bald lockte der Ruf, den die Musicland Studios genossen, weitere Pop- und Rocklegenden an die Isar. Die Rolling Stones kamen, um »Munich Reggae« hier aufzunehmen, ebenso Elton John, Deep Purple, David Bowie und Iggy Pop oder Falco. Udo Jürgens ließ sein Album *Silberstreifen* mit dem Song »Ich war noch niemals in New York« hier produzieren.

Nicht zuletzt wurden München und die Musicland Studios zwischen 1979 und 1985 zu einer Art zweiten Heimat für Queen mit ihrem schillernden Frontmann Freddie Mercury.

Brian May, Leadgitarrist der Band, sagte einmal dazu: »Wir haben nicht auf die Landkarte geschaut und gesagt: Oh, wir müssen jetzt mal dringend nach München! Wir haben uns nicht nach Orten, sondern nach Leuten umgesehen. So kamen wir auf Reinhold Mack, der damals einige unserer Lieblingsplatten produziert oder als Toningenieur betreut hatte, insbesondere *Out Of The Blue* von ELO. Ein wunderbar klassisches Beispiel einer brillanten Produktion! Wir sind also nach München gereist, um Reinhold Mack zu treffen. Wir hatten zuvor mit ihm telefoniert, und er war von der Idee, mit uns zu arbeiten, sehr angetan. Da war eine gegenseitige Begeisterung. Und so fanden wir uns in den Musicland Studios im Souterrain des riesigen Arabella-Hochhauses wieder.«

Aus der Begeisterung für die Musicland Studios, wo Queen zahlreiche Songs einspielten, die rasch Weltruhm erlangten, erwuchs eine Faszination für die Stadt. »München ist so sauber, so sicher. Wenn du in New York lebst, denkst du ständig, dass sie dir das Auto klauen. Hier ist alles ganz anders«, meinte Freddie Mercury einmal. Und: »Mit München habe ich einen Ort gefunden, an dem ich in Ruhe durch die Stadt laufen kann. Es fühlt sich an wie ein kleines Dorf. Ich habe eine Menge Freunde. Sie wissen, wer ich bin, aber sie behandeln mich wie ein ganz normales, menschliches Wesen. Sie akzeptieren mich so, wie ich bin, und das hilft mir sehr dabei zu entspannen.«

Mercury leuchtete. Es hieß über ihn, er sei glamourös und exzessiv, habe eine magnetische Anziehung und er sei sowohl majestätisch als auch hyperaktiv. Definitiv hat er etwas von seinem Glanz an München abgegeben.

Die Münchner Film- stand hinter der Musikszene nicht zurück. Im September 1981 feierte *Das Boot* von Wolfgang Petersen Weltpremiere in München. Der Film, komplett in den Bavaria-Studios gedreht, wurde der erfolgreichste deutsche Nachkriegsfilm und erhielt sensationelle sechs Oscar-Nominierungen, ging aber am Ende leer aus. Trotzdem öffnete der Streifen Wolfgang Petersen die Türen in Hollywood, wo er mit Stars wie Harrison Ford, Clint Eastwood, Dustin Hoffman, Brad Pitt und George Clooney drehte.

Umgekehrt kamen auch Hollywood-Größen nach München, um mit Bavaria Film zu arbeiten, darunter Audrey Hepburn, Elizabeth Taylor und Richard Burton, Gene Wilder, Liza Minelli, Robin Williams und die sehr junge Drew Barrymore.

München war also ein verdammt heißes Pflaster. Tagsüber wurde gearbeitet, nachts gefeiert. Das P1, mein P1, kam also genau richtig.

KAPITEL 16

NACHTS IM EINSER

Manchmal stand ich selbst am DJ-Pult und legte aus Lust und Leidenschaft ein bisschen auf. Wobei das Auflegen damals mit dem heutigen wenig zu tun hatte.

Damals schleppten die DJs noch Koffer mit sich herum, teils dreißig, vierzig Kilo schwer, in denen sich ihre Plattensammlungen verbargen. Heute reichen USB-Sticks. Man muss heute auch nicht mehr durch Plattenläden rennen, um die angesagtesten Tracks zu entdecken und zu kaufen. Alles kann ohne große Rennerei, aber eben auch ohne die dazugehörige Geselligkeit und Gemeinschaftskultur gestreamt werden.

Heute hat der DJ auch in den Klubs einen größeren Bezug zu seinem Publikum. Es tanzt manchmal sogar bewusst ihm zugewandt, statt sich unter- und miteinander zu beschäftigen, sich leidenschaftlich ans Gegenüber zu schmiegen, sich knisternd einem Fest der Körper hinzugeben.

Mit dem DJ im visuellen Fokus ergibt sich eine andere Stimmung als früher, als der DJ zwar auch ganz wichtig war, vor allem aber aus akustischen Gründen, weshalb es reichte, ihn abgeschiedener zu platzieren und die volle Konzentration auf das Gemeinschaftsgefühl auf der Tanzfläche zu richten.

Das Einzige, was meines Erachtens unverändert am DJing ist, das Wort gab es früher zum Beispiel auch noch nicht, ist, dass derjenige, der am Mischpult steht, ein Gefühlsdealer bleibt, der ständig die Chemie zwischen sich und seinen Zuhörern neu ausloten muss. Ein guter DJ muss den Tanzboden lesen können, erspüren, wann sein Publikum einen eher stampfenden Beat braucht und wann es bereit ist, sich einem eher federnden Beat hinzugeben.

All das konnte ich natürlich nicht. Ich kann weder ein Instrument spielen noch verfüge ich über ein ausgeprägtes Rhythmusgefühl. Ich hatte aber Spaß, kurz bevor eine Partynacht endete, selbst am Mischpult zu stehen und ein paar Platten zu wechseln, mehr war es nicht. Meist legte ich ganz zum Schluss, als letztes Lied, *The End* von The Doors auf.

Eines Abends, es war 1987, kam Tina Turner mit John Miles, ihrem Leadgitarristen, und dem Rest ihrer Band ins P1, um es mal richtig krachen zu lassen. Sie steckten in der Vorbereitung für acht Konzerte in der Olympiahalle. Sie probten und probten und probten, um die perfekte Show einzustudieren, bis die Stimmung innerhalb des Teams zu kippen drohte. Turner erkannte es und organisierte den Abend bei uns, an dem sie sich den Stress von der Seele feierten.

Gegen fünf Uhr morgens hockte ich bei Turner und Miles und wollte wissen, ob es ihnen gefallen habe. Wir kamen ins Plaudern und irgendwann fragte ich Turner, ob sie mir einen Wunsch erfüllen würde. Ich würde einmal gerne von ihr *Music was my first love* hören.

Tatsächlich sang sie die ersten Zeilen dieser kleinen Oper, die Miles komponiert hatte, für mich an. Und auch wenn sie in diesem Moment auf einer Treppe im Morgengrauen kein Klavier begleitete, keine Streicher, keine Bläser und kein Chor, so gelang es ihr trotzdem mit ihrer unglaublichen Energie, mir die wahre Schönheit von Musik eindrucksvoll zu demonstrieren.

Innerhalb von Sekunden ging bei mir innerlich die Sonne auf. Jeder Mensch hat seine magischen Lieder, bei denen Erinnerungen lebendig werden und sich das Herz ganz weit öffnet. Bei denen in einem drin irgendetwas passiert, das man nicht richtig beschreiben kann.

Musik begleitet eigentlich jeden Menschen sein ganzes Leben lang. Über den Bettchen von Neugeborenen baumeln Spieluhren, Eltern singen ihren Kindern etwas vor, man singt unter der Dusche und summt während der Autofahrt und seines Hochzeitstanzes. Wir suchen uns Musik zur jeweiligen Situation aus, um uns und andere in eine bestimmte Stimmung zu versetzen.

Für ganz viele unserer P1-Besucher erzeugte unsere Musik ein Feuerwerk im Gehirn – so wie es besonders innige Momente mit dem Partner, hervorragendes Essen oder Sport auslösen können.

Musik kann eine Glücksquelle sein, eine Brücke zwischen Emotion und Verstand. Tina Turner gab sie Halt, um in den Anfängen ihrer Karriere nicht am Psychoterror, der Manipulation und der Gewalt, die sie durch ihren Mann Ike erlitt, zu zerbrechen.

Kurz vor dieser knappen, aber sehr persönlichen und intensiven Begegnung mit Tina Turner war eine Frau im P1, die damals noch keine Hallen füllte. Die noch kaum jemand kannte.

Sie hieß Whitney Houston und war höchstens Anfang zwanzig. Ich sah sie erstmals, als sie von einem Regenguss überrascht klitschnass vor dem P1 stand. Schaumfestiger lief ihr an der Stirn und den Schläfen herunter. Ihre Kleidung klebte an ihrem Körper.

Nachmittags hatten wir eine kleine Bühne für sie aufgebaut, auf der sie abends auftreten sollte. In Amerika hatte sie bereits

Auftritte hinter sich, aber Houston hatte, wenn ich mich richtig erinnere, gerade erst einen Schallplattenvertrag unterschrieben und war noch weit vom Prädikat »Weltstar« entfernt.

Monti Lüftner, Chef der Plattenfirma Ariola, hatte diese bezaubernde Frau nach München geholt und ihren Auftritt im P1 geplant.

Sie vereinte für mich, wie sie da plötzlich auf der Bühne vor uns stand und anfing zu singen, Leidenschaft, Gefühl und vollkommene Kunst miteinander. Es war einfach himmlisch.

Bevor wir das P1 damals eröffneten, fürchteten einige Münchner, dass der Käfer-Sprössling, wie sie mich nannten, aus dem Klub einen Hummer-Hotspot machen würde. Dass es versnobt werden könnte. Wurde es nicht. Stattdessen trauten wir uns, permanent zu überraschen.

Wir wollten das heißeste Gesprächsthema der Münchner Nächte sein – und wir wurden es. Der *Playboy* schrieb einmal, München sei »die Spaßhauptstadt der 80er-Jahre und das P1 die Zentrale«. Für Rainald Goetz, Popliterat und geborener Münchner, war seine Heimatstadt, das habe »der liebe Gott so irgendwann beschlossen«, der »FC Bayern, das Hofbräuhaus, das Oktoberfest und das P1«.

Wir feierten und provozierten auch. Einmal veranstalteten wir eine Römerparty, für die wir Schauspieler organisierten. Die Männer trugen Sandalen und eine Toga, also ein fünf oder sechs Meter langes und vielleicht zwei Meter breites Stück Stoff, das in seinem Ursprung ohne Knoten oder sonstige Hilfsmittel um den Körper gewickelt wurde.

Die Frauen hüllten sich in eine Tunika. Oder was auch immer das Requisitenlager bei der Bavaria hergab. Wir hatten damals keinen Call Sheet oder eine Dispo oder wie auch immer man das heutzutage nennt, um für Filme, Events oder Drehs die wichtigsten Informationen zusammenzufassen. Ebenso wenig gab es einen Aufpasser, um zu kontrollieren, ob jeder Römer und jede Römerin historisch und weltpolitisch korrekt gekleidet war. Wir hatten lediglich angegeben, dass wir Schauspieler und Schauspielerinnen bräuchten, die sportlich, muskulös, gut aussehend einen Abend in einem aus der Antike anmutenden Gewand feierten. Sie sollten dann ungefähr so aussehen wie Römer.

Einer der Schauspieler verkleidete sich, so interpretierte ich das, was er sich auf den Kopf setzte, zumindest, zusätzlich mit einem Lorbeerkranz, dem Symbol für besondere Erfolge oder Siege.

Als ein Journalist der *Abendzeitung* frühzeitig mit seinem Fotografen bei uns erschien und diesen Laienschauspieler entdeckte, schnappte er ihn und zerrte ihn zum Posieren vor ein Holzkreuz, das irgendwer einfach aus der Requisite mitgebracht hatte, in dem Glauben, es würde zur Veranstaltung passen.

Als sich herausstellte, dass der Lorbeerkranz kein solcher war, sondern eine Dornenkrone, verwandelte sich dank der *Abendzeitung* die Römerparty ungewollt in eine Jesusparty.

Ich hätte, so hieß es, Jesus zur Unterhaltung von Feierwütigen für den Lohn von 200 Mark ans Kreuz gestellt, umringt von halbnackten Schönheiten. Weil der Redakteur der *Abendzeitung* seinen Job verstand, drehte er seine Geschichte weiter und weiter. Er konfrontierte die Kirche mit meiner vermeintlich pietät- und geschmacklosen Mottoparty und fand einen Vertreter, der sich echauffierte. Als ich davon hörte, ließ ich mich unüberlegt zu der Zusage hinreißen, wir würden als Entschuldigung Geld spenden, damit der Ärger vergessen werde. Das wiederum wurde mir als herablassende Art ausgelegt, mit der ich billig und einfach mittels milder Gabe in den Klingelbeutel einen Skandal vermeiden wolle. Und irgendwo prangte die Schlagzeile, meine ich zumindest: »Kirche lässt sich von Schickimickis nicht kaufen!«

Ein paar Wochen später konnte ich über die Geschichte lachen, schließlich war es eine kostenlose Werbung fürs P1. Partys, die für so viel Wirbel sorgten, zogen die Gäste magisch an. Anfangs allerdings, als noch nicht absehbar war, wie die Geschichte ausgehen würde, hatte ich durchaus die Befürchtung, ranghohe Politiker würden dafür sorgen, dass ich aus dem Haus der Kunst fliege.

Wir feierten, was gerade angesagt war. Als in Deutschland, was für heutige Generationen vermutlich sehr schwer vorstellbar ist, die Serie *Baywatch* traumhafte Einschaltquoten erzielte und zu einer der erfolgreichsten Serien aller Zeiten wurde, buchten wir wieder Schauspieler und Schauspielerinnen, um sie, wie den Rettungsschwimmer der Nation und seine Assistentinnen, mit Rettungsbojen und wenig rotem Polyester auszustatten, was zumindest zu keinen diskussionswürdigen Falschinterpretationen führen konnte.

Im TV funktionierte die Serie um Bademeister Mitch Buchannon, obwohl sie kaum mehr zu bieten hatte als weißen südkalifornischen Strand mit einer Promenade eingeölter Badegäste und einer, dieser Vergleich entstammt den kreativen Gedanken eines Redakteurs der *Süddeutschen Zeitung*, »Sonnen-Ästhetik irgendwo zwischen Softporno und MTV-Look«, der zur »perfekten Lahmlegung des Verstandes« führte.

Genau dieses wohlige Capri-Eis-Gefühl wollten wir im P1 erzeugen, bedeckten dafür den Boden mit acht Tonnen feinstem Sand und brachten die Menge zum Kochen.

Es war damals eine andere Zeit, viel entschleunigter. Das Fernsehen war ruhiger. Streamingdienste gab es noch nicht, auf deren Plattformen man problemlos immer neue Serien mit einem Knopfdruck runterladen konnte. Wer abends angesagte Filme jenseits der Glotze gucken wollte, ging entweder ins Kino oder fuhr etwas später in Videotheken, um sich VHS-Kassetten für Videoabende auszuleihen. Besonders angesagte Filme waren oft vergriffen und man musste wochenlang warten, bis man ebenfalls mitreden konnte.

Trends verbreiteten sich mit einer anderen Geschwindigkeit. Amazon gab es noch nicht, wo man heute binnen eines Tages zu jedem Motto das passende Kostüm bestellen kann.

Mottopartys mit gelungener Deko und einem durchdachten Konzept waren entsprechend der Renner.

Als 1994 *Flintstones – Die Familie Feuerstein* in die Kinos kam, wurde der Film zum Sommerhit. Der Titelsong, eingespielt von den B-52s, schaffte es hoch in die Hitparaden. Die Flintstones waren das Thema des Jahres.

Ursprünglich war es eine Zeichentrickserie gewesen, die erste, die im amerikanischen Primetime-Fernsehen lief. Und das über mehrere Jahrzehnte, außerdem in achtzig anderen Ländern. Zwei Urschreie, »Jabadabaduuuu!« und »Wiiilmaaa«, hallten um die Welt und gingen ins popkulturelle Gedächtnis ein.

Bei den Flintstones herrschten für die Sechzigerjahre typische, zum Teil oberspießige Familien- und Gesellschaftsstrukturen, nur eben in einer Szenerie, wo sie so nicht hingehörten – in der Steinzeit. Vater und Ehemann Fred Feuerstein arbeitete als Kranfahrer im Steinbruch. Seine Frau Wilma hütete Haus und Kind, kochte und putzte. Nach Feierabend ging es mal ins Autokino oder auf einen Burger ins Fast-Food-Diner. Das Haustier war ein Säbelzahntiger, der Steinzeitplattenspieler funktionierte mithilfe eines spitzen Spechtschnabels, der als Tonabnehmer in die Rillen gedrückt wurde. Unter der Küchenspüle hockte ein Hängebauchschwein als Müllschlucker und ein Mammut sprühte mit seinem Rüssel das Duschwasser. Und zuletzt gab es ein Auto mit Steinrädern und Löchern im Boden, das mit den Füßen angetrieben werden musste.

Um unsere Stammkunden auf die Feuerstein-Party aufmerksam zu machen, bereiteten wir Einladungen vor, die wir mit der Post verschickten. Ein Metzger lieferte uns Knochen, die wir als passende Dekoration dazulegten. Er hatte allerdings, was uns nicht klar war, die Knochen vor dem Zerteilen geeist, um das Zerschneiden leichter zu machen.

Als wir unsere Partywerbung fertig verpackt hatten und die Briefumschläge auf dem Weg zur Post waren, waren die Knochen mittlerweile längst aufgetaut. Und weil wir auch nicht kontrolliert hatten, ob sie wirklich alle restlos von Fleischrückständen befreit waren, fing das Innere in ein paar der Sendungen an, auf dem Postweg fröhlich vor sich hinzugammeln.

Als dann auch noch eine der Einladungen im Sekretariat von Dr. Hans Rinecker, dem Inhaber der Rinecker-Klinik, ankam und geöffnet wurde, vermutete seine Assistentin, einen abgetrennten Finger geschickt bekommen zu haben, und alarmierte aufgelöst die Polizei. Die kam, ermittelte, stellte fest, dass es sich nicht um eine Drohung irgendeiner mafiösen Vereinigung handelte – und verfasste, wie es sich gehörte, einen Polizeibericht. Und weil an diesem Tag ansonsten relativ wenig in München los war, landeten wir wieder einmal mit einer kuriosen Geschichte in der Presse. Ich hätte »Jabadabaduuuu« schreien können vor Glück.

Wir feierten große und kleine Partys, waren schrill, laut und besonders. Als sich eines Abends Prince, mein persönlicher Held, ankündigte, schlug selbst mein Herz schneller. Ich hatte ihn kurze Zeit zuvor einmal privat getroffen, wobei ich mir von dieser Begegnung mehr erhofft hatte, als dabei rausgekommen war.

Gloria von Thurn und Taxis war mit ihm eng befreundet. Beide hatten sich 1986 kennen und schätzen gelernt. Gloria war mit Mitte zwanzig immer dort, wo gefeiert wurde. Ihr ausschweifendes Jetset-Leben füllte damals die Klatschspalten der Zeitungen. Sie tanzte auf den Lautsprecherboxen im New Yorker Studio 54, mal traf man sie in Rio, dann wieder in London. Von Paris ging es nach St. Moritz oder auch umgekehrt. Gloria, die Frau mit dem Hang zum Exzentrischen, machte ihr Leben zu einer Party. Ihre Klamotten waren ausgefallen. Ihre Frisuren schrill. So schaffte sie es in die Schlagzeilen der Weltpresse, die *Vanity Fair* nannte sie »Princess TNT«.

Jedenfalls fragte mich Gloria irgendwann, ob ich in Frankfurt Prince treffen wolle. Nach dem Konzert würde es die Möglichkeit geben, heute würde man es mit »Meet & Greet« etikettieren, ihm in seinem Hotel zu begegnen. Natürlich fuhr ich mit.

Backstage hörte ich ihn *Purple Rain* singen. Nach dem Konzert gingen wir rüber in seine Suite, in der neben Gloria und mir auch noch weitere zwanzig Auserwählte waren, denen Prince am Piano noch etwas vorspielte.

Natürlich war das besonders. Hätte es damals schon Handys gegeben, hätte ich ein Selfie gemacht, obwohl ich grundsätzlich überhaupt niemand bin, der dazu neigt. Aber im Fall von Prince hätte ich eine Ausnahme gemacht.

Wenn er nicht gerade sang, war er leise und höflich. Kein Groupie riss sich die Klamotten vom Leib. Alle hörten einfach andächtig zu und genossen das Gefühl dieser beinah exklusiven Vorstellung. Mit seinen Fingern streichelte er sanft die Klaviertasten. Den Rücken gerade, manchmal nach hinten überstreckt, saß er vorm Piano. Jeder Ton, den Prince erzeugte, verursachte Gänsehaut. Ich verlor mich in seiner Stimme und seinen Akkorden.

Mit ihm persönlich zu sprechen, war mir nicht vergönnt gewesen. Doch nun sollte er ins P1 kommen – und ich durfte ihn noch einmal treffen. Die Nachricht verbreitete sich, obwohl es noch kein Twitter oder Instagram gab, wie ein Lauffeuer. Die Menschen tuschelten aufgeregt vor der Tür. Die Schlange der Wartenden wurde länger und länger. Mädels – und auch Jungs – machten den Türstehern schöne Augen, um Eintritt zu erhalten. Das P1 war brechend voll.

Prince stand auf einer Wendeltreppe und sah besorgt aus. Ihm war es, das konnte ich spüren, zu viel. Er liebte sein Publikum, aber er war nicht bei uns, um zu singen. Sondern um einen entspannten Abend zu erleben, was nicht möglich war. Hunderte Menschen starrten ihn an. Sie rückten immer näher an ihn heran, sodass sich Prince immer unbehaglicher fühlte.

Das alte P1 verfügte über ein paar Tunnel im Keller, über die wir Prince unbemerkt rausbringen konnten. Er war da gewesen, jeder hatte es mitbekommen. Die PR war mal wieder überragend, aber mein größter Wunsch, mit ihm ein paar Sätze zu wechseln, wurde mir wieder nicht erfüllt.

Prince und Co. brachten uns Glamour. Die Presse leistete ihren Beitrag, um das P1 zu einem Ort mit magischer Anziehungskraft zu machen. Es wurde eine Zeit lang sogar jeden Tag bei uns gefeiert. Der beste Tag war der Donnerstag, da waren, aus meiner Sicht, die besten Leute da. Am Montag feierte das Personal, das am Wochenende gearbeitet hatte, mit seinen Cliquen und befreundeten Türstehern, Kellnerinnen und Kellnern und DJs bei uns. Und Dienstag kamen die schönsten Frauen, die Models und Schauspielerinnen, die montags mit ihren Sedcards erfolglos losgezogen waren oder beim Vorsprechen nicht ausgewählt wurden, zu Wochenbeginn also keine Jobs ergattert hatten und denen nun langweilig war.

Über die knallharte Tür wurde viel geschrieben, ganze Reportagen über die Einlasskontrollen verfasst, wie etwa von der Journalistin Astrid Möller:

»Kann Gesichtskontrolle zum Gesichtsverlust führen? Kann ein einziger Satz – ›nur für Mitglieder‹ – einen Menschen ins gesellschaftliche Abseits katapultieren?

Bin ich Masochist, weil ich immer wieder Einlass begehre in den legendären Tempel der Schönen und Reichen?

Der Typ vor der Tür hat mich betrachtet, oder zumindest kurz gemustert. Ein Blick. Ein Satz: ›Nur für Stammgäste.‹ Nichts weiter. Ich spüre, wie ich mich auflöse. Ich werde durchsichtig. Ich bin schon gar nicht mehr existent. Andere Nachtschwärmer, die irgendwo hinter mir standen, werden reingewinkt. Bussi links, Bussi rechts. Himmel, warum sind die anderen bloß alle so viel selbstsicherer als ich.

›Ciao, wie geht's?‹ Vom Türsteher ein kurzer, vertraulicher Händedruck für Mister Universum. ›Du, geh doch mal einen Schritt zur Seite.‹ Er hat mit mir gesprochen. Wie ein geprügelter Hund gehe ich nach Hause – der Abend ist versaut!

Seit nunmehr fünfzehn Jahren zieht es Promis, Models, Schickimicki und alle, die es sein wollen, vor die Pforte der Prinzregentenstraße 1. Die Gästeliste des P1 liest sich wie das ›Who is who‹ der Megastars. Wer drin ist, ist in.

Doch wie kommt man rein? Wie lautet das Zauberwort, das ›Sesam öffne dich‹? Also, den Türsteher mit Namen anzusprechen, reicht nicht. Auch die häufig zitierte Abteilung Rolex, Chanel oder Gucci sind keine Garantie. Namedropping? No, no. Weder interessiert die Tatsache, dass man sich im P1 verabredet hat, noch dass man da noch eine Flasche Vodka vom letzten Besuch an der Bar stehen hat. Jede Art der Diskussion kann man sich schenken. Eine Frau kann genauso abgewiesen werden wie ein Mann – an der Tür herrscht Gleichberechtigung.

Vielleicht finde ich Antwort auf der Website des P1 auf meine Frage: Was ist das Geheimnis der Tür? Doppelklick. Vom Karma ist die Rede. Von Michael Käfer, dem Goldjungen, dem König der Nacht, der seinen guten Namen als Magneten in seiner rechten Hosentasche trägt. Es wird berichtet von einem fast undurchlässigen Netz selektiver Einlasspolitik, die für Aufsehen und Furore sorge. Neugierde und teuflische Mundpropaganda sollen Menschen aller Herren Länder vor die Pforten des

Früh übt sich:
Meine Mutter Hilde spielt mit mir während der Arbeit in unserem Geschäft Einkaufen. Ich war circa drei Jahre alt.

Glücksmomente mit meinem Vater Gerd.
Papa schleudert mich durch die Luft und fängt mich sicher auf – natürlich sind wir direkt vor unserem Geschäft, das damals noch etwas kleiner war als heute.

Hier ging es schon richtig los mit der Arbeit.

Vaters 50. Geburtstag.
Ich war 23 Jahre alt und durfte ihm zu Ehren eine kleine Rede halten. Es war ein inniger Moment zwischen uns beiden.

© privat

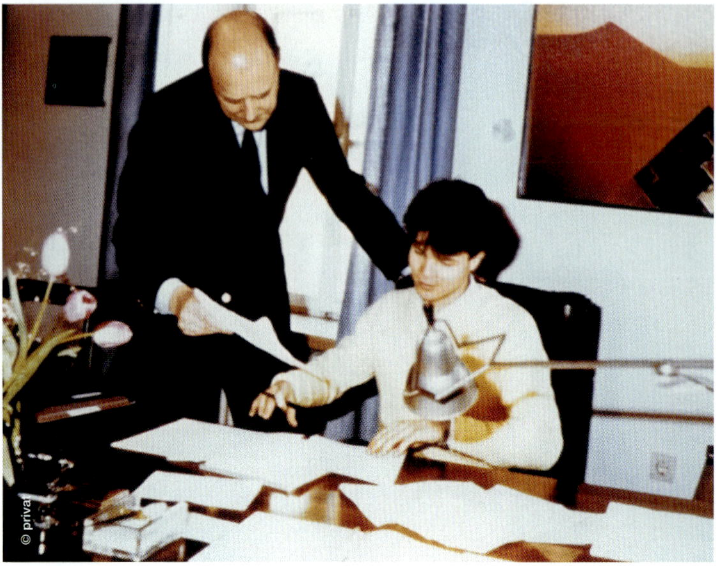

Erste Bürotätigkeiten mit meinem väterlichen Freund und großen Mentor Dr. Michael Reichardt.

Im August 2005 vor meinem Restaurant in München.

Clarissa und ich gaben uns im August 2013 in München das kirchliche Jawort, einer der schönsten Momente meines Lebens. Wir feierten den Tag zusammen mit unseren fünfzig engsten Freunden.

Uli Hoeneß beim Oktoberfest
2017 in der Käfer Wiesn-Schänke.

Clarissa und ich beim traditionellen Wiesn-Einzug 2018.
Ich habe nie Lederhosen an, sondern trage immer eine Stoffhose,
dafür besitze ich über 20 Trachtenjacken.

Der Aufbau der Käfer Wiesn-Schänke dauert jedes Mal fast vier Monate. Alle Einzelteile werden in 120 Containern gelagert. Wenn alles fertig ist und unterhalb der Bavaria steht, sieht es nicht nur abends wunderschön aus.

Unser Restaurant Käfer-Schänke in der Prinzregentenstraße.
Jeder kann unseren Köchen bei der Arbeit zuschauen.

Im Juli 2020 vor der schönsten Kulisse, die ich mir vorstellen kann, dem Tegernsee. Wir führen an diesem herrlichen Fleckchen Erde das Gut Kaltenbrunn.

Nobeletablissements treiben. Und die Ingredienzen für das Potpourri nächtlichen Glücks: die schönsten Frauen des Universums und Geschöpfe männlicher Natur, die solvent genug sind, sich das Ganze leisten zu können. Ah, ja. Sehr hilfreich. Und so originell.

Okay, warum dem angeknacksten Ego nicht noch den Rest geben. Der kleine Masoteufel gibt keine Ruhe: P1, P1, P1. Ich geh jetzt einfach hin. Da steht er schon, der Türsteher. Ich bin ganz locker. Versuche die Schmetterlinge im Bauch zu ignorieren. Wenn der mich jetzt nicht reinlässt, mache ich ihn rund. ›Hi‹, sage ich. Er grinst, verbeugt sich nonchalant und flötet zuckersüß: ›Herzlich willkommen.‹«

KAPITEL 17

BIRNEN UND BANKRÄUBER

Mein Vater schnauft kurz, aber hörbar und reißt mich aus meinen Gedanken. Es ist mitten in der Nacht. Der Himmel ist dunkel. Ein schwaches Licht auf dem Nachttisch wirft einen orangenen Schimmer ins Zimmer, in dem ich jetzt seit Stunden bei meinem Papa bin.

Irgendwie, denke ich, habe ich doch ganz schön viel, jetzt wo ich unsere Beziehung rekapituliere, von ihm gelernt. Nicht durch Zuhören und durch staatstragende Vorträge seinerseits. Sondern vornehmlich durch Zusehen und stilles Beobachten. Seine Lust am Dienen, also an Dienstleistung. Seine Lust, überraschend zu sein. Seine Lust an Inszenierungen. Seine Lust an seiner Arbeit. Seine Leidenschaft. Auch das Briefeschreiben habe ich mir von ihm abgeschaut. Ohne ihn hätte ich auch das Redenhalten niemals so gelernt, wie ich es heute kann. Wobei ich erst rückblickend froh darüber bin – und damals den Weg, wie ich das öffentliche Reden lernte, eher nervig fand.

Mein Vater wollte unbedingt, dass ich damals, mit Anfang zwanzig, Faschingsprinz werde.

Fasching war zu der Zeit noch eine richtig große Nummer in München. In den Sechzigern und Siebzigern war München sogar die Stadt schlechthin, in der Fasching gefeiert wurde. Es gab Hunderte von großen und kleinen Bällen. Jede Kneipe in Schwabing und im Glockenbachviertel war übervoll, das Deutsche Theater veranstaltete riesige Events. Auf dem Viktualienmarkt fand der Tanz der Marktweiber statt.

In München war es wild. Und wer Faschingsprinz sein durfte, der war wer. Zumindest meinten das viele – auch mein Vater. Er wäre wahrscheinlich selbst sehr gerne einer gewesen, aber zu seiner Zeit fehlte ihm nicht zuletzt das nötige Kleingeld, denn als Faschingsprinz hatte man auch einen Haufen finanzieller Verpflichtungen.

Er sorgte nun also dafür, dass ich seinen Jugendtraum lebte, und machte mich zum Prinzen. Gegen meinen Willen. Ich hatte wirklich keine Lust dazu. Aber weil ich sah, wie wichtig es meinem Vater war, mimte ich den fröhlichen Prinzen und ließ die Tage mit all dem Gewinke und Getanze und Gegrüße und Getue über mich ergehen.

Zu einer der Aufgaben des Faschingsprinzen gehörte es, Reden zu halten – wie das so ist bei Hoheiten: Das »Gefolge« musste schließlich bei Laune gehalten werden. Und so musste ich reden, laut, klar, deutlich, mit Wortwitz und Überzeugung, um die Menge zu amüsieren. Es hatte ein bisschen was von einem Stegreifreden-Seminar. Nur ohne echten Seminarleiter. Und kostümiert. Es war wie so oft unter meinem Vater ein »Learning by doing«.

Ich trat also unter den Augen meines Vaters ans Mikrophon und redete – und genoss es, anders als an dem Tag, an dem er mich vor seinen Freunden und Gästen ein Weißbier zapfen ließ, die Lacher meines Publikums zu hören.

Immer mehr Szenen kommen mir in Erinnerung, jetzt wo ich so bewusst danach suche, in denen er mir als stilles Vorbild gedient hat. Aber Aussagen, die bei mir hängen geblieben sind, finde ich darunter kaum. Einer der ganz wenigen Sprüche, die ich von meinem Vater noch im Kopf habe, lautete: »Wenn du mit dem Auto Mädels imponieren musst, dann bist du kein Typ.« Etwas darstellen zu wollen über sein Auto fand er armselig und deprimierend.

Mein erstes Auto war ein Autobianchi A112. Gerade mal etwa drei Meter lang, 600 Kilo schwer und 44 PS stark. Die Geschwindigkeitsanzeige ging nur bis 160 Stundenkilometer, die man allerdings auch nie erreichte. In dem Auto war alles praktisch, aber nichts chic. Es gab keinen Drehzahlmesser. Die Öltemperatur wurde genauso wenig angezeigt. Man fuhr mit diesem Vier-Zylinder-Motor nach Gehör und Gespür.

Zusammen mit meinem Freund Lemmy zuckelte ich mit ihm nach Saint-Tropez. Fast 1000 Kilometer. Vorbei am Luganer See. Wir passierten Bergstraßen und wunderschöne Küstenstraßen. Wir fuhren mit heruntergelassenen Fenstern. Wir fühlten uns frei und leicht. Aber nachgeschaut hat uns angesichts unseres Autos kein einziges Mädel.

Ich spaziere gerade gedanklich durchs Café des Arts, in dem Lemmy und ich in Saint-Tropez waren. Denke an die versiffte Bar mit klebrigem Boden, aber hinten, sobald man eine piekfeine Küche passiert hatte – ja, wirklich vorbei an Töpfen und Herdplatten –, landete man in einem beeindruckenden Restaurant. In dem Moment reißt mich das erneute Husten von meinem Vater aus der Erinnerung. Ich reiche ihm etwas zu trinken. Ganz kurz schaut er mich an, dann schläft er gleich weiter.

Da fällt mir noch ein Satz ein, der mir von meinem Vater in Erinnerung geblieben ist. Er sagte immer – und das habe ich tatsächlich auch verinnerlicht –: »Wenn du in ein Lokal gehst, in dem du eine Birne entdeckst, die ausgebrannt ist, dann ist der Laden schlecht geführt.« Diesen Satz werde ich nie aus dem Kopf bekommen. Er hat sich so auf meiner Festplatte eingebrannt, dass ich wirklich diesen Fimmel habe, überall die Lampen zu kontrollieren. Auch bei uns im Laden gehe ich jeden Tag durch die Flure und kontrolliere, so wie es mein Vater mir eingetrichtert hat.

»Eigentlich müsste ich auch müde sein«, wundere ich mich. Aber im Gegenteil, ich bin hellwach. »Warum denke ich eigentlich erst jetzt so intensiv über Papa und mich nach?«, frage ich mich. »Warum habe ich es nicht schon viel früher getan?«

Ich fand Papa eigentlich immer mutig. Es gab so viele Situationen in seinem Leben, in denen er bewundernswerte Entscheidungen getroffen hat. Zum Beispiel, als es um die Lizenz für die Wiesn ging.

Im Sommer 1971 entschied er sich ohne große Vorüberlegung, ohne Businesspläne zu erstellen oder sonst irgendeine Vorbereitung getroffen zu haben, dass er mal eben als Wiesn-Wirt einspringen könnte, als Albert Bayerle, Münchens Dritter Bürgermeister, ihm zu früher Morgenstunde berichtete, dass ein Wiesn-Wirt verstorben war und man dringend einen Nachfolger benötigte. Mit einem Team von völlig durchgeknallten Malochern gelang es ihm tatsächlich, binnen zwei Wochen ein Haus zu errichten und alles andere, was man für die Wiesn benötigte, zu organisieren.

Ich fand meinen Vater auch wahnsinnig mutig und gleichzeitig auch bescheuert, als er während eines Bankraubs mit Geiselnahme plötzlich als Essenslieferant in diesem Drama auftrat.

Es war am 4. August 1971, also im gleichen Sommer wie die Wiesn-Entscheidung, am Tag der Neueröffnung unseres Restaurants in der Prinzregentenstraße. Viele Jahrzehnte lang, ich meine, bis 2016, war gegenüber eine Filiale der Deutschen Bank. In der spielte sich ein Verbrechen ab, das traurigerweise in die deutsche Kriminalgeschichte einging.

Dimitri Todorov und Hans Georg Rammelmayr überfielen an diesem Tag schwer bewaffnet die Bank. Sie nahmen achtzehn Geiseln und verlangten zwei Millionen Mark.

Einen Banküberfall mit Geiselnahme hatte es bis dahin in der Geschichte der Bundesrepublik noch nie gegeben. Entsprechend gab es auch keine Einsatzpläne, an denen sich die Polizei hätte orientieren können. Niemand wusste mit diesem Szenario umzugehen. Es wurde nicht einmal verhindert, dass mehrere hundert Schaulustige, manche sprechen von an die 1000, wie selbstverständlich die Ereignisse vor der Bank verfolgten. Der Bayerische Rundfunk konnte live vom Tatort berichten.

Es gab damals, aus heutiger Sicht unvorstellbar, nicht mal ausgebildete Scharfschützen im Polizeidienst. Stattdessen fragte der damalige Polizeichef Manfred Schreiber, ein Freund meines Vaters, sich durch, wer unter den Polizisten Jäger sei, also über bessere Schusserfahrung auf Distanzen verfüge. Die Ausgewählten fuhren dann in eine nahe gelegene Kiesgrube, um dort Übungsschüsse abzugeben.

Zu uns in den Laden waren ursprünglich zahlreiche Prominente gekommen, um das neue Restaurant zu testen. Helmut Markwort, damals Chefredakteur vom *Gong*, traf sich mit amerikanischen Filmrechtehändlern, um über die Westernserie *Bonanza* zu sprechen. Franz Josef Strauß war bei uns. Plötzlich kam Polizeichef Schreiber und bat meinen Vater, Essen für die fünf verbliebenen Geiseln sowie die Geiselnehmer herzurichten, schließlich dauerte das Drama bereits weit über fünf

Stunden. Mein Vater ließ Körbe packen und half mit, als diese vor die Tür der Bank gebracht wurden.

»Das Drama spielte sich«, so hieß es in TV-Berichten, »direkt vor den Augen der Schickeria ab.« Rundfunkreporter Hans-Dieter Wolf erzählte: »Ich befinde mich hier etwa 40 Meter von der Deutschen Bankfiliale entfernt. Vor einiger Zeit wurden die beiden Verbrecher mit Lebensmitteln versorgt aus einem Feinkostgeschäft, das hier noch Betrieb hat.« Der BR schwenkte an unserem Laden vorbei, zeigte einen vollbesetzten Balkon und kommentierte: »Im Restaurant Käfer geht der Betrieb weiter.«

Die Zeit schrieb damals: »Väter nahmen ihre Jüngsten zwecks besserer Sicht huckepack, Mädchen in Hotpants schäkerten mit Polizisten, die ihre Maschinenpistolen verschämt zur Seite drückten. Auf der Fressterrasse des Feinkostgeschäfts Käfer ließen Twens in Maßanzügen Sektpfropfen in den Himmel knallen. Denn das Gourmetrestaurant feiert am selben Tag Eröffnung.«

Auf der ersten Seite einer Münchner Zeitung stand am Tag nach dem Überfall: »Brotzeit in Fesseln serviert.« Und dann: »Einer der makabren Höhepunkte des Münchner Gangsterstücks: Die Fesseln noch an den Händen, musste der stellvertretende Filialleiter Keinhofer vor die Tür treten und eine Brotzeit von Feinkost Käfer in die Bank holen.«

Selbst Dimitri Todorov, der nach dem Überfall ins Gefängnis wanderte, schrieb in seinem Buch *22 Jahre Knast* über das gelieferte Käfer-Essen: »Nun sperrte Schmid die Bank wieder zu und legte die Schlüssel auf den Tisch. Wie üppig die Körbe hergerichtet waren. Einer mit Früchten, Weintrauben, Äpfeln, Orangen, dazu Getränke, Kognak, Bier, Mineralwasser, außerdem ein Holzbrett mit Roastbeef, Wurst, Käse und Schwarzbrot. Das würde eine Weile reichen. Eben wollte ich sagen, dass sich jetzt alle bedienen können, als Hansi in seinem vorgetäuschten Ausländerdeutsch sagte: ›Warte, vielleicht Waffen im Korb.‹ Ja, daran hätte ich nicht gedacht, möglich wäre es. Ich nahm mir den ersten Korb vor, zwischen dem Obst könnte ohne Weiteres etwas sein. Nein, da war nichts. Nun der zweite – auch nichts. Jetzt konnten sie essen. Hansi hielt mich zurück: ›Vielleicht haben die irgendwelche Schlafmittel reingetan, wir essen und trinken lieber nichts.‹ ›Ja, du hast recht, das kann schon sein‹, stimmte ich zu.

(...) Petra stand bei den Essenskörben, drehte sich mit einem Glas in der Hand zu uns und sagte aufgedreht: ›Jetzt san ma lustig, jetzt sauf ma oan.‹«

Lustig war am Ende trotz dieser heiter beschriebenen Sequenz gar nichts. Die Geldübergabe scheiterte. Hans Georg Rammelmayr und die Geisel Ingrid Reppel starben im Kugelhagel. »Es ist ein Unglücksfall und ein Glücksfall«, sagte mein Vater viele Jahre später. Der Tod zweier Menschen schockierte ihn zutiefst. Aber jeder wusste nun, und da konnten wir gar nichts für, dass es unser neues Restaurant gab.

Warum war Papa nicht, das hatte ich mich oft gefragt, so mutig und hilfsbereit, als es unserem Unternehmen schlecht ging? Warum hatte er mir nicht mit der gleichen Selbstverständlichkeit geholfen, mit der er im Sommer 1971 auf schwer bewaffnete Gangster zugegangen war? Warum war er sich so sicher gewesen, mal eben eine Wiesn-Hütte aus dem Nichts eröffnen zu können, aber stand mir nicht mit Rat und Tat zur Seite, als mir die Wirtschaftskrise und die gleichzeitigen millionenschweren Verbindlichkeiten die Luft zum Atmen nahmen?

KAPITEL 18

ERFRISCHUNGSTÜCHER MIT ZITRONENGESCHMACK

»Ein Traum, den man alleine träumt, ist nur ein Traum«, sagte mal John Lennon, womöglich hat er damit auch seine Frau Yoko Ono zitiert. »Ein Traum, den man zusammen träumt, ist Wirklichkeit.«

Ich fühlte mich in einigen Momenten in dieser Zeit sehr alleine, und noch dazu wie in einem Albtraum. Ich fand Papa in diesem Moment feige und egoistisch. Ich hätte ihn mehr denn je gebraucht.

Aber hatte ich ihm das je so klar gesagt? Hatte ich ihn aktiv um Hilfe gebeten oder hatte ich eher selbstverständlich erwartet, dass er mir helfen würde? Hatte ich je auch nur versucht, ein bisschen Verständnis dafür zu haben, wie sich mein Vater fühlte, als ich in die Firma kam?

Ich spürte, dass er mich als Konkurrenten sah – und war von meiner Seite sauer darüber gewesen. Ich habe ihn auch nie gefragt, wie es sich für ihn anfühlte, den Laden, den er groß gemacht hatte, in so einer schwierigen Phase zu sehen. Ich habe nicht in Erwägung gezogen, dass seine Bockigkeit vielleicht auch einfach nur eine erste Schutzreaktion war, um seine Angst über den drohenden Verlust zu überspielen. Immerhin war unser Unternehmen alles, woraus er sein Selbstwertgefühl zog.

Wir machten zu der Zeit das, was wir in meiner gesamten Kindheit und Jugend getan hatten – wir redeten mal wieder nicht miteinander, dabei wäre es so wichtig und hilfreich gewesen.

Weil mein Vater, so nahm ich es halt damals wahr, nicht für mich da war, suchte ich mir anderswo Rat. Eine stabile und intakte Beziehung hatte ich zu der Zeit nicht, in der ich hätte Halt finden können.

Also sprach ich viel mit Michael Reichardt, mit dem ich den zu großen Basquiat in Basel gekauft hatte und der im Lauf der Zeit zu meinem Mentor, wichtigsten Ratgeber und besten Freund geworden ist. Michael ist über zwanzig Jahre älter als ich. Ihm habe ich mein Kunstverständnis zu verdanken. Aber ich habe mit Michael ebenso die Welt bereist, um mir zum Beispiel Inspirationen zu holen für die Bars, die ich nach und nach in München eröffnete, als das P1 finanziell lief und ich mehr wollte.

Heute könnte man dafür womöglich auch Google Street View öffnen, auf Satellitenmodus gehen und digital durch die Straßen spazieren, um ein erstes Gefühl für Kuba zu bekommen. Auf YouTube gibt es Reisereportagen, die einem mit wenigen Mausklicks helfen, ein Gefühl für Land und Leute zu bekommen. Auf der Homepage kann man die Einrichtung des jeweiligen Ladens checken. Das gab es damals alles noch nicht. Außerdem möchte ich, wenn ich beabsichtige, ein Stück Kuba nach München zu bringen, nicht nur aus der Ferne schauen, sondern das Land riechen und schmecken, Barkeeper bei der Arbeit erleben und einen echten Eindruck bekommen, den ich dann übertragen kann. »Man reist ja nicht, um anzukommen, sondern um zu reisen«, wusste schon Johann Wolfgang Goethe.

Wir reisten, um zu reisen und um zu erleben, was Menschen nachhaltig fasziniert.

Wir flogen zunächst nach Florida und besuchten beim Zwischenstopp Disney World in Orlando, diesen Entertainment-Park der Superlative, der seit seiner Eröffnung im Jahr 1971 Millionen von Besuchern angezogen hat. Wobei der Besuch, um ganz ehrlich zu sein, weniger mit einer Trendanalyse zu tun hatte als vielmehr damit, dass ich trotz meiner 31 Jahre Karussell und Achterbahn fahren wollte. Wir stiefelten den vorgeschlagenen Rundweg in umgekehrter Richtung, um antizyklisch den Warteschlangen zu entgehen und somit mehr Fahrattraktionen ausprobieren zu können. Und ein klein bisschen, ich gebe es zu, verlor ich mich dabei in meinen als Kind gelebten Träumen, in diesem magischen Reich mit seinen Fantasiewelten.

Heute fahre ich auch mal ganz bewusst in solche Themenparks. Mit unseren Führungskräften waren wir zum Beispiel einmal im Europapark Rust. Weil man sich hier auch viel an- und abschauen kann, was Dienstleistung und Arbeit am Kunden angeht.

Über Jamaika flogen wir weiter nach Kuba. Wir hockten in einem Flugzeug, das die strenge deutsche Flugsicherung gewiss nicht mehr durch den TÜV, oder wie auch immer die passende Institution heißt, gelassen hätte. Neben uns hockte ein Mann und häkelte. Als eine Stewardess ihm und uns ein Erfrischungstuch mit Zitronenduft reichte, steckte er es in den Mund und lutschte es aus. Ich habe keine Ahnung, wie so was schmeckt, bin aber froh, dass es sich nicht als Trend durchsetzte.

Wir flanierten auf dem Malecón, dem Küstenboulevard, während die Wellen an der breiten Kaimauer brachen. Die kilometerlange Uferstraße war eine der wenigen repräsentativen Prachtstraßen der Stadt. Sie wurde herausgeputzt und lag eingebettet zwischen barocken Fassaden, eleganten, schmiedeeisernen Balkonen und fünf- oder sechsstöckigen Prunkbauten, in deren Innenhöfen Marmorböden glänzten. Der Malecón war wie die Hauptschlagader von Havanna. Hier wurde Kubas Charme präsentiert, alles war wie geleckt. Aber wehe, wenn man nur eine Straße weiter abbog. Dann endete die Illusion von Havanna als pulsierende, elegante Metropole. Dann sah man traurigen Verfall, herumliegenden Schutt von eingefallenen Häusern.

In unserem Hotel war es ähnlich. Der Eingangsbereich und die Lobby versprühten pure Eleganz. Alles, was wir sahen, glänzte. Auch die erste Etage, in der unsere Zimmer lagen, war wunderschön. Der Teppich sauber, die Wände akkurat geweißelt, Blumen verliehen dem Ganzen Frische.

Im Aufzug hockten elegant gekleidete Liftboys, die uns von der Lobby in den ersten Stock begleiteten. Auf den ersten Blick mochte es wie First-Class-Service anmuten, ich war aber sicher, dass sie uns beobachteten und sicherstellten, dass wir ja keine Ecke des Hotels betraten, die nicht zum Vorzeigen vorbereitet war. Denn der Rest, einmal schlich ich mich nachts durch das Treppenhaus in die zweite Etage, war wie in der Stadt verfallen, ungepflegt und definitiv nicht repräsentativ.

Michael und ich schlenderten von Bar zu Bar, immer mit der Frage im Gepäck: Wie kreiert man eine perfekte Nacht für den Gast? Wie schafft man in einer Bar Erlebnisse? Wie erzeugt man das Gefühl, dass der Gast an die Bar zurückkehren will?

Wir tranken und redeten. Miteinander. Aber auch mit den Gästen und den Barkeepern. Wir sprachen über Rum und landeten beim Daiquiri, diesem Ergebnis, wenn weißer Rum, gepresster Limettensaft, Zucker und Eis zusammentreffen, das einst Ernest Hemingway um den Verstand brachte, der es angeblich ohne Zucker trank.

Ich beobachtete, wie Barkeeper zielsicher nach langen, kurzen oder bauchigen Flaschen griffen, mit welchen Bewegungen sie die vielfarbigen Geheimnisse daraus entlockten.

Der Genuss eines Cocktails, so erging es uns jedenfalls, begann bereits jedes Mal aufs Neue, wenn wir dem Barkeeper beim Mixen zuschauten, sofern er sein Handwerk verstand. Wenn er diese gewisse Behändigkeit hinter der Theke hatte, ruhig und gleichzeitig kraftvoll loslegte, dann erzeugte er schon vor dem ersten Schluck ein Gefühl rund um den bestellten Drink.

Das Shaken ist ein Handwerk, es geht eben nicht nur darum, die einzelnen Zutaten nach Messbecherangaben in ein Glas zu schütten.

Wir entdeckten Bars, in denen wir in stundenlange Gespräche abtauchen konnten. Orte zum Träumen. Teils waren es Plätze, die uns eine Geborgenheit schenkten wie unsere Wohnzimmer daheim, mit dem einzigen Unterschied, dass wir jederzeit entscheiden konnten, sie wieder zu verlassen.

Als wir wieder in Richtung Heimat aufbrachen, hatten wir zahlreiche Ideen, die ich später in München umsetzte. Doch bevor es ganz zurückging, machten wir einen Zwischenstopp in Mexiko, um auch hier Eindrücke mitzunehmen. Hängen geblieben ist bei mir aber nur, wie schlecht es mir wegen der

Gelbsucht ging, die ich mir dort einfing – vermutlich an einem Straßenverkaufsstand, wo ich mir einen Taco holte.

Michael kennt mich wirklich gut. Er ist eine große menschliche Bereicherung für mich. Ähnlich wie ein weiterer Michael, Michael Barz nämlich, den ich in einer ähnlichen Phase intensiv kennenlernte, wenn auch über glückliche Zufälle.

Es gab, als mein Vater und mein Onkel noch die Geschäfte führten, einmal einen Interessenten, der mit dem Gedanken spielte, Anteile an Käfer zu kaufen: Willi Leibbrand, ein Macher, der mit seinen Unternehmen mehr wollte. Sein Vater Hugo Leibbrand war im hessischen Städtchen Rosbach vor der Höhe ein Krämer gewesen, also Besitzer eines kleinen Lebensmittelladens. Irgendwann belieferten sie Tante-Emma-Läden in der Region.

Doch Sohn Willi wollte noch mehr und machte den väterlichen Betrieb in gut zwei Jahrzehnten zum zweitgrößten Lebensmittelhändler der Bundesrepublik. Als Anfang der Siebziger die Preisbindung fiel, startete Leibbrand mit Penny-Märkten und Toom-SB-Warenhäusern richtig durch.

Leibbrand war es wichtig, mich, als potenziellen Nachfolger meines Vaters, kennenzulernen, um sich ein Bild von mir zu machen und um ein noch besseres Gefühl für unser Unternehmen zu bekommen.

Er lud mich dafür in seine Firmenzentrale nach Bad Homburg ein. Ich meldete mich beim Pförtner und wartete. Leibbrand kam höchstpersönlich, um mich abzuholen. Doch ehe er sich mir zuwandte, umarmte er seinen Pförtner, klopfte ihm auf die Schultern und hielt mit ihm einen Smalltalk, in dem es weder ums Wetter noch andere völlige Belanglosigkeiten ging, sondern der deutlich machte, dass sich beide seit Jahren kannten und mochten.

Nachdem er mich hineingebeten hatte, fragte Leibbrand, wohin wir jetzt gehen wollten.

»Wohin Sie möchten«, antwortete ich. »In Ihr Büro?«

Da erklärte er mir, dass er gar kein eigenes Büro habe. »Ich brauche keines. Ich gehe dahin, wo es Probleme gibt.«

Ich mochte diesen Satz, weil er so einfach, aber im Kern so plausibel war. Er erzählte mir von den Anfängen seiner Firma. Von den Menschen, denen er vertraute. »Einmal hatte ich eine Lebensmittelvergiftung und musste eine Zeit lang kürzertreten. Ich sagte einem meiner Mitarbeiter, dass ich ihm vertraute. Und als ich wiederkam, hatte ich nicht mehr nur drei Läden, sondern vier. Und sie liefen.«

Leibbrand hatte erkannt, dass man als Chef auch abgeben können muss. Dass man vertrauen können muss. Und dass man vor allem gute Leute um sich herum braucht, denen man gestattet, größer zu werden. Denn je mehr sie wachsen, desto größer wirst du selbst.

Ich musste an Ugo Crocamo denken, einen Mitarbeiter, der bei mir im P1 arbeitete. Im September 1987 war er aus einem kleinen italienischen Dorf nahe Salerno nach Deutschland gekommen. Bei 37 Grad fuhr er los. Auf dem Brenner lag Schnee. In München war es kalt.

Er startete bei uns in der Garderobe. Dankbar für die Chance. Immer fleißig. Und mit großen Träumen. Er erzählte mir von seiner Familie, in der großer Wert auf gutes Essen gelegt wurde. Und dass er irgendwann mit seinen eigenen Händen Köstlichkeiten zubereiten wolle.

Er fing an, Baguette-Sandwiches zu machen. Später wurden daraus hauchdünne Pizzen, die unsere Nachtschwärmer ohne große Sauerei im P1 essen konnten. Er erfand die Trüffel- und Hummerpizza. »Wer glaubt, zum Pizzabacken reichen Wasser, Mehl, Hefe, Salz und Olivenöl, hat keine Ahnung! Es braucht vor allem Hände, die zupacken können, und eine große Leidenschaft«, sagte Ugo immer. Und er bewies, dass er sowohl kräftig zupacken als auch leidenschaftlich arbeiten konnte. Er wurde vom Garderobenjungen zum Pizzabäcker. Auch seinetwegen liebten die Menschen das P1. Schließlich eröffnete Ugo ein eigenes Restaurant, das weit über die Münchner Grenzen Ruhm genießt.

Leibbrand war beeindruckend. Sein wichtigster Mann war Michael Barz, den ich immer intensiver kennenlernte und neben Michael Reichardt auch in meine Gedanken einbezog, als es Jahre später wirtschaftlich schlecht um unser Unternehmen stand und ich tatsächlich über einen Verkauf nachdachte.

Wenn ich einfach einen Schlussstrich ziehen würde, dachte ich, müsste ich mir keine Gedanken mehr über die Werte unserer Grundstücke machen. Ich müsste mich vor keinem Bänker mehr rechtfertigen und ihn daran erinnern, dass wir auf dem Oktoberfest und mit unserem Lizenzbereich der Marke Käfer immer noch gutes Geld verdienten. Ich müsste keine Durchhalteparolen mehr predigen, immer wieder betonen, dass wir etabliert waren, ich mit dem P1 wirtschaftlich sehr gut dastand und daran glaubte, die hohen Schulden planmäßig abzutragen. Ein Verkauf wäre die einfache Lösung, womöglich auch die feigere.

Doch eines Nachts lag ich im Bett und mir schossen plötzlich Erinnerungen durch den Kopf, wie ich als kleines Kind, ich schätze mal, sechs Jahre alt, auf dem Büroboden unserer damaligen Konditorei saß. Bei uns wurde noch selber gebacken. Der Geruch von frischem Hefeteig macht so viel mehr Lust auf Brot, als es ein gefrorener Teig vermag, der nur noch aufgebacken werden muss. Ich meine auch, mich daran zu erinnern, dass bei uns kein Duft von gemahlenen Kaffeebohnen in der Luft hing, der durch seine Intensität alle anderen Gerüche erdrückt hätte.

Ich saß auf den Holzdielen, lauschte unbewusst dem geschäftigen Treiben, genoss den Duft und malte oder machte Hausaufgaben.

Konnte ich das wirklich aufgeben? Wollte ich derjenige sein, der sechzig Jahre Familientradition aus der Hand gab? War der Schuldenberg so erdrückend? War die Lage so aussichtslos? Das war doch unsere Firma. Käfer muss doch Käfer sein. Wie würde es wohl riechen, wenn irgendjemand Fremdes mit seinen Leuten die Geschicke lenken würde?

Ich griff zu meinem Telefon und rief sowohl Michael Reichardt als auch anschließend Michael Barz an. Ich schilderte ihnen in absoluter Offenheit, was mich beschäftigte. Ich erklärte ihnen, was für ein Rumpeln und Rattern in meinem Hirn ausgebrochen war. Mit welchen Abwägungen ich mich herumschlag. Beide hörten interessiert zu, am Ende stellte dann Michael Barz die wohl wichtigste Frage meines Unternehmerlebens.

»Es gibt zwei Möglichkeiten«, begann er seine Ausführungen. »Entweder Sie werden Unternehmer oder Sie werden Nachtklub-König von München. Sollten Sie sich für Letzteres entscheiden, dann hole ich Ihnen bei den Verkaufsverhandlungen noch mal eine Million mehr raus und Sie machen einfach Ihr P1 weiter. Oder Sie werden Unternehmer. Sie haben bis morgen Zeit.«

Ich brauchte nicht lange, um zu wissen, was das Richtige sein würde. Ich entschied mich, Unternehmer zu werden und Käfer wieder in die Erfolgsspur zu führen. Barz hatte mich mit genau der richtigen Entscheidung konfrontiert. Unternehmer wollte ich sein. Weitermachen. Es besser machen. Ich wollte, dass meine Kinder irgendwann in meinem Büro sitzen und den Geruch unseres Unternehmens einatmen.

Ich sezierte den Laden mit chirurgischer Präzision und stellte alles auf den Prüfstand. Wir hatten die Firma viel zu sehr aufgebläht. Wir hatten eine eigene Schreinerei, eine eigene Schlosserei, eine Autowerkstatt und eine Zelt-Waschanlage. Wir hatten Dinge, die purer Luxus fürs Unternehmen waren – und gleichzeitig unwirtschaftlich.

Wir waren, um es mit einer sehr vereinfachten Metapher auszudrücken, ein Käfer, der versuchte mit einem Rucksack voller Steine zu fliegen.

Ich fegte radikal durchs Unternehmen. Ähnlich, wie wir es während des Corona-Lockdowns übrigens auch machten. Als der Virus die Welt in Stillstand versetzte, kündigten wir alle Wartungsverträge, prüften, ob wir zum Beispiel den besten Internetanbieter hatten, ob unsere Telefontarife zeitgemäß waren, und hinterfragten alles, was es an Fixkosten gab.

Das Grundstück in Parsdorf verwandelten wir in ein Outlet, womit wir die Fläche viel sinnvoller nutzten.

Ich begann noch mehr damit, Personal einzustellen, dem ich vertraute und dem ich gerne Verantwortung übergab. Menschen, die Chancen ergreifen wollten. Menschen, die bei Käfer und mit uns größer werden wollten.

Ich wollte Geld verdienen. Eigenkapital aufbauen, um nie mehr solche Anrufe, die auch etwas Erniedrigendes haben, wenn man gegenüber Banken in Rechtfertigungsnöten steckt und sich erklären muss, zu erhalten.

In einem Buch, das ich geschenkt bekommen habe, beschreibt Norbert Elgert, ein großartiger Nachwuchstrainer und Entdecker zahlreicher Top-Stars, der selbst mal fast bankrott war, seine Einstellung zu Geld. »Solange man die Einstellung hat, Geld nicht zu mögen, wird man auch nie welches haben. Das ist das Gesetz der Anziehungskraft. Alles, was man mag, zieht man an. Und alles, was man nicht mag, stößt man eher ab. Geld ist flüssige Energie und gibt einem eine gewisse Sicherheit.«

Die Decke bewegt sich. Erst nur leicht, dann schaufelt Papa seine Hände darunter frei. Er blinzelt ein paarmal, um die ausgetrockneten Augen zu befeuchten. »Michael, du bist ja noch da«, sagt er überrascht. Bei jedem einzelnen Wort höre ich Freude heraus. »Warst du die ganze Nacht bei mir?«

Ich nicke und streichle seine Hand. Wir schauen uns an, ohne etwas zu sagen. Ich habe das Gefühl, womöglich bildete ich es mir auch nur ein, weil es so schön wäre, dass seine Augen jetzt so strahlen wie damals, wenn er von seinen Kunden Lob für seine großartigen Feste bekommen hat. Oder wenn ihm Promis irgendwo in München oder auf der Welt die Hand schüttelten.

Wir hatten eine wechselhafte Geschichte. Wir haben zu wenig miteinander gesprochen. Wir haben Momente der Tiefe verschenkt, weil wir beide damit beschäftigt waren, wir selbst zu sein. Dinge sind ungesagt und ungetan geblieben. Aber eigentlich haben wir es trotz allem verdammt gut hinbekommen.

Ich lächle meinen Papa an. Und er lächelt zurück.

Irgendwie hoffe ich, dass er was sagt. Vielleicht hofft er, dass ich etwas sage.

Es bleibt beim Lächeln – bei dem ich aber genau spüre, dass es ganz tief aus seinem Herzen kommt.

»Eigentlich haben wir es gut hingekriegt«, denke ich, als ich zum Abschied meine Hand auf seine Wange lege. Und ich bin sicher, er denkt das Gleiche.

Drei oder vier Wochen später ist mein Vater gestorben. Der Krebs hat ihn besiegt. Er ist zu früh gestorben. Ich bin davon überzeugt, dass mein Vater ein großartiger Opa gewesen wäre. Ich hätte ihm gewünscht, mit Raphael und Nikolas noch ganz viele intensive Stunden zu haben. Am Anfang hat er ein bisschen gebraucht, um sich an die beiden zu gewöhnen. Aber als sie drei, vier Jahre alt waren, lag er auf den Knien mit ihnen im Wohnzimmer und spielte.

Ich glaube, es wäre so geworden wie zwischen mir und meiner Oma. Meine Großmutter war für ihre eigenen Kinder auch nicht sonderlich viel da gewesen. Sie hatte sich in die Arbeit gestürzt, sich voll auf den Aufbau unseres Ladens konzentriert. Mein Vater und sein Bruder kamen dabei zu kurz. Als ich aber da war, investierte sie all die Zeit und Liebe, die sie meinem Vater nicht geschenkt hatte, in mich. Ich glaube, dass mein Papa genauso gewesen wäre, hätte er noch mehr Zeit mit Raphael und Nikolas verbringen können.

Nach dem Tod meines Vaters fühlte ich mich schrecklich allein. Ich schleppte mich mit einer furchtbaren Leere, die ich lange nicht greifen konnte, durch den Alltag.

Meine Mutter lebte noch. Sie war eigentlich die wichtigere und prägendere Figur in meinem Leben, so hatte ich es jedenfalls lange wahrgenommen.

Trotzdem fühlte ich mich allein. Papa war weg. Und es tat einfach nur weh.

Im Frühjahr 2022 starb nach einer langen und schweren Krankheit auch meine Mutter. Ich musste miterleben, wie aus dieser toughen Person, die immer Lösungen hatte und nie jammerte, eine hilflose Frau wurde, die sich weniger und weniger an mich erinnern konnte – und irgendwann sich selbst vergaß.

Mama entfernte sich immer mehr von der Person, die mir Werte vermittelt hatte. Und mich mithilfe von Hans Bauer zu Bayern München brachte, damit ich Fußball spielen konnte.

Wenn ich sie besuchen kam, war sie anfangs auf der Suche nach Worten, später suchte sie Sätze, irgendwann ganze Kapitel aus ihrem Leben. Ich musste miterleben, wie sie bei der Suche immer erfolgloser wurde, bis sie sich schließlich verlor. Wie sie hinter einer unsichtbaren Wand verschwand und immer mehr, jedenfalls kam es mir so vor, zu einer Hülle wurde.

Sie wusste irgendwann nicht mehr, wer Clarissa war, obwohl sie sie ohne Ende liebte, und verlor das Bewusstsein dafür, was es heißt, eine Familie zu sein.

Die fortschreitende Demenz raubte ihr unsere gemeinsamen Geschichten und Erinnerungen, löschte mit brachialer Gewalt unsere emotionalen, eigentlich tief in uns verwurzelten Verbindungen.

Je mehr Mama suchte, was sie ausmachte, desto schwieriger fiel es mir, sie zu besuchen. Ich wollte da sein. Ihre Nähe spüren und gemeinsame Zeit verbringen. Aber es war für mich schwer, in diese Welt der Haltlosigkeit einzutreten, auch wenn ich sie ja wieder verlassen konnte.

Ich las meiner Mutter vor, erzählte ihr von damals, blätterte durch Fotoalben, die sie so wunderbar erstellt hatte, um unsere Geschichte festzuhalten, als könne ich ihr damit etwas Verlorenes wieder zurückgeben.

Je mehr sie die Kontrolle verlor, desto größer wurden ihre Ängste, desto abweisender wurde sie. Die Demenz nahm ihr das Interesse am Leben, an dem sie nicht mehr teilnehmen konnte, weil sie irgendwann selbst vergaß, wie man sich die Schuhe anzog.

Ich wollte nicht wütend sein, auch nicht trauern, schließlich lebte sie noch. Aber ich verfluchte diese Krankheit, die meine Mutter in eine fremde Person verwandelte – und sie mir nahm.

Die Demenz ist wie ein Sumpf, der meine Mutter langsam tiefer und tiefer in sich hineinzog. Es dauerte über fünf Jahre. Ein echter Abschied, wie ich ihn mit meinem Vater hatte, blieb mir bei ihr leider verwehrt.

Am letzten Tag vor ihrem Tod saß ich bei ihr. Ich hielt ihre Hand und irgendwie hatte ich das Gefühl, dass wir uns nicht mehr oft sehen würden. 92 Jahre war sie alt. Ich bedankte mich bei ihr für die Leidenschaft, die sie in meine Erziehung und in meine Entwicklung investiert hatte. Für das Vertrauen, das sie mir immer geschenkt hatte. Für die Chance, zu studieren und in New York zu lernen, wofür sie sehr hart arbeiten musste.

Ich hoffte, dass meine Worte sie erreichten, auch wenn ich Zweifel daran hatte.

Meinen wirtschaftlichen Erfolg verdanke ich meinem Vater, weil er eine wunderbare Marke entwickelt hatte, die ich weiterführen und gestalten konnte. Er war mein innerer Antrieb, weil ich es ihm auch immer beweisen wollte.

Meine persönliche Entwicklung mit all den Werten, die ich auf meinem Weg mitbekommen habe, habe ich meiner Mutter zu verdanken. Sie hat mein Herz geprägt.

Auf ihrem Nachttisch standen bis zum Schluss Bilder. Von Clarissa und mir. Von den Kindern. Und auch eines von meinem Vater.

In einer Schatulle bewahrte sie Briefe auf, die ihr wichtig waren. Darunter Korrespondenz mit meinem Vater, den sie in flammenden Worten darum bat, sich um mich zu kümmern. Ich sei schließlich auch sein Sohn. Und ich brauchte ihn. Nicht nur im Büro und auf Events. Ich sei, schrieb sie, so ein fantastischer Kerl, es mache Spaß, mit mir Zeit zu verbringen und mich heranwachsen zu sehen. »Sei bitte für unseren Sohn da.«

Meine Mutter hat meinen Vater ihr ganzes Leben lang geliebt. Trotz der Trennung und seiner anderen Frauen war er bis zum Schluss ihre große Liebe.

Es zerreißt mich innerlich, dass ich so viele Jahre keine strahlenden Augen von ihr gesehen habe. Dass mich immer dieses traurige Gefühl packte, wenn ich an der Tür zu ihrem Zimmer stand, tief einatmete und hoffte, dass sie mich erkennen würde.

Sie war ein so wunderbarer Mensch, sie hätte es verdient gehabt, dass wir uns herzlich und bei vollem Bewusstsein voneinander verabschieden.

KAPITEL 19

IN LUFTIGEN HÖHEN

Unter mir zucken Lichtblitze. Rot, grün und gelb, manchmal auch blau oder violett erleuchten sie für Sekundenbruchteile den Münchner Nachthimmel. Vereinzelt ist noch ein Kreischen zu hören. So ein grelles, lang gezogenes. Ein freudiges, dieses Schreien nach Herzenslust. Es ist viel seltener geworden als noch am Nachmittag, als die Wiesn noch gut besucht war und sich die Feierwütigen dem Rausch gestellt haben, im Skyfall achtzig Meter in die Tiefe zu stürzen.

Ich sitze mit meiner wunderbaren Frau im Riesenrad und genieße die letzten Momente, ehe sich die Wiesn wieder schlafen legt. Diese Fahrt ist ein lieb gewonnenes Ritual, das Clarissa und ich hegen und pflegen. Es ist unser Moment, unsere Zeit, in der wir das Zusammensein genießen, inmitten dieser Leichtigkeit des Seins. Erst spielen wir »fliegende Frösche«, versuchen mittels Hammer und Katapult Gummifrösche in sich drehende Wasserrosenbehälter zu befördern, ehe wir in den Münchner Nachthimmel aufsteigen.

Für mich ist es auch ein Moment des Innehaltens und Rekapitulierens nach der getanen Arbeit an dem Ort, an dem unsere Liebe einen entscheidenden Moment hatte.

Und wieder spielte Monti Lüftner, der Mann, der Whitney Houston ins P1 gebracht hatte, eine wichtige Rolle.

Er wolle mir eine herausragende Juristin empfehlen, sagte er, die zu uns ins Unternehmen passen würde. »Unterhalt dich mal mit ihr. Die wäre eine Bereicherung für euch.«

Clarissa hatte tatsächlich eine beeindruckende Vita vorzuweisen; Monti hatte nicht übertrieben. Sie schien beinah überqualifiziert für unser Unternehmen im Rechnungswesen zu sein. Trotzdem lud ich sie ein zu einem Vorstellungsgespräch bei mir und unserem damaligen kaufmännischen Leiter.

Das Gespräch verlief nicht gut, und zwar von unserer Seite aus. Denn der leitende Angestellte, der neben mir saß, sah in ihr keine Bereicherung fürs Unternehmen, sondern eine Konkurrentin für sich persönlich. Entsprechend kalt und bissig präsentierte er sich ihr gegenüber.

Mir gefiel die Bewerberin. Beruflich hätte sie definitiv einen Mehrwert fürs Unternehmen gehabt. Aber auch als Frau gefiel sie mir außerordentlich, auch wenn ich versuchte mir das nicht anmerken zu lassen.

Aber letztlich konnte ich sie, so gerne ich es auch gewollt hätte, nicht einstellen. Andernfalls hätten wir einen unnötigen und womöglich betriebsklimaschädigenden Konkurrenzkampf in den eigenen Reihen gehabt.

Sie durfte auf keinen Fall bei uns anfangen, entschied ich, wohl wissend, dass ich sie eigentlich wiedersehen wollte.

Ich beschloss, ihre Absage in Form eines handschriftlichen Briefes zu verfassen und zusammen mit einem Blumenstrauß an Clarissa zu schicken. Ich wollte ihr eine höhere Wertschätzung vermitteln, indem ich mir die Zeit nahm, meine Gedanken zu sortieren und persönlicher auszudrücken, als es mit einer E-Mail möglich gewesen wäre.

Ich glaube, dass ich ganz schön viel dummes Zeug zu Papier brachte. Ich konnte ihr schlecht schreiben, dass ich während ihres Vorstellungsgesprächs bereits dabei war, mich in sie zu verlieben, obwohl ich sie kaum kannte und wir auch nicht flirteten. Sie erzählte von ihrem Studium und ihren Karriereplänen, von ihrer Joberfahrung und wie sie eine Rolle in unserem Unternehmen einnehmen könne. Währenddessen dachte ich bereits, wie ich sie dazu bewegen könnte, eine Rolle in meinem Leben einzunehmen. Ich schrieb ihr also ein »Nein« zum Unternehmen Käfer, während ich mich insgeheim fragte, wie ich sie von einem »Ja« zu mir überzeugen könnte.

Ich versuchte also etwas zu begründen, was es faktisch nicht zu begründen gab. Fachlich hätte Clarissa super zum Unternehmen gepasst. Aber ich konnte ihr ja schlecht schreiben, wie sehr mein Herz nach dieser kurzen Begegnung bereits schlug. Ich fabulierte also einen verbalen Eiertanz und garnierte meine Absage mit Blumen. Kein Wunder, dass es noch mehr als ein Jahr dauern sollte, bis ich Clarissa wiedersah.

Monti nahm sie mit auf die Wiesn. Seit Jahrzehnten schon hatte er jedes Jahr einen Tisch bei uns, an den er nun Clarissa einlud. Dieses Mal redeten wir privater und ohne das Beisein eines kaufmännischen Leiters als beruflichen Konkurrenten. Es lief so gut, dass wir bald darauf unser erstes echtes Date hatten.

Ich war davor mit Sabine verheiratet gewesen. Und mittlerweile bereits seit ein paar Jahren von ihr geschieden. Es war vieles gut gewesen. Aber wir beiden hatten relativ schnell gespürt, dass es eben nicht für einen dauerhaften Bund fürs Leben reichen würde.

Mein erstes echtes Date mit Clarissa war im Yum, einem thailändischen Restaurant am Viktualienmarkt. Und ausnahmsweise galt mein größtes Interesse mal nicht der Speisekarte oder der Einrichtung. Es war völlig egal, wie der Wein schmeckte. Selbst wenn es hier einen Sommelier gegeben hätte, der auf Rollschuhen von Tisch zu Tisch gebraust wäre, hätte ich es nicht registriert. Ich hatte nur Augen für diese wunderbare Frau, die mir mittlerweile die berufliche Absage verziehen hatte. Nach der Pla Sam, einer Dorade in roter Paprika gebraten, teilten wir uns bereits einen Thai-Pudding inklusive neckischer Kämpfe um die Kokosnussstückchen.

Wir verliebten uns, wurden ein Paar. Und ich fühlte schnell, was mein Vater bei meiner Mutter nicht gespürt hatte: dass ich angekommen war. Dass Clarissa mein fester und sicherer Fixpunkt im Leben war. Dass sie mir Halt gab.

Ich lud sie nach Surlej ein, ein malerisches Dorf in der Nähe von St. Moritz. Es liegt unweit vom Muottas Muragl, einem Berg, der seit Jahrhunderten Maler und Philosophen inspiriert hat. Friedrich Nietzsche soll hier die Aussicht genossen haben und zur Erkenntnis gekommen sein, dass das Engadin, wie die Region um den Berg herum heißt, ihn »dem Leben wiedergegeben« habe. Weil man vom Muottas Muragl ein atemberaubendes Panorama genießen kann, eine vor Kraft strotzende Natur sieht, wurde der Ort oft als Logenplatz der Götter bezeichnet.

Genau da gehörte Clarissa hin. Sie war eine hervorragende Snowboarderin. War 1993 Deutsche Meisterin in der Halfpipe geworden. Sie liebt das Knirschen von gefrorenem Schnee unter ihren Schuhen, das Klacken, wenn die Skistiefel in der Bindung greifen, und den Sound, den ihr Snowboard erzeugt, sobald sie nach einem Sprung kraftvoll aufsetzt.

Ich wollte ihr eine Zeit bieten, die unvergesslich sein würde. Keine Käfer-Inszenierung, wie wir sie bei gebuchten Events für unsere Kunden umsetzen, sondern mit einer so hohen persönlichen Note von mir wie überhaupt möglich.

Am zweiten Tag schaute ich abends immer wieder aufs Handy. Der Wetterbericht bereitete mir Sorgen. Ich hatte mir etwas für den nächsten Tag einfallen lassen, wofür ich auf gewisse Wettergegebenheiten angewiesen war. Doch die Vorhersagen verhießen nichts Gutes. »Was ist denn mit dir los?«, fragte Clarissa, die meine Verzweiflung mitbekommen hatte, nachdem ich zum bestimmt hundertsten Mal auf mein Handy gestarrt hatte, auf dem ich den Wetterbericht immer wieder aktualisieren ließ, in der naiven Hoffnung auf Besserung. Ich antwortete ihr nicht.

Selbst als sie schon lange friedlich neben mir schlief, hoffte ich noch auf eine Prognose, bei der ich an meinem Vorhaben festhalten konnte. Aber sie blieb aus. »Wir blasen es ab«, tippte ich in mein Handy und schickte die Nachricht ab. Alle Vorbereitungen waren für die Katz. Zumindest vorerst.

Wir verbrachten trotzdem eine wunderschöne und vor allem unkomplizierte Zeit, wobei ich mich zusammenreißen musste, um meinen Frust über die geplatzte Aktion vor ihr zu verbergen.

Als wir abends vom Essen kamen, checkte ich wieder das Wetter und griff zum Telefon. »Glaubst du wirklich, dass das funktioniert?«, fragte ich meinen Gesprächspartner. »Ja. Morgen früh. Es sieht gut aus.«

Ich weckte Clarissa in aller Herrgottsfrühe. Als langjährige Wintersportlerin ist sie frühes Aufstehen gewohnt. Abfahrten machen am meisten Spaß, wenn der Schnee ganz frisch ist – und noch keine tausend Fahrer vor einem ihre Spuren hinterlassen haben.

»Was hast du denn vor?«, fragte Clarissa, während sie in ihre Skiklamotten schlüpfte. Vor Nervosität tippelte ich von einem aufs andere Bein. Ich ging ins Bad und kam, ohne irgendwas gemacht zu haben, raus, um festzustellen, dass Clarissa immer noch nicht fertig war. Eigentlich hatten wir es nicht eilig. Aber meine Vorfreude auf Clarissas Gesichtsausdruck verwandelte mich in ein aufgescheuchtes Huhn.

»Fertig«, sagte Clarissa, die plötzlich hinter mir stand und mich mit einem hinreißenden Lächeln anschaute.

Wir fuhren zu einem kleinen Flughafen, an dem ein Hubschrauber auf uns wartete. »Was hast du vor?«, fragte Clarissa, während unter uns der zugefrorene St. Moritzersee in der Sonne schimmerte und immer kleiner wurde. Lächelnd ignorierte ich ihre Frage.

Nach nur wenigen Minuten hatten wir den Muottas Muragl passiert. Unter uns zeichnete sich eine magische Komposition aus majestätischen Bergen, tiefblauen Seen und einer erstaunlichen Weite ab. Ich musste an Arthur Schopenhauer denken, der mal gesagt hatte: »Es gibt nur eine Heilkraft, und das ist die Natur.«

Die Welt unter uns war wunderschön. Aber noch faszinierender war es, Clarissa zu betrachten, wie sie unter ihren dicken Kopfhörern, die uns der Pilot gegeben hatte, um miteinander trotz der Lautstärke der Rotoren zu kommunizieren, aus dem Fenster schaute.

Nach ungefähr zwanzig Minuten, wobei ich zugeben muss, jegliches Zeitgefühl verloren zu haben, überflogen wir erst das Flüela Wisshorn, das Rosställispitz und die Unghürhörner.

Eigentlich hätte ich niemals gewusst, wie diese Gipfel aussehen, aber zur Orientierung, damit ich ungefähr wusste, wann es ernst werden würde, hatte ich versucht sie mir einzuprägen. Außerdem hatte ich ein geheimes Zeichen mit dem Piloten vereinbart, der mir nun zu verstehen gab, dass wir fast da waren.

An einem Hang am Chapütschin hatte ich auf rund 3300 Metern im Schnee ein Blumenherz arrangieren lassen. Ein Anflug wäre am Vortag, an dem es neblig war und ich die Aktion abblies, zu gefährlich gewesen. Aber dank mehrerer Grad unter null sah das Herz heute noch genauso schön aus wie frisch dekoriert.

Ich tippte Clarissa, die ihren Blick noch immer über die Gipfel schweifen ließ und die Blumen noch nicht entdeckt hatte, auf die Schulter. »Sieh mal da«, sagte ich, ohne gleich aufzulösen, dass ich Initiator des Ganzen war.

Wir flogen über das Blumenherz und landeten auf einer Plattform in der Nähe. Während wir ausstiegen, versuchte ich bereits, ein kleines Kästchen aus meiner Skijacke zu fingern, was mit Handschuhen viel schwieriger war als erwartet. Schließlich ging ich auf die Knie, streckte Clarissa den aus der Jacke befreiten Ring entgegen und stellte ihr die Frage aller Fragen.

Wenig später fuhren wir, frisch verlobt, ins Tal hinunter. Clarissa auf Skiern voran, elegant wedelnd, ich etwas angestrengter hinterher.

*

Musik sei, so sagte Richard Wagner einmal, »die Sprache der Leidenschaft«. Für Leo Tolstoi war sie die »Kurzschrift des

Gefühls«. Für Oscar Wilde »der vollkommenste Typus der Kunst« und für Thomas Carlyle sogar »die Sprache der Engel«.

Zu unserer Hochzeit überraschte mich Clarissa, indem sie die französische Gruppe The Gypsy Queens gebucht hatte, die in der Kirche, in der fünfzig unserer engsten Freunde waren, *All You Need Is Love* sangen.

Es hatte etwas Erhabenes, vereinte Gefühl mit Kunst und Engelssprache. Es war ein musikalisch-magischer Moment. Auch unsere Riesenradfahrt hat etwas gleichermaßen Magisches wie Romantisches.

Man kann die Wiesn riechen. Man spürt die sich ständig ändernden Vibrationen. Natürlich kann man sie auch hören. Für einige ist es ein Reich des Rausches. Eine Reizüberflutung aus Menschen, Gerüchen und Musik. Für mich sind es ständig wechselnde Aggregatzustände. Abertausende Geschichten, die im Ursprung eigentlich nichts miteinander zu tun haben, die aber letztlich doch auf wundersame Art miteinander verschmelzen können. Wenn aus Fremden eine wogende Masse wird, die im Stehen Rücken an Rücken lehnt, wie eine warme Wand.

Politiker schunkeln mit Journalisten. Sportstars stimmen Selfies mit Betrunkenen zu. Immer wieder kommt es zu Heiratsanträgen, deren Vorbereitung zwei bis fünf Maß dauerte. Frühlingsgefühle gibt es auf der Wiesn auch noch im Frühherbst. Meist in Form von »I mog di«-Lebkuchenherzen oder von an der Schießbude selbst geschossenen Rosen. Oder eben auf Knien endend.

Jeder Besucher spielt – bewusst oder unbewusst – seine eigene Rolle auf der Wiesn. Spätestens, wenn er auf der Bank steht, hat jeder seine eigene kleine, temporäre Bühne betreten.

Im blau-weißen Ausnahmezustand mischen sich die Rhythmen der Kapellen mit Tausenden Stimmen von mitsingenden Gästen und dem Klirren der Krüge. Mal ist es gemütlich. Mal zünftig. Das ist die Faszination der Wiesn.

Über 200 Stunden verbringe ich jedes Jahr in unserer Schänke. Ich laufe ein paar hundert Kilometer. Ich höre viele hundert Mal das Prosit. Und treffe Tausende Menschen.

Acht Monate lagern unsere Sachen in 120 Containern. Vier Monate dauert der Auf- und Abbau. Sechzehn Tage geht es rund. An jedem Freitag, ehe es losgeht, fahre ich abends, das Privileg habe ich dankenswerterweise, mit meinem Auto über die Wiesn und staune über die perfekt fertiggestellte Welt, die noch ruhig schlummert. Und an jedem letzten Sonntag fahre ich mit dem Riesenrad, um mich zu verabschieden. Ein paarmal höre ich dabei noch diese blechernen Stimmen der Einheizer, die bei der Wilden Maus genauso klingen wie am Break Dancer. Aber ansonsten wird es leiser und leiser.

Clarissa und ich schauen uns in die Augen und lächeln. Sie und unsere Söhne sind der Mittelpunkt in meinem Leben, um den sich alles dreht. In einem gesunden Tempo, ohne krachende Richtungswechsel wie beim Break Dancer und ohne ins Straucheln zu geraten wie die meisten nach zwei Maß beim Toboggan, diesem acht Meter langen Förderband, das einen bei einer Steigung von 21 Grad mit einer Geschwindigkeit von 10,6 Kilometern pro Stunde nach oben zu einer Holzrutsche befördern kann – zumindest in der Theorie, wenn man versteht, dass man sich leicht nach vorn lehnen, also den Körperschwerpunkt verschieben sollte und sich bloß nicht am Geländer festhalten darf.

Mit Clarissa träume ich gemeinsam. Manchmal stecken wir uns in unserer Begeisterungsfähigkeit gegenseitig an und schaukeln uns so sehr hoch, bis wir kurz davor sind, verrückte Abenteuer zu machen.

Eine Zeit lang haben wir davon geträumt, den Himalaja zu überqueren. Wir stellten uns vor, im Morgengrauen von weiter unten die Gipfel von irgendeinem Achttausender zu bestaunen, wenn der Tag rosa zu glühen beginnt. Wir sprachen beim Abendessen davon, in Wälder einzutauchen, wie man sie sonst nur aus Fantasy-Romanen oder -Filmen kennt. Wir riefen uns Schlagworte zu, die wir mit einer solchen Tour verbinden. Eis, Hängebrücken, Yaks, Gebetsfähnchen, Edelweiß, Einsamkeit, Reisterrassen.

Abends hockten wir vorm Internet und schauten uns Trekkingrouten an, die wir uns zutrauten. Vorbei an Bachläufen und Dörfern, über mal mehr oder weniger ausgetretene Steinstufen, aber auch über schwindelerregend enge und steile Wege. Tagestouren zwischen vier und zehn Stunden. Auf bis zu 5000 Meter sollte es hoch gehen, so stellten wir es uns vor, angestachelt von der Lust am Entdecken. Wir freuten uns darauf, die Natur beim langsamen Gehen zu genießen. Und darauf, unser eigenes Ich herauszufordern.

Ich hatte in meinem Leben schon so viele Abenteurer kennengelernt. Faszinierende Persönlichkeiten, deren Mut mich begeistert. Einmal durfte ich zum Beispiel mit Michael Illbruck, dessen Boot als erstes deutsches überhaupt das Volvo Ocean Race, das härteste Hochseerennen der Welt, gewonnen hatte, vor Kiel segeln gehen. Auf genau dem Boot, das den Meeresmarathon, bei dem über 32 000 Seemeilen zurückgelegt werden, gemeistert hatte. Neun Monate dauerte diese tollkühne Reise, auf der es in neun Etappen von Southampton nach Kapstadt ging, dann weiter über Sydney nach Auckland, über

Rio de Janeiro nach Miami und schließlich über Baltimore, La Rochelle und Göteborg in den Zielhafen nach Kiel. Die Crew hatte mit nervenzehrenden Flauten und gefährlichen Stürmen zu kämpfen. Selbst Wassereinbrüche konnten sie nicht vom Sieg abhalten. Niemals durfte das Boot zum Spielball von Wind oder Wellen, diesen mächtigen Naturgewalten, werden. Skipper John Kostecki, ein Mann, der sich traut, Entscheidungen zu treffen, auch in Windeseile, behält immer einen klaren Kopf. Diese Kombination aus Schnelligkeit und Entschlusskraft zeichnet ihn aus, er hatte immer die Kontrolle über seine Emotionen, was für Führungskräfte ganz entscheidend ist, um selbst bei unvorhersehbaren Ereignissen Lösungen zu präsentieren.

An Bord, so erfuhr ich, während ich durch die Kieler Förde dümpelte, war jedes Gramm entscheidend. Für die zwölf Segler gab es nur sechs Schlafsäcke. An den Zahnbürsten, davon gab es immerhin zwölf, wurden teils die Griffe abgesägt, um weitere Gramm zu sparen. Logistisch war alles bis aufs letzte Prozent abgestimmt.

Arbeit im Millimeterbereich nannte Eigner Illbruck das, was ich mir merkte und immer mal wieder als Beispiel benutze, wenn ich mit unseren Leuten darüber spreche, auf welches Detail man beim Beladen unserer Lkws alles achten könne.

Zu einem funktionierenden Partyservice gehört nämlich auch, dass man verstanden hat, ein gut durchdachtes und funktionierendes Logistikunternehmen zu sein. Für nahezu jede Veranstaltung müssen wir irgendwo hinfahren. Vorab müssen sich unsere Angestellten also klarmachen, wie sie den Lastwagen beladen. Es nützt beispielsweise nichts, wenn das Geschirr vorne ist. Als Erstes brauchst du den Boden, dann brauchst du den Tisch, dann brauchst du den Stuhl, dann brauchst du das Tischtuch, und dann brauchst du das Geschirr und Besteck. Viele denken aber nicht so rum, sondern packen den Lastwagen gedankenlos falsch. Dann wird das Besteck vorne gestapelt, vor Ort wird es umständlich an die Seite geräumt, weil es ja nach dem Ausladen zunächst gar nicht benötigt wird. Die Kühlung wiederum, die sofort gebraucht wird, steht ganz hinten im Lkw.

Diese Abläufe müssen stimmen, weil wir ansonsten viel Zeit und auch Geld verlieren und ineffektiv arbeiten. Auch vor Ort. Jeder Kellner muss die kürzesten Wege aus der Küche zu den von ihm verantworteten Tischen kennen. Jeder muss wissen, wo die Abfalltonnen stehen, damit keine Zeit beim Suchen verloren geht. Hinter einer Party steckt eine funktionierende Logistik. Und bei Effektivität kann man sich tatsächlich bei den segelnden Perfektionisten etwas abschauen.

Ich spürte zwar nicht die wirkliche Kraft der Wellen und des Windes, während ich mich vor Kiel, das Ufer immer noch in Sichtweite, auf- und absegeln ließ. Aber ich konnte mir durchaus vorstellen, wie Kostecki und seine Crew sich gefühlt haben müssen, als mitten auf dem Meer plötzlich ein Twister auftauchte, der das Wasser zu einer bedrohlichen Säule, geschätzte siebzig Meter hoch, auftürmte.

»Das Unvorhersehbare«, sagte mir Kostecki, mache den Reiz aus. »Ich liebe Herausforderungen. Man muss im Leben dazu bereit sein, sich herausfordern zu lassen.«

Man kann unheimlich viel im Leben lernen. Durch aufmerksames Zuschauen. Und durch Zuhören. Immerhin hat man zwei Ohren und nur einen Mund. Ich hörte Illbruck zu, dessen Vater einst die Idee hatte, in den Segelsport zu investieren, um die Firmengeschichte rund um ihr Kunststoffunternehmen aufzupeppen. Auch eine Form der Inszenierung.

Ein paar Jahre später hörte ich Jan Fitschen genau zu, dem Europameister über 10 000 Meter, mit dem ich laufen gehen durfte, das hatte mir ein Freund zum Geburtstag geschenkt.

Im August 2006 war Fitschen im Ullevi-Stadion in Göteborg zu seinem größten sportlichen Erfolg gespurtet. Vorbei an den Spaniern Jose Manuel Martinez und Juan Carlos de la Ossa. Eine Runde vor dem Ende hatte er als Vierter noch etwa zehn Meter Rückstand. Dann flog er geradezu an seinen Gegnern vorbei.

Er erzählte mir viel von seinem »bekloppten Ehrgeiz«, der ihn erst so weit gebracht hatte, durch den er aber auch viel zu oft seinen Körper überfordert hatte. Als kleiner Junge habe er sich mal so über eine Niederlage geärgert, dass er daheim in seinem Elternhaus eine Glastür kaputtgetreten habe.

»Wenn man an die Spitze will, muss man 100 Prozent bringen. Aber wenn man ein Prozent zu viel riskiert, kann man alles kaputtmachen. Das ist die Gratwanderung, die wir alle machen«, sagte mir Fitschen. Auch das merkte ich mir, und es ist so wahr. Ebenso sein Vergleich, dass es sowohl im Leben als auch im Laufsport stets hoch- und runtergehe. »Wenn es dir gelingt, im Laufsport damit klarzukommen, fällt dir der Umgang auch im echten Leben leichter.«

Wir liefen und redeten. Eigentlich war es nicht so viel anders als bei meinen Läufen mit Peter oder Clarissa. Außer dass ich zusätzlich noch ein paar neue Lektionen übers Laufen lernte. Ich bekam sogar Lob vom Europameister für meinen Laternentrick, der bei Fitschen anders hieß. Er nannte es »die Salamitaktik«.

»Man sollte nicht daran denken, dass man noch fünf oder zehn Kilometer vor sich hat. Es hilft, immer nur an die nächsten 300 oder 400 Meter zu denken. Die schafft man nämlich auf jeden Fall noch. Und wenn du die geschafft hast, schaffst du die nächsten 300 Meter und nächsten 300 Meter und dann bist du am Ziel. Dann bist du der König.«

Wir sprachen über Überwindung und Fleiß. Übers Freisein. Und er schimpfte mit mir über meine Schuhe.

Ich trug blaue von Brooks. Der Verkäufer hatte mir bei der Beratung im letzten Jahrtausend erzählt, ich solle sie nach 600 oder 700 Kilometern, so genau weiß ich es gar nicht mehr, austauschen. Das hatte ich natürlich nie gemacht. Sie waren einfach ausgelatscht, völlig drüber. Aber sie passten halt perfekt. Was bei meinen Füßen nicht ganz unwichtig ist. Meine Zehen sind krumm und schief, sehen grässlich aus, tun im falschen Schuh auch weh.

Trotzdem solle ich, sagte Fitschen, mir etwas einfallen lassen. Doch manchmal ändere ich auch nichts, obwohl ich noch so gut zuhöre und weiß, dass mein Gegenüber mit seinem Rat recht hat.

Ich durfte mit Fitschen laufen, mit Illbruck segeln. Mich von Erfolgsmenschen inspirieren und anstecken lassen. Einmal bekam ich, weil mir Freunde immer versuchen besondere Geschenke zu machen, einen Fallschirmsprung zum Geburtstag.

Wie konnte man nur auf die Idee kommen, ich würde mich darüber freuen, mich aus 4000 Metern in die Tiefe fallen zu lassen?

In der Geburtstagskarte, in der der Gutschein für den Sprung steckte, stand ein Text geschrieben: »Erst beim Fallschirmspringen spürt man, was es bedeutet zu leben.« Und dann noch, dass der Mensch Langeweile nur schwer standhalten könne. Dass er sich, um voranzukommen, immer neuen Herausforderungen stellen müsse. »Mit jeder überwundenen Gefahr wächst die Persönlichkeit. Die Anerkennung vor sich selbst steigt, das Selbstwertgefühl wächst.«

Bei mir wuchsen bereits auf der Fahrt zum Absprungort die Angst und der Zweifel, ob ich das wirklich machen solle. Mein Leben war weder langweilig noch hatte ich das Gefühl, als Persönlichkeit zwangsläufig wachsen zu müssen.

Ich hatte einfach nur Angst. Angst, dass etwas schiefgehen könnte und ich nach zehn Sekunden im freien Fall wie ein Stein aufschlagen würde.

Angst müsse sein, sagte der Tandem-Master, als er uns, wir waren insgesamt vier Paare, vorbereitete. Angst sei ein Warnsignal des Körpers, sie sorge dafür, dass Springer hellwach seien. Dann erzählte er von den unterschiedlichen Abstufungen zwischen Respekt und Panik. Dass man den Respekt nie verlieren dürfe, vor allem nicht bei etwas, bei dem die Natur stärker sei als der Mensch.

Der Tandem-Master, an den ich mich später hängen sollte, versuchte vom ersten Moment an, eine Vertrauensbasis zwischen ihm und mir zu schaffen. Er schüttelte mir kräftig und etwas zu lange die Hand. Er legte seinen Arm um meine Schulter, womit er mich wahrscheinlich beruhigen wollte. Er tat alles, damit zwischen ihm und mir ein guter Draht entstehen würde. Aber ich sah nur dieses Flugzeug mit seiner Holzverkleidung, die mir so gar nicht vertrauenswürdig erschien.

»Du musst diesem Mann jetzt einfach vertrauen«, sagte ich mir. »Er weiß schon, was er macht.«

Doch kaum hatte ich mir selbst Mut zugesprochen, dass ja auch er wieder heil landen wolle, schon polterten wieder die bösen Gedanken in meinem Kopf, dass ich gar nichts über ihn wisse und kurz davor sei, einem gänzlich Unbekannten mein Leben anzuvertrauen und mich seinem Können, das ich nicht mal überprüft hatte, auszuliefern. Gleich musste ich mit jemandem zu einer Einheit verschmelzen und ihm vertrauen, nur weil er nett lächelte und in seiner Ausrüstung kompetenter aussah als ich. Vor lauter Aufregung hatte ich mir nicht einmal seinen Namen gemerkt.

Wie in Trance schlüpfte ich in einen Hosenanzug. Ich stülpte mir eine Fliegermütze über, dann eine Schutzbrille und Handschuhe.

Mir könne ja gar nichts passieren, scherzte einer der anderen: »Käfer können ja fliegen.«

Aus Höflichkeit lächelte ich müde. Dann ging es los. Steil schoss die Holzkiste in den Himmel. Die Motoren jaulten, das Holz der Kabinenverkleidung knarzte. Als sich die Maschine einer Wolke näherte, die wir auf dem Weg nach oben durchbrechen mussten, hatte ich Sorge, dass die Klapperkiste an dieser Ansammlung von sehr feinen Wassertröpfchen zerschellen könnte. Was natürlich physikalisch Quatsch ist. Aber ich war in Sachen Abstufungen gerade viel näher an Panik als an Respekt.

Dann riss einer der anderen Master-Springer die Tür zur Hölle, also eigentlich zum Himmel, auf. Lachend und mit Daumen nach oben sah ich ein Pärchen nach dem anderen nach draußen springen.

Seit die Tür offen war, hatte ich das Gefühl, dass das Flugzeug noch instabiler in der Luft lag. Ich hockte in der hinterletzten

Ecke, nah am Piloten, und wartete auf mein Schicksal. Mein Tandem-Master war groß und stark. Seine Bewegungen an der offenen Lucke schienen sicher. Seine Handgriffe wirkten routiniert. Ich suchte verzweifelt nach Argumenten, die mein Vertrauen in ihn irgendwie erhöhen konnten.

Aber gibt es nicht auch Tausende von Kalenderblättern, auf denen über Fehler von Menschen sinniert wird? Auf denen es heißt, dass Niederlagen menschlich seien? Dass es die Dynamik zwischen Hochs und Tiefs, zwischen Aufs und Abs sei, die das Leben ausmache? Würden Menschen keine Fehler machen, warum auch immer mir dieser bekloppte Spruch gerade auf 4000 Metern durch den Kopf schießt, wäre kein Radiergummi am Bleistift.

Auch wir bei Käfer beherrschen unser Handwerk. Wir wissen, wie Events gehen. Wir haben schon für einen Auftraggeber, der eine mehrtägige Geburtstagsfeier in Marrakesch gefeiert hat, eine bayrische Oase an den Fuß des Atlas-Gebirges gezaubert, zu der man nach einer Kamelsafari gelangt ist.

Wir haben uns nicht aus der Ruhe bringen lassen, als Kontrolleure 2008 zwölf Stunden vor dem Anpfiff des Champions-League-Finales im Moskauer Olympiastadion behaupteten, die von unseren Mitarbeitern vorgelegten Gesundheitszeugnisse seien nicht vollständig. Man drohte uns aus fadenscheinigen Gründen damit, die Küche lahmzulegen, worauf wir natürlich nicht reinfielen.

Aber wir haben auch schon mal Fehler gemacht, die nie hätten vorkommen dürfen, womit wir unserem Käfer-Versprechen nicht gerecht geworden sind. Wir sind einmal gebucht worden, um das Catering für einen Teilbereich beim CHIO in Aachen zu machen. Es war, wie wir später erfahren haben, ein Test.

Wären sie mit uns zufrieden gewesen, wären wir für das gesamte Catering verantwortlich gewesen. Doch dazu kam es nicht.

Der CHIO war damals, es ist schon weit mehr als ein Jahrzehnt her, noch nicht so groß und prächtig, wie er heute ist. Mittlerweile ist der Concours Hippique International Officiel, den es seit 1927 gibt, ein Reitevent, das seinesgleichen auf der Welt sucht. 350 000 Besucher strömen nach Aachen, nehmen auf einem der 40 000 Sitze, die die Reitarena bietet, Platz. Die Veranstaltung wird in mehr als 140 Länder übertragen, das Budget des Events liegt bei über vierzehn Millionen Euro. Vor Ort gibt es inzwischen einen Walk of Fame – mit Hufabdrücken. Zu den Sponsoren gehören die größten Luxus- und Prestigemarken.

Mittlerweile wird in einem zweigeschossigen VIP-Zelt gespeist, das größer als ein Fußballplatz ist. Es gibt vier verschiedene Restaurants und achtzig Hostessen, von denen einige schon morgens Champagner und andere Köstlichkeiten servieren.

Als wir getestet wurden, war auch schon alles fein. Aber kleiner. Ergebnisse wurden etwa bei der Dressur noch auf Schiefertafeln geschrieben und nicht wie heute per App vermeldet. Man konnte in den Prüfungspausen nah an die Stallungen ran, sich die Pferde aus nächster Nähe anschauen.

Es wäre perfekt gewesen, mit dem Event zu wachsen. Aber stattdessen waren wir nicht sorgfältig genug mit unserer Personalauswahl. Wir fanden nicht diejenigen, die mit Leidenschaft und Weitblick, mit Zuverlässigkeit und dem Gespür für die Situation arbeiteten. Wir vertrauten damals den falschen Angestellten und waren auch auf die Örtlichkeiten nicht gut genug eingestellt. Unsere Vorbereitung war nicht präzise genug, sodass wir zunächst teils kaltes Essen auslieferten und am Ende sogar ohne genügend Essen dastanden.

Die Quittung bekamen wir, indem Do&Co, mein ärgster Konkurrent, den Folgeauftrag erhielt und über viele, viele Jahre das Catering machte.

Wenn uns so etwas passieren kann, unsere Handgriffe mal nicht sitzen, kann doch auch mein Tandem-Master mal einen schlechten Tag haben, denke ich. Vielleicht schnallt er mich nicht richtig fest. Oder vergisst, die Reißleine zu ziehen.

»Jetzt komm«, ruft er plötzlich in meine Richtung. »Wir sind dran.« Der namenlose Springer steht an der Tür und streckt mir seine Hand entgegen. Was würde eigentlich passieren, frage ich mich, wenn ich rausfiele, ehe er mich festgemacht hätte? So richtig viel Halt hätte ich nicht an dieser dünnen Leitschnur, an der ich oben unter der Decke hing.

»Komm schon, wir müssen jetzt raus«, ruft er wieder. Ein letztes Mal schaue ich mir seinen dicken Rucksack an, in dem das Wichtigste steckt: unser Fallschirm. Meine Lebensversicherung. Je näher ich der geöffneten Flugzeugtür komme, desto stärker heult der Wind mir entgegen.

Mein Hirn schreit plötzlich »Nein« und »Stopp«. Es sagt mir sehr klar, was es von dem Vorhaben hält, aus diesem Flugzeug zu springen.

Vögel gehören in diese Höhe. Wenn Streifengänse den Himalaja überqueren, fliegen sie auf 9000 Metern Höhe. Singschwäne und Mauersegler wurden in 8000 Metern Höhe gesichtet. Störche lassen sich von Aufwinden bis in Höhen von 4000 Metern tragen. Aber ein Käfer, jedenfalls auf mich bezogen, hat hier nichts verloren.

Ich mag auch diesen Abgrund nicht, diese Schwelle ins Nichts, an der es so zieht.

Immer heftiger kämpft mein Hirn gegen meinen Verstand. Es ist, als wenn zwei Boxer auf der Pressekonferenz vor einem Kampf verbal aufeinander losgehen. So ähnlich fühlt es sich jedenfalls an.

»Hab keine Angst«, sagt mein Verstand. »Der Typ macht das schon.«

»Du kennst nicht mal seinen Namen«, kontert mein Hirn, das sich mit meinem Überlebensinstinkt verbündet zu haben scheint.

»Du hängst an einem Fallschirm«, gibt mein Hirn zurück.

»Der ist schon mehr als einmal nicht aufgegangen.«

Ich bin nicht mehr Herr meiner Sinne. Ich will nicht springen. Aber ich will auch nicht die Lachnummer des Nachmittags sein. Was allein schon schwer ist, wenn ich mir meinen Anzug genauer anschaue. Wobei die anderen auch wie Ballonseiden-Clowns ausschauen.

Der Streit in meinem Kopf wird heftiger. Zwei Mächte, die aufeinander einprügeln und darüber entscheiden, ob ich am Ende springe oder nicht, ob die Schmach oder der Stolz gewinnen wird, das Ausgelachtwerden oder das Angeben, der halbwegs feste Boden des Flugzeugs oder der freie Fall.

Während ich versuche, mir Gedanken über die Aufprallgeschwindigkeit zu machen, spüre ich meine ganze emotionale Verletzbarkeit. Ich bin kein Risikosucher.

Ich muss an einen Freund von Clarissa denken. Der arbeitet als Arzt in der Unfallklinik in Murnau. Ständig muss er mit dem Hubschrauber raus und sich an einem Seil in unfassbaren

Höhen abseilen, um verletzte Skifahrer oder Bergsteiger zu retten. Freiwillig überwindet er die Kante ins Nichts, selbstlos, um anderen zu helfen. Dieser Mann ist ein Held für mich.

Mittlerweile bin ich mit meinem Tandem-Master mit Gurten verbunden. Ich habe es gar nicht bewusst gemerkt, wie er an mir rumgezogen und geschnürt hat. Nicht einmal, wie wir gemeinsam an die Kante der Luke gerobbt sind. Unsere Beine baumeln aus dem Flugzeug.

»Bereit?«, fragt er.

»Nein!«, denke ich und lächle ihn gleichzeitig mit dem verlogensten Lächeln an, das in mir steckt.

Dann kippen wir kopfüber und stürzen hinab. Ich will schreien, traue mich aber nicht, den Mund zu öffnen. Immerhin stürzen wir mit 200 Kilometern pro Stunde abwärts. Es ist laut. Und die Wucht, die uns in die Tiefe zerrt, beängstigend. Mein Körper zittert. Es gibt Millionen Grenzen im Leben. Lerne ich mich jetzt gerade womöglich doch besser kennen, so wie es mir in der Geschenkkarte prophezeit wurde? Bewältige ich meine Angst? Oder übermannt sie mich?

Für einen Sekundenbruchteil fühlt es sich so an, als stünde die Zeit still. Genug Zeit, mir die Fragen zu beantworten, habe ich dennoch nicht. Denn schon tippt mir der Tandem-Master auf meine Schulter. Ich darf jetzt meine Hände aus den Schlaufen lösen und meine Arme ausbreiten.

Ich will gerade zum ersten Mal anfangen, den Fallschirmsprung zu genießen, da geht mit einem Ruck der Schirm auf und bremst mit voller Wucht den Sturz. Ich bin hochkonzentriert. Versuche mich daran zu erinnern, was er vorhin für Instruktionen über die Landung gegeben hat.

Wir taumeln nach unten. Die Landschaft kommt näher. Umrisse von Feldern werden erkennbar. Irgendwo da unten ist der Landeplatz.

Plötzlich sind es nur noch wenige Meter bis zum Boden.

»Wo kommt der denn jetzt so schnell her?«, frage ich mich entsetzt und ziehe die Beine an, weil mir das reflexartig in den Sinn kommt. Vielleicht wurde es uns auch im Vorfeld erklärt. Meine Hände vergrabe ich in den Kniekehlen. Das war wichtig. Oder sollte man das gerade nicht machen? Doch ehe ich eine Antwort bekomme, rutsche ich mit meinem Po über eine Wiese und bremse.

Ich weiß nicht, was mir als Persönlichkeit am meisten gebracht hat. Ob es das Laufen mit Fitschen war, das Segeln mit Illbruck oder der Fallschirmsprung mit Mr. X. Ich weiß nur, dass Clarissa und ich unsere Planungen für die Himalaja-Expedition verstärken. »Hauptsache, leidenschaftlich«, lautet unser gemeinsames Motto, das wir bei jeder geschäftlichen Entscheidung, bei unserer Stiftung, aber auch bei jeder familiären Idee leben.

Wir beschäftigen uns damit, was es braucht, so ein Abenteuer zu bestehen. Reinhold Messner, die Bergsteigerlegende, hat einmal gesagt: »Jeder Aufstieg beginnt im Kopf. Heute wollen, am nächsten Tag starten und am dritten Tag den Gipfel erreichen geht nicht. Nur nach langer Vorbereitung, nach der Auseinandersetzung mit dem Berg, wächst jene Energie in uns, die bis zum Gipfel reicht. Jede Bergtour beginnt vor dem Aufbruch, und der letzte Schritt zum Gipfel hängt ab vom ersten Schritt dem Ziel entgegen.«

Die Motivation wachse mit der Begeisterung, schrieb der Mann, der alle Achttausender dieser Welt bestiegen hat. »Je länger ich mich mit meinem Ziel auseinandergesetzt habe, je mehr Energie ich eingebracht habe, um den ersten Schritt zu tun, umso mehr Motivation habe ich später.« Diese Präzision und Entschlossenheit verlange ich übrigens auch bei der Vorbereitung von unseren Veranstaltungen und Events.

Clarissa und ich beschlossen, mit ersten Wanderungen zu starten. Der Piz Corvatsch sollte die erste Hürde sein. 3451 Meter hoch. Sein Beiname: »der Sportberg«.

Wir entschieden uns, mit einer mittelschweren Route zu beginnen. Eine Strecke von sechzehn Kilometern, mit der Möglichkeit, sie zu verlängern, wenn wir die Kraft dazu haben sollten. Regulär wären wir sechseinhalb Stunden unterwegs. Nach fünf Stunden gab es die Möglichkeit, in einer Hütte einzukehren und dort auch zu übernachten, um am nächsten Morgen noch mal zehn Kilometer zu machen. Wir reservierten einfach mal mit einer Portion Selbstvertrauen vorab.

Nach vielen Stunden und etlichen Proben hatte ich endlich auch Schuhe gefunden, die meinen empfindlichen Füßen zusagten. Unser Equipment passte. Die Rucksäcke waren nach mehreren Einpackversuchen nun so angerichtet, dass wir alles dabeihatten – und wir trotzdem nur tragbare zehn beziehungsweise acht Kilo mit uns rumschleppten.

Wir erlebten eine Wanderung, die keine Heldengeschichte beinhaltet. Niemand rutschte ab, es geschah nichts, was wir dramatisieren könnten. Andere Wanderer waren schneller als wir. Sie stapften kühn an uns vorbei, teils mit Blick auf ihr Smartphone gerichtet, wohl weil sie nach extremen Erfolgen gierten, die sie bei ihrer Ankunft sogleich via App mit anderen teilen wollten.

Wir genossen einfach die zunehmende Ruhe. Und die wachsende Weite. Normalerweise treibt es mich stets unter Menschen, in Galerien oder Museen, hinein ins Leben. Ich brauche den Klang der Stadt und der Geselligkeit, den Rhythmus des lauten Lebens, wenn ich Veranstaltungen in Ereignisse verwandle. Ich brauche Gespräche, um immer auf dem Laufenden zu bleiben. Nur wer viele Menschen trifft, immer in Bewegung ist, erkennt Trends. Es gibt so viele Menschen, die Meister der Inszenierung sind, Meister des Verkaufens, Meister in der Digitalisierung und bei denen man sich vieles abschauen kann. Ich muss raus, um up to date zu bleiben.

In den Bergen wurde die Welt um uns herum größer und größer. Und wir kleiner und unbedeutender. Clarissa und ich erfreuten uns an unserer Zweisamkeit.

Irgendwann, so nach vier Stunden, fing ich an, Straßenlaternen zu vermissen. Nicht in ihrem ursprünglichen Sinne. Sondern als Haltgeber. Beim Joggen helfen sie mir, wie erwähnt, über die letzten Kilometer.

»Es hilft«, rief ich mir Fitschen mit seiner Salamitaktik in Erinnerung, »immer nur an die nächsten 300 oder 400 Meter zu denken.« Aber ich fand irgendwie keine griffigen Ziele, die mir bei dieser Selbsttäuschung halfen. Die Kühe bewegten sich. Die Hütten waren viel zu weit auseinander. Und die Kilometerangaben auf den Wegweisern waren frustrierend hoch. Ich probierte es mit Schritte-rückwärts-Zählen. Was nur bedingt Spaß machte.

Wir kehrten auf der Hütte ein und blieben über Nacht. Es gab keinen Strom. Gekocht wurde mithilfe eines Gasbrenners. Draußen stand ein Plumpsklo. Aber es war herrlich. Nirgendwo sonst hatte ich diese Stille wahrnehmen können. Als die

Nacht einbrach, konnten wir ganz weit weg ein paar einzelne Lichter sehen, vermutlich von St. Moritz. Die Zivilisation lag also noch in sicherer Nähe. Trotzdem war es dunkler, als ich es lange Zeit erlebt hatte. Noch nie hatte ich den Glanz so vieler Sterne gesehen.

KAPITEL 20

DIE ERPRESSUNG

Nur einmal hatte ich eine ähnliche Dunkelheit erlebt. Allerdings nicht in der Abgeschiedenheit der Alpen, sondern mitten in New York.

2003 war das. Damals war ich noch mit meiner ersten Frau verheiratet. Ein Kunde hatte uns, als Dankeschön, dass wir seine Hochzeit ausgerichtet hatten, zu einem Segeltrip nach Newport an die Ostküste der USA eingeladen. Fünfzig Autominuten von Boston entfernt liegt dieses zauberhafte und so geschichtsträchtige Örtchen. Ein Mekka des Sports und der Musik.

Hier liegt der Ursprung der US Open. Der America's Cup wird hier gestartet. Wichtige Polo- und Golfturniere werden hier ausgetragen. Und das Newport Jazz Festival. John F. Kennedy heiratete seine Jacqueline Lee Bouvier in der Kirche St. Mary's. Es gibt kilometerlange Küsten mit Fischerdörfern und traumhaften Stränden, spektakuläre Klippen und pittoreske Kapitänshäuser. Durch den Golfstrom ist das Klima mild. Die Dünen erinnern an Sylt, überbieten sie streng genommen sogar.

Wir segelten um Martha's Vineyard und Nantucket herum, den Herkunftsort von Ahab und Starbuck, den Figuren aus Herman Melvilles Roman *Moby Dick*, passierten Fisher Island, folgten dem East River, segelten unter der Manhattan und der

Brooklyn Bridge durch, bis wir schließlich die Freiheitsstatue, die Grande Dame auf Staten Island, erreichten.

Anschließend blieben wir noch ein paar Tage in Manhattan, ehe wir wieder zum Flughafen fuhren.

Wir waren gerade im Terminal angekommen, standen mit unserem Gepäck auf der Rolltreppe, als es einen Ruck gab, der Sabine und mich nach vorne schleuderte. Von einer auf die andere Sekunde stockte die Rolltreppe, womit weder wir noch die anderen Benutzer gerechnet hatten. Unsere Koffer purzelten erst vor und rutschten dann in unsere Beine. Die Neonröhren unter der Decke flackerten noch ein letztes Mal kurz auf, dann erloschen auch sie, sodass es deutlich dunkler im Flughafengebäude wurde. Es war kurz nach sechzehn Uhr, als in New York und vielen Teilen des Nordostens der USA und auch in Kanada der Strom ausfiel.

Die Anzeigetafeln erloschen. Kofferbänder stoppten mitten beim Abtransport. Die Klimaanlagen gingen aus. Weil auch keine Lautsprecherdurchsagen möglich waren, strömten die Menschen an die Schalter, um Informationen von Flughafenmitarbeitern zu bekommen, deren Computer aber natürlich ebenfalls lahmgelegt waren und die deshalb genauso unwissend wie alle anderen waren.

Man darf nicht vergessen: Das iPhone, das heute wie ein zusätzliches Körperteil an fast jedem Menschen ist, wurde erst vier Jahre später von Steve Jobs präsentiert.

Als ich dieses schicke Viereck irgendwann Anfang 2008 aus seinem Karton befreite, der fast zu elegant für eine simple Verpackung war, war mir nicht klar, dass ich etwas in den Händen hielt, das die Welt derartig verändern würde. Plötzlich wollte jeder so ein Gerät haben, es verbreitete sich epidemisch. Die

Körperhaltung der Menschen veränderte sich mit dem iPhone. Plötzlich guckten alle, selbst beim Gehen, in diesen kleinen Bildschirm, in dem sich die ganze Welt ballte.

Man wacht mit dem Smartphone auf und schläft damit ein. In jeder freien Sekunde, in der man früher einfach nur den Moment genoss und sein Umfeld beobachtete, flüchtet man heute auch vor sozialem Unwohlsein in die digitale Welt, die es bietet, oder beantwortet E-Mails oder erweitert seinen Bekanntenkreis auf Facebook.

Das iPhone und seine Smartphone-Genossen haben so viele andere technische Errungenschaften unnötig gemacht: Man braucht keine Adressbücher oder Postkarten mehr, keine Fotoapparate oder CD-Player. Zu viele Momente des wirklichen Lebens werden nicht mehr wahrgenommen, sondern aufgenommen, ganz gleich, ob es Schulaufführungen oder Geburtstagsfeiern der Kinder oder Hochzeiten sind. Bei allen Events wachsen diese Wände aus Smartphones, so als wäre das Gefilmte besser als das, was man mit dem eigenen Auge sieht.

2003 lebten wir jedenfalls noch in einem völlig anderen Zeitalter der Kommunikation. Ohne Twitter und Social Media. Ohne WhatsApp. Ohne Apps, mit deren Hilfe man Taxen oder sonstige Transportunternehmen bestellen konnte. Ohne dass jeder mit dreimaligem Wischen aus einem Telefon eine Taschenlampe machen konnte.

Im Flughafen war es dunkel und niemand hatte Informationen. Polizisten und Feuerwehrleute rückten an, um Menschen aus Fahrstühlen zu befreien. Trotzdem brach keine echte Panik aus. Die meisten – vor allem die New Yorker – verhielten sich ruhig, Stromausfälle schienen sie nicht gänzlich zu überraschen.

Die Zeit verging. Sabine und ich gammelten, umgeben von unseren Koffer- und Taschenbergen, auf dem Fußboden. Wir unterhielten uns mit einem Mann, der im gleichen Flieger wie wir gewesen wäre und auch aus München kam.

Irgendwann gab es Informationen. Flughafenmitarbeiter verkündeten schreiend von Schaltern aus, auf die sie geklettert waren, dass es noch Ewigkeiten dauern werde, ehe wieder Flugzeuge starten und landen könnten.

Wir hatten keinen Cent Bargeld mehr in den Taschen. Unsere letzten Dollar hatten wir für Geschenke ausgegeben, die wir in unsere Koffer gequetscht hatten. Die Geldautomaten funktionierten ohne Strom nicht. Apple Pay, ich glaube, ich muss es gar nicht explizit erwähnen, gab es noch nicht. Am Flughafen ein Hotel zu bekommen war komplett ausgeschlossen. Und auf dem Boden zu schlafen, auf unbestimmte Zeit im Flughafen zu wohnen, darauf hatten wir wenig Lust.

Der Mann, der ebenfalls aus München kam, erzählte, dass ein Freund von ihm eine Wohnung in Manhattan habe. Da sei noch Platz, und wenn wir wollten, würde er uns mitnehmen. Er habe auch noch Geld für die Fahrt. Wir hatten also die Wahl, auf einem öffentlichen Flughafen zwischen Tausenden von Menschen auf einem versifften Teppich zu schlafen oder mit einem Fremden in irgendeiner Wohnung zu nächtigen. Wir entschieden uns für Letzteres.

Vor dem Terminal standen noch ein paar wenige Taxen. Die ersten Fahrer, die wir baten, uns in die Stadt zu bringen, lachten nur müde. Sie hätten nicht mehr genug Benzin, erklärten sie. Tanken ginge ohne Strom nicht. Außerdem herrsche in Manhattan noch mehr Chaos als hier am Flughafen. Zehntausende Menschen seien aus den U-Bahn-Schächten ausgespuckt worden und versuchten nun, inzwischen war die Sonne untergegangen und es war stockdunkel, zu Fuß nach Hause zu kommen. Die Ampeln gingen nicht mehr. Es war ein totales Durcheinander, in dem kaum ein Fortkommen möglich war. Die Brooklyn Bridge sei, so berichtete ein Fahrer, wegen Überlastung durch all die Menschen, die von der Arbeit nach Queens gingen, gesperrt.

Bei Taxi Nummer acht hatten wir Glück. Es war mit Abstand das heruntergekommenste von allen Fahrzeugen. Risse in den Sitzflächen waren notdürftig mit Klebeband repariert worden. Beim Öffnen des Kofferraumdeckels knarrte es. An einem der Außenspiegel waren trotz Dunkelheit deutliche Kratzer zu erkennen, die entweder vom rabiaten Fahrstil des Taxlers zeugten oder davon, dass er zuletzt Pech im Straßenverkehr gehabt hatte.

Wir nannten die Adresse und sagten ihm, um von vornherein ehrlich zu sein, wie viel Geld wir noch hatten. Der Fahrer scannte uns einmal von oben bis unten, dann nuschelte er in schlechtem Englisch irgendwas vor sich hin und brauste los. Ich war mir unsicher, ob er wirklich die Adresse verstanden hatte, die ihm unser neuer Bekannte gesagt hatte, aber so zielsicher wie er sich den Weg durch die Dunkelheit bahnte, nur dem Licht seiner Scheinwerfer folgend, schien er zu wissen, wohin er fahren musste.

Wir folgten der Interstate 678, wechselten dann auf die Interstate 278. Das erkannte ich auf den Straßenschildern mit ihren reflektierenden Oberflächen. Wir kamen erstaunlicherweise viel schneller voran als die Autos, die sich Stoßstange an Stoßstange aus New York City herausquälten.

Kurz vor der Robert F. Kennedy Bridge verließ er den Highway und wurde langsamer. Er steuerte an einer Leichtathletikanlage vorbei, hin zu einem Parkplatz unterhalb der Brücke, der ziemlich verlassen war. Es war stockduster. Nur eine Lichterkette aus roten Rücklichtern war über uns zu erahnen.

»Aussteigen«, befahl er uns plötzlich, während er bedrohlich mit seiner rechten Hand umherfuchtelte. Wir konnten nicht erkennen, was er darin hatte. »Hier ist Ende. Gebt mir das Geld.«

Wir sahen den Mann irritiert an. Dass die restlichen vorhandenen Dollar für die Fahrt nicht reichen würden, hatte er nie erwähnt. »Mehr Geld oder aussteigen«, forderte der Gerade-noch-Taxler und Nun-Hobbygauner.

Wir durchwühlten jede Jacken- und Hosentasche, leerten sogar unseren Rucksack und Sabine ihre Handtasche aus, um nach irgendwelchen Dollar-Noten zu suchen, die doch noch übrig geblieben waren.

Ein bisschen was kam tatsächlich noch zusammen, sodass uns der Fahrer wenigstens noch über die Brücke brachte.

Er nahm uns bis auf den letzten Penny aus. Dann ließ er uns mitsamt unserem Gepäck stehen und verschwand in der Nacht.

Da standen wir nun. Erst mal bedient von Taxifahrern, sechs Meilen von der Wohnung entfernt, in der wir die Nacht verbringen sollten. Wir waren ähnlich bepackt wie die Sherpas im Himalaja, aber immerhin hatten unsere Koffer Rollen, sodass wir durch die ebene Stadt, die niemals schläft, aber erstmals seit langer Zeit dunkel war, zu Fuß und ohne Stadtplan und Ortungsdienst liefen.

Wir überquerten den East und den Harlem River und wurden uns erstmals der Vorzüge des Gittersystems von Manhattans Straßen bewusst. Alle Straßen verlaufen im Neunzig-Grad-Winkel zueinander. Die Streets waagerecht von Ost nach West und alle Avenues senkrecht vom Norden in den Süden.

Irgendwo in der Mitte von Manhattan, das wussten wir, würde der Central Park beginnen. Also liefen wir vom Thomas Jefferson Park aus irgendeine Straße hoch, bis wir tatsächlich an der Statue von Duke Ellington ankamen, die am nordöstlichsten Zipfel des Central Park steht.

Zu Füßen der Statue hatten sich Menschen versammelt. Ein paar hatten batteriebetriebene Radios dabei und saßen einfach gemütlich beisammen, die sommerlichen Temperaturen ließen es zu.

Ein paar Geschäftstüchtige gingen umher und verkauften Wachskerzen. Die Wiesen und Parkbänke des Central Park waren für all die Gestrandeten, die nicht nach Hause oder in ihre Wohnungen kamen, eine willkommene Anlaufstelle, wie ein riesiges Open-Air-Hotel, nur eben ohne alles, was ein Hotel eigentlich ausmacht. Weil die Kühlschränke nicht mehr liefen, wurden die Waren auf den Straßen angeboten. Teils zum Verkauf. Einige verschenkten aber auch, was ohne Kühlung in wenigen Stunden nicht mehr verträglich oder geschmolzen wäre.

Wir sahen vor allem junge Menschen, die sich einen »Happy Blackout« wünschten und miteinander feierten. Sie verschmolzen, weil ihnen nichts anderes übrig blieb, zu einer temporären Zweckgemeinschaft, die versuchte, das Beste aus der Lage zu machen.

Eine Stunde lang latschten wir immer parallel zum Central Park an der Fifth Avenue entlang.

Wo am Mittag, ehe wir zum Flughafen aufbrachen, noch schillernde Schaufenster waren, teils mit schreiend grellen Lichtreklamen bestückt, fanden wir nun nur noch dunkle Guckkästen und matte Glasfassaden. Diese prestigereiche Luxusmeile, dieser goldene Korridor, Anziehungspunkt für jeden

New-York-Besucher, war verblasst. Wir zogen durch deprimierend graue Häuserschluchten, konnten es selbst nach Stunden ohne Strom nicht glauben, dass auch die stolzesten Gebäude der Welt, ein Lichterturm wie das Empire State Building, dunkel waren.

Irgendwann erreichten wir ein Haus, in dem der Freund unseres Begleiters seine Wohnung hatte. Sie lag im zwölften Stock. Über steile Treppen, die gewiss kaum ein Mensch vor diesem Tag genutzt hatte, stiegen wir im trüben Schein einer Kerze, die wir geschenkt bekommen hatten, vorsichtig hinauf.

Dunkelheit kann etwas Wunderschönes sein. Wenn man weiß, dass am nächsten Morgen die Sonne wieder hinterm Berggipfel emporklettert und Licht und Wärme spendet. Auch wenn man weiß, dass irgendwann der längste Stromausfall beendet sein wird, weil schlaue Menschen den Fehler entdecken und beheben. Aber Dunkelheit kann auch verdammt einschüchternd sein.

KAPITEL 21

DÄMMERZUSTAND

Clarissa und ich haben unsere Bergtour gemeistert und planen bereits den nächsten Trainingsberg, als ich eines Nachts üble Bauchschmerzen bekomme. Ich habe Krämpfe, die mich auf den Boden zwingen. Ich kauere mich zusammen, so ähnlich wie bei meiner Fallschirmsprunglandung.

In meinem Magen fühlt es sich an, als hätte ich ein Glas Säure getrunken, das mich nun von innen heraus zerfrisst. Immer neue Schübe überrollen meine Eingeweide. Ich spüre, wie mein Herz schneller schlägt. Ich höre das Pumpen des Blutes mit einer sinnlos hohen Frequenz. In meinen Ohren rauscht es. Und meine Stirn ist heiß.

»Was ist mit dir?«, frage ich mich panisch.

Ich versuche meinen Bauch abzutasten, um wenigstens herauszufinden, wo genau der Schmerz sitzt. Aber bei der kleinsten Berührung ist es, als würde ich zusätzliche Säure auf die Wunde kippen.

Ich glaube, der Bauch ist hart. Vielleicht bilde ich es mir aber auch nur ein. Der gesamte Magen-Darm-Trakt gilt als die Wiege des Immunsystems, sensibel und mit dem Gehirn verbunden. Es heißt, der Bauch sei das Organ, das einem am verständlichsten mitteilt, wie es einem geht.

In diesem Moment schreit er mich einfach nur an. Er ist nicht die Spur sensibel und zurückhaltend. Er beschimpft mich, ist laut und böse.

Ich verliere die Kontrolle über meinen Körper. Alles flirrt. Ich weiß nicht mehr, ob es die Angst oder der Schmerz selbst ist, jedenfalls fühle ich mich, als stünde ich kurz vorm Zerplatzen.

Erst im Krankenhaus komme ich wieder richtig zu mir. Ich habe Divertikel, Ausstülpungen der Darmwand, die sich entzündet haben. Ich höre irgendwas in Mediziner-Deutsch, auch dass es bereits gefährlich sei, ein Darmverschluss drohe und ich operiert werden müsse.

Warum und wieso mein Darm deformiert ist, will und muss ich gar nicht verstehen. Ich weiß nur, sehr laienhaft ausgedrückt, dass mir ein Stück des Darms entfernt werden muss. Ich stelle es mir ganz pragmatisch vor wie bei einem Gartenschlauch, dem irgendwo in der Mitte ein Teil entnommen und der mithilfe von Verbindungsstücken wieder zusammengesetzt wird.

In der Medizin heißen diese Verbindungsstücke, meine ich zumindest, Anastomosen. Doch die Operation geht schief. Nach dem Eingriff ist mein Darm leider nicht dicht. Jedenfalls landet der Darminhalt mit all seinen Darmbakterien in meinem Bauchraum, was zu einer Blutvergiftung oder multiplem Organversagen führen kann.

Ich landete auf der Intensivstation. Mein Bauch war geöffnet und musste wieder und wieder gespült werden. Ich wurde vier- oder fünfmal operiert. Zwischenzeitlich funktionierte mein Darm gar nicht mehr. Nahrung bekam ich über die Venen zugeführt. Außerdem wurde ich unter Morphium gesetzt.

Dieses Zeug blockierte mein Schmerzempfinden und versetzte mich stattdessen in einen Dämmerzustand, wie ich ihn noch nie gespürt hatte. Ich weiß noch genau, dass ich intensiver als je zuvor in meinem Leben träumte. Oder halluzinierte. Ich versank in einem kaum zu beschreibenden Zustand.

Es war, als triebe ich in einem Meer voller Erinnerungen, die sich ständig überlagerten. Erinnerungswellen brachen über mich herein. Ich war in einem verwirrend schlimmen Kreislauf gefangen.

Manchmal öffneten sich die Türen, Menschen kamen rein, unterhielten sich, machten irgendwas an meinem Bauch und gingen wieder raus. Zeit spielte für mich keine Rolle mehr. Ich nahm sie nicht mehr wahr. Anfangs wusste ich nicht einmal, wann es Tag oder Nacht war.

Als die Dosis Morphium nach ein paar Wochen reduziert wurde, beschäftigte ich mich mit sinnfreien Themen, etwa warum der Mensch eigentlich so schlecht für die Nacht gemacht war. Eulen können besser sehen als Menschen. Waschbären ertasten selbst in größter Dunkelheit alles. Wildschweine sind mit feinen Nasen ausgestattet. Wir gehen schlafen, zumindest in der Regel, sobald die Sonne untergegangen ist.

Ich war genervt von mir selbst, von den Gedanken, die ich mir machte. Ich wollte wieder der unbeschwerte Mensch sein, der ich vor den Bauchkrämpfen gewesen war.

Das Schlimmste war, nichts machen zu können. Muskeln kann man trainieren. Seinen Verstand erweitern. Der Mensch ist eigentlich zu verdammt viel in der Lage. Aber jetzt war etwas in mir kaputt und ich konnte selbst nichts tun.

Clarissa war in dieser Phase wunderbar. Sie war immer da. Egal wie wenig ich es auch mitbekam. Als ich auf dem Weg der Besserung war, lud sie Gerhard Polt ein, diesen fantastischen Kabarettisten und Satiriker. Was habe ich über diesen Mann als Gabelstaplerfahrer Ferdinand Weitel gelacht, wie der im Münchner Fasching auf die Suche nach seinem Versicherungsvertreter ging, nachdem der ihm sieben Policen verkauft hatte. Oder über Polt als Pfarrer Prabang.

Bei ihm war sogar das Schweigen komisch, zum Beispiel bei der Verleihung des Deutschen Kleinkunstpreises, als er mit einer Sanduhr auf die Bühne kam und sie einfach nur ablaufen ließ.

Polt plauderte also mit seiner saugrantigen Art an meinem Krankenbett. Dann brach er unerwartet in sein Meckerlachen aus. Ich erlebte eine menschliche Komödie, vielleicht auch ein Hörbuch mit fleischgewordenem Sprecher.

Sein Lachen half mir. Sehr gute Ärzte ebenso. Und Clarissa mit ihrer ansteckenden Zuversicht. Sie stellte mich wieder auf die Beine. Wenig später war sie schwanger. Alles war wieder perfekt. Nur unser Vorhaben, den Himalaja zu überqueren, wurde auf unbestimmte Zeit – wahrscheinlich für immer – verschoben.

Ich freute mich auf unseren neuen Lebensabschnitt. Auch wenn ich mit über fünfzig ein wenig älter sein würde als der Durchschnittsvater. Aber ich hatte mir immer Kinder gewünscht. Wahrscheinlich erlebte ich daher auch nie diese Phase, die womöglich andere Väter durchmachen, in der sie sich Fragen stellen und vielleicht Angst vor der Veränderung haben.

Mir war klar, dass Kinder auch Verzicht bedeuten. Dass das Leben, so wie Clarissa und ich es kannten, ein wenig aus der Bahn geraten würde. Aber das war alles okay. Ich fühlte mich auch zu keiner Sekunde zu alt für diese Herausforderung. Eigentlich waren wir beide an einem Punkt, der sogar ziemlich perfekt war für Kinder.

Die Firma funktionierte. Ich hatte keinen Karrierestress mehr, wie ihn viele andere haben, wenn sie mit Anfang oder Mitte dreißig Vater werden.

Mein Körper funktionierte auch wieder. Und ich wusste, und wahrscheinlich war das der größte Unterschied zu meinem Vater, dass ich bei Clarissa angekommen war. Dass sie mir Halt und Stabilität gab, mich glücklich machte.

Bei einer Routineuntersuchung dann die nächste Überraschung: Wir würden Zwillinge bekommen! Eine schlechte Nachricht musste uns der Arzt bei einer späteren Kontrolle mitteilen, als er feststellte, dass Clarissa eine Schwangerschaftsvergiftung hatte. Die Babys mussten frühzeitig auf die Welt geholt werden, sechs Wochen vor dem errechneten Termin.

Ich hatte mir im Vorfeld so oft den Moment der Geburt vorgestellt. Wie wir leicht verplant ins Krankenhaus aufbrechen, sobald die Wehen losgehen. Und wie ich zum ersten Mal meine Jungs im Arm halten würde. Dieses überwältigende Erlebnis, diesen Orkan der Glücksgefühle. Diesen vertrauten Moment, wenn man diese neuen kleinen Lebewesen in seinem starken Arm hat und ihren Kopf, den sie noch nicht selber halten können, stützt.

Es gab ihn nicht. Stattdessen waren da diese winzigen Zwerge, Raphael und Nikolas, 1300 und 1600 Gramm schwer, mit ihrer schrumpeligen dünnen Haut, bei der ich Angst hatte, dass sie bei der kleinsten Berührung reißen könnte wie Papier. Ihre Ärmchen waren so dürr. Und die Köpfchen kaum größer als eine Grapefruit. Über Schläuche bekamen sie zusätzlichen Sauerstoff. Der Herzschlag wurde überwacht. Liebevolle Krankenschwestern und Ärzte kümmerten sich um sie.

Obwohl man uns sagte, dass es nicht lebensbedrohlich für die zwei sei, war es hart, sie in ihren Brutkästen zu sehen.

Diese millimeterdicke Plexiglaswand, die zwischen uns und den Babys war, war eine Barriere, die mir Angst machte. Es gab eine Klappe, die man öffnen konnte, um seine Kinder zu streicheln und zu berühren, ihre winzigen Fingerchen zu halten. Aber trotzdem war da etwas, was ich zuvor nicht erwartet hatte, zwischen mir und den Jungs.

Ich lernte eine ganz neue Art von Angst kennen. Eine Angst, die so viel herzzerreißender war als jede Form, die ich bis dahin erfahren musste. Die Angst vor einer möglichen Firmenpleite, die mich Jahre zuvor kurzzeitig um den Schlaf gebracht hatte, war ein Witz dagegen. Sie wechselte sich auch immer mit dem Gefühl ab, stark und unerschütterlich, leidenschaftlich und gut zu sein, genug Talent und Fleiß zu besitzen, um die Pleite abzuwenden. Die Angst, mit einem Fremden aus dem Flugzeug zu springen, war ein innerer Konflikt, den mein Verstand und meine Abenteuerlust miteinander ausgefochten hatten. Als mein Darm verkrampfte und die Arbeit einstellte, war es eine Angst aus Unwissenheit heraus, weil ich nicht kapierte, was passierte. Ab dem Moment, als ich im Krankenhaus war, in der Obhut von Ärzten, hatte ich eigentlich immer Vertrauen. Doch nun lagen da zwei Menschlein, zart und wunderschön, aber auch so verdammt zerbrechlich. Woher sollten die zwei die Kraft nehmen, groß und stark zu werden?

In meiner Angst vernachlässigte ich in den ersten Tagen sogar meine Frau. Obwohl sie nach dem Kaiserschnitt und der Schwangerschaftsvergiftung genauso meine Hilfe gebraucht hätte. Ich war zwar für sie da, aber nicht so stark und klar wie sie, als es mir schlecht gegangen war. Ich vergaß sogar, ihr das Geschenk, das ich mir zur Geburt überlegt hatte, zu geben.

Meine Gedanken kreisten permanent um Nikolas und Raphael. Clarissa war, das wusste ich, doch so eine starke Frau. Ich hätte sie trotzdem öfter in den Arm nehmen müssen.

Die ersten Tage waren immer gleich. Morgens eilte ich zu Clarissa, begrüßte sie und schenkte ihr ein Lächeln. Dann gingen wir auf die Frühchenstation, um vor dem Brutkasten von Raphael und Nikolas zu sitzen. Mit jedem Atemzug, den ich von ihnen sah, wurde ich beruhigter. Ihr Brustkorb, so wirkte es für mich nach einigen Tagen, hob sich kräftiger an als zuvor. Ich gewann Vertrauen in die zwei Kämpfer, dass sie bald aus ihrem Glaskasten rausdurften. Eine Krankenschwester legte mir und Clarissa die zwei Racker in die Arme, noch immer verkabelt. Beim Kuscheln hatte ich Angst davor, mit einer falschen Bewegung die Schläuche oder Infusionen versehentlich rauszureißen. Aber das passierte zum Glück nicht. Endlich konnte ich meine Nase in diese kleine Grube zwischen Köpfchen und Schulter eingraben und diesen wunderbaren Geruch meiner Babys einatmen.

KAPITEL 22

FLIP-FLOP-HELD

Der Blick aufs Leben verändert sich mit Kindern. Ich bin generell ein Typ, der es wahnsinnig gerne aufgeräumt haben will. Aber dank Clarissa, die eine fantastische Mutter ist, habe ich eine größere Lockerheit gewonnen, habe gelernt, dass Spielzeug auch mal liegen bleiben darf. Es muss nicht immer und überall perfekt und repräsentativ sein. Auch ein Restaurant ist kein Showroom, sondern muss Lebendigkeit ausstrahlen. Legosteine auf der Fensterbank machen unser Zuhause erst richtig liebenswert. Eine kleine Delle im Fußboden einer unserer Stuben ist dementsprechend auch völlig in Ordnung, weil sie womöglich eine Geschichte erzählt. Ein Restaurant darf nie so steril sein, dass der Gast Angst davor hat, er könne etwas kaputt machen. Ein Restaurant ist schließlich kein Museum. Ebenso wenig wie ein Haus, in dem Kinder leben.

Raphael und Nikolas sind meine größte Leidenschaft, der Mittelpunkt meines Lebens. Ich will Teil ihres Lebens sein, auch wenn ich merke, wie schwer es manchmal sein kann, meiner Firma mit allen Mitarbeitern und Gästen, meinen Kindern und meiner Frau gerecht zu werden. Aber ich stelle mich dieser Herausforderung und tue mein Möglichstes, weder meine Familie noch mein Unternehmen zu vernachlässigen.

Als wir auf Gut Kaltenbrunn, einem weiteren wunderschönen Restaurant von uns, am Nordufer des Tegernsees gelegen, eine Klausurtagung der CSU hatten, bei der auch Markus Söder anwesend war, um in einem Sitzungsmarathon das Wahlprogramm für die Bundestagswahl 2021 zu verabschieden, hatten meine Jungs gleichzeitig ihre Verabschiedung aus der Grundschule. Ihren letzten Tag nach vier Jahren, inklusive gemeinsamen Singens und Hüte-in-die-Luft-Werfens, wie bei Graduation Days in den USA. Früher hätte ich es auf keinen Fall gewagt, vorzeitig eine wichtige Veranstaltung zu verlassen. Heute mache ich es, weil ich, so oft es geht, bei meiner Familie sein möchte und inzwischen so gute Leute in meinen Läden habe, dass sie auch ohne meine ständige Anwesenheit funktionieren.

Wir waren sogar, da waren Nikolas und Raphael etwas über zwei Jahre, drei Wochen in Südafrika. Mein Freund Detlef, mit dem ich beim Match in London war, war mein wichtigster Ansprechpartner in der Firma, mit dem ich mich täglich, meist gegen Abend, austauschte.

Die Reise war fantastisch für uns. Ohne Kinder hätten Clarissa und ich viel mehr Weingüter und Museen besucht. Wir hätten uns intensiver an der Schönheit dieser Stadt und des Landes berauscht. Aber dank Nikolas und Raphael, die eigentlich sogar noch zu klein waren, genossen wir die wilden Seiten Afrikas. Ihnen reichte es, die 300 Kilogramm schweren Robben zu beobachten, wie sie faul an der Waterfront an den Stegen lagen und sich sonnten. Die Jungs glucksten nur so, als sie am Boulders Beach Brillenpinguine watscheln sahen und Paviane, wie sie am Kap, auf diesen steilen Klippen rund um den alten Leuchtturm, lungerten, um sorglose Touristen zu überfallen und Essen aus den Rucksäcken zu erbeuten.

Ich wurde zum größten Helden, als es mir gelang, einen verlorenen Kleinkinder-Flip-Flop, den der Wind weggeweht hatte, aus einem Busch zu befreien, der aus dem Blickwinkel von kleinen Kindern beängstigend monströs schien, aber mir gerade mal bis zur Brust reichte.

Wenn man keine Kinder hat, kann man kaum nachvollziehen, wie sehr man seine Familie vermissen kann. Wie oft man an sie denkt. Wie sich Prioritäten verschieben können. Wie sehr man hinterfragt, ob das, was man tut, für sie gut ist. Ob man sie zu sehr verhätschelt und vertätschelt. Ob es ihnen nicht auch ein Stück weit zu gut geht.

Clarissa und ich wollen, das ist uns das Wichtigste, dass Nikolas und Raphael Menschen gernhaben. Dass sie in unserer kompliziert gewordenen Welt verstehen, dass es zwar auch schreckliche und böse Menschen gibt, aber der ganz, ganz große Teil der Menschen gut und liebenswert ist. Dass neunzig Prozent der Menschen lebensbejahend sind, sich einander helfen und unterstützen.

Als Clarissas Vater gestorben ist, ein schrecklicher Verlust für uns alle, kamen die besten Freunde beider Jungs, um ihnen beizustehen. Ich glaube, dass Trauer bei Zehnjährigen noch etwas anderes ist, es sich ein paar Jahre später noch schlimmer und man sich leerer (an-)fühlt. Trotzdem war es eine ganz tolle Botschaft, dass die Kinder, die womöglich noch gar nicht umreißen konnten, wie schmerzhaft der Verlust eines Menschen sein kann, ihren Freunden in einem Moment der Traurigkeit beistehen wollten.

Ich bin davon überzeugt, dass man Menschen lieben muss, um selbst ein erfülltes und glückliches Leben zu führen. Das wollen Clarissa und ich unseren Jungs als wichtigsten Wert vermitteln.

KAPITEL 23

DAS ERKENSCHWICK-DILEMMA

Fünfzig Meter ist das Riesenrad der Familie Willenborg hoch. 540 Tonnen soll es wiegen. Insgesamt 400 Personen können verteilt auf vierzig Gondeln gleichzeitig fahren. Die 32 000 Glühbirnen leuchten kräftig bis zur letzten Sekunde an den Trägern. Clarissa und ich sitzen zu zweit in einer Gondel und halten Händchen.

Seit 1971 ist Käfer auf der Wiesn. 48 Jahre Oktoberfest, bis die Wiesn 2020 und 2021 wegen Corona ruhen musste. Im ersten Jahr, da war ich dreizehn Jahre, war ich nicht wirklich dabei. Auch mit vierzehn Jahren ließ mich mein Vater noch nicht tatkräftig vor Ort helfen. Als ich mein Auslandssemester in New York verbrachte, fehlte ich. Aber ansonsten, ab 1973, war ich immer auf der Wiesn und verbrachte vom ersten Moment an wahnsinnig viele Stunden bei uns in der Schänke.

Bei meinem ersten Mal bat mich mein Vater, von Zelt zu Zelt zu gehen und die Speisekarten der anderen Wiesn-Wirte zu besorgen. Genauer: Er trug mir auf, sie unauffällig mitzunehmen. Wenn man es unschön ausdrücken möchte, könnte man es auch Klauen nennen – oder mindestens als Betriebsspionage umschreiben.

Jetzt vom Riesenrad hinabschauend, sehe ich vor meinem geistigen Auge mein jüngeres Selbst, wie ich verschämt und vorsichtig in die Zelte schlich, mir eine Karte schnappte, sie in meinem Janker verschwinden ließ und meine Tour fortsetzte.

»Dann schauen wir mal, was die für Ideen haben«, sagte mein Vater, nachdem ich nach erfolgreichem Beutezug zurückgekehrt war und ihm die Karten übergeben hatte. »Und dann machen wir es besser.«

In der Anfangszeit der Wiesn ging es in den Zelten kulinarisch eher eintönig zu. Es gab eine Ochsenbraterei und generell vornehmlich Brezen, Hendl und Bier. Mit gebratenen Enten oder saftigen Rehrücken waren wir schnell Vorreiter.

Den Blick in andere Karten werfen wir auch heute noch. Einmal habe ich eine Mitarbeiterin, die gerade neu bei uns war, gebeten, die Speisekarten aus den anderen Zelten für uns zu holen. Sie schaute mich mit großen Augen an und fragte dann allen Ernstes: »Wieso? Haben wir keine mehr? Sind die bei uns ausgegangen?«

*

Die Wiesn ist ein besonderer Ort. Ganz anders als von einem größeren Teil der Medien beschrieben. Meist geht es in den Kolumnen und Reportagen ja um die großen Bs: Bier, Betrunkene und Bussis.

Micky Beisenherz, ein Meister im Umgang mit Sprache und pointierter Darstellung, schrieb mal über die Wiesn: »Der Mensch will abschalten, sich gehen lassen, für eine Weile das Primitivste aus sich rausholen. Der Bayer hat dafür das Oktoberfest, der Kölner den Karneval.«

Für mich ist die Wiesn aber viel mehr als eine Operette der Enthemmten. Es geht um mehr als um Bier und Betrunkene.

Mit dieser Reduzierung wird man dem Oktoberfest nicht gerecht. Vielmehr ist es so etwas wie eine Zusage, ein Ehrenwort, ein Versprechen, ein unausgesprochener Schwur, dass der Alltag zu Hause bleibt. Mit Betreten der Theresienwiese tritt jeder Besucher in eine Parallelwelt ein, in der Küsse nach gebrannten Mandeln und Zuckerwatte schmecken. In der der Schaum des Bieres schön und fest ist.

Die Hirschlederne verleiht Kerlen etwas Kerniges – und wie fesch Frauen in Dirndln ausschauen, weiß jeder.

Wenn Wiesn ist, strahlt meist die Herbstsonne. Der Himmel ist blau, höchstens mit ein paar schneeweißen Schäfchenwolken garniert. Die bronzene Bavaria, dieses Meisterwerk, das majestätisch die Theresienwiese überragt, ja vor ihr thront, macht die Atmosphäre perfekt.

Dazu das Funkeln und Rattern der Karussells. Im Zelt ist es schließlich sogar egal, ob es draußen regnet, was auch mal passiert, oder ob die Sonne scheint, ob es frühmorgens oder spätabends ist, ob es heiß oder kalt ist.

Seit Jahrzehnten gelingt es, dass auf der Wiesn die Mischung aus Kitsch, Kommerz und Tradition in einem gesunden Verhältnis steht. Und so kann das Oktoberfest amüsieren und für Bauchkribbeln sorgen, selbstständig Entertainment liefern, ohne dass man ständig aufs Handy gucken muss, denn schließlich werden ständig neue Geschichten im echten Leben erzählt.

Es mag Menschen geben, die all das als nutzlosen Spaß sehen. Vielleicht ist es auch genau das. Aber von Zeit zu Zeit brauchen wir Menschen eben genau das in einem vernünftigen Maße. Unsere Besucher wollen sich fallen lassen und Stunden in einer heilen Welt verbringen, die wir ihnen liefern.

2003 allerdings drohte uns auf der Wiesn ein Fiasko. Es war mit Abstand das nervenaufreibendste Jahr, das ich dort jemals erlebt habe. Und wir waren kurz davor, viele Besucher, die sich seit Monaten auf die Wiesn gefreut haben, zu enttäuschen.

Es war irgendwann Anfang August, als ich in meinem Büro saß und mir unsere Reservierungen anschaute. Normalerweise ist bei uns immer alles voll. Mehr als voll. Bereits am letzten Tag, kurz bevor die Wiesn endet, versuchen die Ersten bereits wieder fürs kommende Jahr zu reservieren. In den sechzehn Tagen, die das Oktoberfest dauert, klingelt mein Handy Sturm, Leute versuchen irgendwie noch einen Platz bei uns zu ergattern.

Ein Tisch in einem Wiesn-Zelt, nicht nur bei uns, sei, so beschrieb es mal die *Süddeutsche Zeitung*, »ein Gut, so kostbar und selten wie Wasser in der Sahara«. Doch bei uns waren, so zeigte es unser neues Reservierungssystem an, Tische kein seltenes Gut, sondern im Überfluss vorhanden. Es war, um bei der Metapher zu bleiben, als hätte jemand einen riesigen Feuerwehrschlauch in die Sahara gelegt und voll aufgedreht.

Die deutsche Wirtschaft steckte 2003 in einer Schieflage. Es gab viel mehr Firmenpleiten als in den Jahren zuvor, die Zahl der Arbeitslosen stieg über die Grenze von vier Millionen. Das Geldkarussell stockte. Vielleicht, so versuchte ich es mir zu erklären, war noch immer eine gewisse Bockigkeit in der Gesellschaft, nicht wenige hatten nach der Euro-Einführung das Gefühl, alles sei teurer geworden. So war auch »Teuro« zum vielgetätigten Ausspruch und »Wort des Jahres 2002« geworden, lange bevor Oberbürgermeister Christian Ude die 170. Wiesn bei seinem mittlerweile zehnten Mal mit drei Schlägen eröffnete. Bei seiner Premiere 1993 hatte er noch sieben Schläge gebraucht. Womöglich lag die Zurückhaltung in Sachen Reservierungen an dieser angespannten wirtschaftlichen Lage.

Ich rief meine wichtigsten Mitarbeiter und Mitarbeiterinnen in mein Büro und erklärte ihnen, wie die Situation war. »Leute, ihr müsst verkaufen, das kann nicht sein, dass es bei uns nicht voll ist«, erklärte ich ihnen sehr deutlich. Und meine Leute gaben Vollgas. Wenig später waren alle Tische besetzt. Bis auf den letzten Platz. Und weit darüber hinaus, wie ich ganz kurz vor Wiesn-Beginn feststellen musste. Denn erst jetzt erkannten wir, dass unser neues Reservierungsprogramm fehlerhaft funktionierte. Vielleicht hatten wir bei der Einweisung in die Anwendung auch nicht gut genug zugehört. Jedenfalls waren wir schon zum Zeitpunkt, als ich meine Mitarbeiter bat, weitere Tische zu verkaufen, bereits komplett ausgebucht gewesen, sodass wir nun zu 100 Prozent überbucht waren.

1400 Plätze haben wir drinnen. 2000 Plätze im Biergarten. Normalerweise sind drinnen alle Plätze reserviert, draußen wird grundsätzlich nicht reserviert, um auch spontan vorbeikommenden Besuchern eine Sitzmöglichkeit anbieten zu können.

Doch nun hatten wir über die gesamte Zeit gerechnet mehr als 12 000 Gästen Plätze zugesagt, die wir nicht hatten. Bei Bedarf anbauen kann man auf der Wiesn nicht. Jeder Platz ist genauestens vorgeschrieben. Kontrolleure messen exakt nach, ob alles eingehalten wird. Man kann auch nicht einfach aus Zehnertischen Zwölfertische machen und überall wild Stühle reinquetschen und Gruppen auseinanderreißen.

Wir konnten auch schlecht diejenigen, denen wir gerade erst die freudige Nachricht über einen Nachrückertisch übermittelt hatten, wieder ausladen. Schließlich hatten die Menschen Hotels und Flüge oder Zugfahrten gebucht.

Wem sollten wir absagen? Sollten wir jetzt eine Auswahl über die Wichtigkeit unserer Gäste vornehmen? Undenkbar und auch unmöglich. Zumal es ab und zu auch sein kann, das hatten wir auch schon erlebt, dass Reservierungen von Prominenten über einen anderen Namen gelaufen sind. So hatte ein sehr guter und großer Kunde von uns einmal einen Tisch auf den Namen »Reisebüro Erkenschwick« gebucht. Wir steckten in einem Dilemma.

Zwei Tage bevor die Wiesn eröffnete, rief ich direkt bei Oberbürgermeister Christian Ude an und erklärte ihm unsere prekäre Situation. Er erlaubte uns, ganz unbürokratisch und sehr fair, dass wir ein Zelt über unserem Biergarten aufbauen durften, sodass die Tische dort auch vollständig überdacht waren. So schlossen wir zwar die komplette Laufkundschaft aus, mussten alle Besucher, die spontan bei uns sitzen wollten, wegschicken, kamen aber drum herum, bestehende Reservierungen nicht gewährleisten zu können. Außerdem büßten wir an Sitzplätzen ein, mussten aufgrund des fürs Zelt benötigten Platzes einige Tische und Bänke abbauen.

Ein Problem blieb trotzdem: Wir hatten nun eine Dreiklassengesellschaft in der Käfer-Schänke, was womöglich bei schlechter Kommunikation für heftigen Diskussionsstoff hätte sorgen können. Immerhin mussten wir Leute, die davon ausgingen, im Obergeschoss der Schänke zu sitzen, ins weniger gemütliche und auch weniger repräsentative Zelt stecken. Dort waren zwangsläufig die Stühle und Tische ein bisschen weniger schick. Die Zeltwände konnten wir nicht so dekorieren wie in unserem festen Holzhaus. Außerdem benötigten wir eine zusätzliche Band, denn eigentlich war in dem vorgesehenen Biergarten keine angedacht gewesen.

Wiesn-Musik ist so ein Thema für sich. Ich werde niemals dieses Gefühl erleben wie bei Prince, wenn er *Purple Rain* sang. Oder wie bei Whitney Houston, als sie zum ersten Mal im P1 auftrat. Ich bekomme auch keine Gänsehaut wie bei Tina Turner, bei der eine angesungene Liedzeile reichte, um mich musikalisch zu verzaubern.

Oder vergesse Regen und kühle neun Grad, wie bei Coldplay. 2012 war ich mit Clarissa bei einem Konzert der Briten im tropfnassen Olympiastadion. Als wir uns auf den Weg dorthin machten, waren wir mit Gummistiefeln und wasserdichten Jacken ausgestattet wie für einen Strandspaziergang an der gischtspeienden Nordsee. Chris Martin kündigte trotz der widrigen Bedingungen, trotz des »rains and all that shit« das beste Konzert an, auf dem wir Münchner je waren – und er hielt das Versprechen auch, nicht nur, als er irgendwann in seinem patschnassen T-Shirt *Singin' In The Rain* anstimmte.

Wiesn-Hits bestechen musikkulturell gesehen eher durch Einfachheit und Einprägsamkeit. Eine gewisse Klangmonotonie ist aufgrund der hohen Wiederholungsfrequenz nicht von der Hand zu weisen.

Für Musikliebhaber mag es vielleicht wie Viervierteltakt-Einheitsbrei daherkommen. Aber die Wiesn ist nun mal auch kein Ort für musikalische Experimente. Der Oktoberfest-Besucher ist musikalisch ein eher genügsames Wesen, eines, das das Vertraute auf die Ohren bekommen möchte. Die Wiesn funktioniert, weil nach jedem Jahr Pause sofort der Wiedererkennungseffekt einsetzt und alle gleich wieder mitsingen und tanzen können.

Für mich macht es aber schon einen wahnsinnigen Unterschied aus, aus welchen Tuben und Trompeten der ewig ähnliche Wiesn-Mix geblasen wird. Zur Wiesn gehört es dazu, häufiger lautstark und stimmkräftig »Atemlos« zu sein. Oder alle im Zelt wissen zu lassen, dass man nur »z'ruck zu ihr« wolle. Ein »Hulapalu« von Andreas Gabalier hat noch niemandem geschadet. Es muss nur alles richtig gut klingen und ansteckend und begeisternd gesungen und gespielt werden.

Wir rannten uns, sprichwörtlich, die Hacken wund, um so kurz vor dem Wiesn-Auftakt noch eine weitere Band zu organisieren.

Im Nachtcafé, da ging man früher so ab drei Uhr im Münchner Nachtleben hin, war mir schon zu meiner P1-Zeit eine Band aufgefallen, die dort richtig für Furore sorgte. Sie nannten sich »Gerry & Gary«. Sie hatten bis dahin noch nie auf der Wiesn gespielt. Aber wer so spät noch so rocken kann, dachte ich mir, den könnten wir in unserer ausweglosen Situation schon buchen.

Wir hatten grundsätzlich den Beschluss gefasst, die beste Band, die wir hatten, unten im Zusatzzelt spielen zu lassen.

Wir beschlossen also das gleiche Prinzip wie beim Katzentisch zu nutzen. Nur dass wir nicht durch besonders schöne Lehnstühle auf ästhetisch-visuelle Ablenkung setzten, sondern den Damen und Herren in der Käfer-Holzklasse das Beste vom Besten aufs Ohr jagen würden.

Und wir entschieden uns für »Gerry & Gary«, weil die neue und noch unerprobte Band vom ersten Moment an, seit dem ersten Gespräch, das wir mit ihnen führten, überzeugend war.

Alles schien gerettet. Doch dann klingelte wenige Stunden vor Wiesn-Beginn mein Handy. Ein Herr Thalhammer vom Wirtschaftsreferat der Stadt München war dran.

»Wir haben ein Riesenproblem«, begann er das Gespräch und sofort fing mein Herz an zu rasen. Er habe ein Schreiben vom Kartellamt bekommen, dass das zusätzliche Zelt, das mir Ude genehmigt hatte, nun doch so nicht möglich sei. »Die sagen«, erläuterte mir dieser Thalhammer, »das ist Wettbewerbsverzerrung. Wir dürfen das nicht.«

Es gäbe allerdings eine Finesse, auch juristisch abgesichert, wie ich das Zelt dennoch bekommen könne. »Wenn wir sagen, dass wir dieses zweite Zelt infrastrukturell nutzen. Das würde heißen, dass wir einen Teil des Zeltes dem Roten Kreuz zur Verfügung stellen.«

Ich traute meinen Ohren nicht. Da hatten wir so viele Nachtschichten eingelegt, hatten die Bestuhlung im Biergarten umgeworfen, womit sich auch gewohnte Laufwege für die Bedienungen veränderten. Wir hatten, um unsere Gäste nicht zu enttäuschen, in Kauf genommen, ein funktionierendes Konzept abzuändern. Und nun sollte alles für die Katz sein.

Wir hatten alle miteinander gezaubert, um unseren Gästen unvergessliche Wiesn-Tage zu bescheren. Und nun durchkreuzte das Kartellamt die Pläne?

Mir wurde in der gleichen Sekunde heiß und kalt. In meinem Kopf flogen die Gedanken nur so hin und her, auf der Suche nach einem Geistesblitz, wie wir auch dieses Problem irgendwie akzeptabel lösen könnten. Doch schon versetzte mir Thalhammer den nächsten Tiefschlag. Wir müssten gewisse Abstriche machen. »Wir packen da fünfzig Feldbetten rein, zur

Ausnüchterung, dass da die Bierleichen drin liegen, und dann würde es funktionieren.«

Wie stellte sich dieser Mann das vor? Bierleichen bei Käfer. Wir waren doch keine Ausnüchterungszelle. Vorne lecker essen, während sich hinter einer nur millimeterdicken Zeltwand welche übergeben? Niemand kann unbeschwert essen und die Leichtigkeit der Wiesn genießen, während der Geruch von fünfzig alkoholausdünstenden Menschen und womöglich von Erbrochenem rüberzieht.

Ich musste mich zusammenreißen, meinen Frust und meine Enttäuschung nicht lautstark ins Telefon zu verkünden. Schließlich war dieser Herr Thalhammer nur Überbringer der schlechten Nachrichten und er versuchte sogar noch, mir einen Ausweg anzubieten.

Wir müssten, dachte ich, die Musik laut genug drehen und eine Trennwand einziehen, die den Teil fürs Rote Kreuz komplett verdecken würde. Wir müssten es irgendwie schaffen, dass kein Gast auch nur erahnte, was sich hinter der Wand für eklige Szenen abspielten.

Ich hatte es noch nicht einmal ausgesprochen, da verkündete Thalhammer bereits: »Musik darf halt keine gespielt werden. Wenn die da drin liegen, denen ist schlecht, mit Schädelweh, dann ist es nicht lustig, wenn da laute Musik ist.«

Das konnte wirklich nicht sein. Erst dieses verfluchte Softwareproblem. Dann das Kartellamt. Und nun dieser Thalhammer, der mir jedes Mal, sobald er den Mund aufmachte, neue Hiobsbotschaften präsentierte.

Wer zu uns auf die Wiesn kommt, hat das Recht auf einen legendären Abend. In einer gemütlichen Holzhütte. Mit fantastischer Stimmung, perfektem Service und leckerem Essen.

Doch nun schien es so, als müssten wir jeden Tag Gäste enttäuschen. Weil uns dieses verfluchte Rote-Kreuz-Zelt natürlich weitere Plätze kosten würde, sodass wir nun doch Ausladungen aussprechen mussten. Und wir dem Rest verklickern mussten, dass es keine Musik geben werde.

»Das ist aber für mich ein Wahnsinnsproblem«, hörte ich mich fast flehend sagen. »Diese Gäste, die da kommen, die muss ich ja eh schon anders unterbringen. Wir wollen denen ja das Gefühl geben, dass es so ähnlich ist wie im anderen Bereich auch.«

Doch Thalhammer hatte weitere Hämmer parat, mit denen er mir der Rest gab.

Eine Abtrennung, so wie ich sie mir ausgemalt hatte, sei unter keinen Umständen möglich. »Wenn wir es abtrennen, können wir nicht behaupten, dass es infrastrukturell genutzt wird. Abtrennung können wir keine machen.«

Jetzt sollte ich auch noch die Betrunkenen ganz offen präsentieren? Ohne Sichtschutz. Sodass man ihnen, während man gerade selbst von der Brotzeitplatte naschte, zusehen konnte, was die anderen nicht vertragen hatten?

So schlimm sei das auch nicht, entgegnete Thalhammer, als ich ihm meine Sorgen vortrug. Meine Gäste seien schließlich auch ziemlich schnell nicht mehr nüchtern.

Er schien mit seinem störrischen Beamtenschädel gar nicht zu kapieren, was das für meine Gäste heißen würde.

»Dann stehen da 600 Leute und schauen sich die ganzen Betrunkenen an«, sagte ich ungläubig. Doch statt auch nur einen Funken Mitgefühl aufzubringen, wollte er nun wissen, ob meine Köche auch Schleimsuppe zubereiten könnten.

Ja, ja, sagte ich. »Die können alles.« Ich hatte gar nicht richtig zugehört. Ich stellte mir immer noch vor, wie meine

Besucher fesch aufgebrezelt ins Zelt kamen und sich wie in einer Mischung aus Stummfilm und irgendeiner ganz schlechten Daily Soap fühlten. Statt eines Prosits gäbe es ein Upsala. Statt Tanzen auf den Tischen einen Slalomlauf um Krankenhausbahren. Und statt Rehrücken zu zaubern, könnten wir natürlich auch eine magenschonende Haferschleimsuppe einkochen, mit wertvollen Ballaststoffen und hochwertigem Eiweiß, damit meine liegenden Zwangsbesucher wieder auf die Beine kämen.

»Haben wir irgendwie noch eine andere Lösung?«, fragte ich frustriert und verzweifelt ins Telefon rein und bekam zu meiner großen Verwunderung ein »Ja« zu hören. Wir könnten das Ganze auch vergessen, wenn ich noch einen Tisch für das Spaßtelefon von Bayern 1 hätte. Ich war einem richtig gut gemachten Scherz auf den Leim gegangen.

*

»Guck mal, Clarissa, da unten brennt eine Lampe nicht«, sage ich zu meiner Frau, während wir im Riesenrad die letzten Runden genießen.

»Du und deine Birnen«, lacht sie zurück, wohl wissend, wie sehr sich dieser Kontrollzwang bei mir eingebrannt hat.

Irgendwie steht dieses Oktoberfest-Riesenrad, diese Konstruktion aus Nabe, Achse und Speiche, die auch Böen trotzt und verlässlich läuft, metaphorisch für mein Leben – und zwar beruflich wie auch privat.

Im Mittelpunkt die Familie, um die sich alles dreht, und München, wo die Heimat und Basis von Käfer ist. Drum herum die Gondeln, elegant und schön. Eine Gondel ist zum Beispiel unsere Wiesn-Schänke, eine andere unser Haupthaus in der Prinzregentenstraße, eine dritte Gut Kaltenbrunn, dieses Restaurant auf einem hinreißenden Fleckchen Erde, wo wir eine eigene kleine Landwirtschaft betreiben, Produkte wie Radieschen oder Rettich selber anpflanzen, noch dazu Hühner und Kühe halten. Unser Partyservice, egal ob für Fußballevents, private Feiern oder das Catering bei der Formel E, nimmt mehrere Gondeln ein. Wir betreiben das Dachgartenrestaurant über dem Deutschen Bundestag in Berlin. Und sind sowohl am Münchner Flughafen als auch in Tokio, wo wir mit einem japanischen Kaufhauskonzern eine Kooperation unterhalten. In der BMW-Welt gibt es im EssZimmer Spitzenessen *made by Käfer*, ausgezeichnet mit zwei Michelin-Sternen. Bobby Bräuer zählt deutschlandweit zu den zehn besten Köchen. Und wir haben mit dem Green Beetle, also dem grünen Käfer, ein vegetarisch-veganes Restaurant nur 200 Meter vom Stammhaus eröffnet.

Wir drehen uns immer weiter. Ohne allerdings dabei durchzudrehen oder zu übertreiben.

KAPITEL 24

NACHTS IM ENGLISCHEN GARTEN

Die Kette vom Fahrrad quietscht. »Ein Tropfen Öl würde Wunder tun«, denke ich amüsiert, während ich gemächlich am Kleinhesseloher See durch die Nacht entlang durch den Englischen Garten in Richtung Schwabing radle. Eigentlich ist es ein gutes Zeichen, dass ich das Quietschen der Kette hören kann. Denn andernfalls hätten wir mit hoher Wahrscheinlichkeit ein größeres Problem.

Das Rad, auf dem ich sitze, habe ich mir von einer unserer Kellnerinnen geliehen, um eine Lautstärkenpatrouille zu machen.

Es ist nach 23 Uhr und wir dürften eigentlich nicht mehr feiern. So steht es im Vertrag, den wir mit dem Vermieter des Seestadls geschlossen haben. Um 22.30 Uhr hätte bereits mit der Geburtstagssause Schluss sein müssen. Aber wir ignorierten es. Wohl wissend, dass sowohl wir als Veranstalter als auch der Gastgeber selbst mächtig Ärger bekommen können.

Nur 450 Meter trennen die Party-Location, die direkt neben dem Seehaus liegt, von den Häusern, die unmittelbar hinter dem Schwabinger Bach in der Liebgesellstraße anfangen. Die Bewohner haben ein Anrecht auf Ruhe, können nicht Wochenende für Wochenende von wummernden Bässen und Disco-Sound belästigt werden. Deshalb kontrolliere ich, wie weit die ausgelassene Stimmung aus dem Seestadl nach draußen dringt.

Die Wände des Schuppens sind dünn und unterdrücken kaum etwas von der ausgelassenen Stimmung in seinem Inneren. Im Winter werden hier Gerätschaften eingelagert, die für die Pflege des Englischen Gartens benötigt werden. Im Sommer und Frühherbst kann man ihn mieten, nur halt unter der Bedingung einer knallharten Deadline.

Die Nacht ist sternenklar. Und kalt. Bis auf vier oder fünf Grad dürfte es sich mittlerweile abgekühlt haben, freue ich mich, obwohl es unangenehm an den Händen ist. Außerdem spüre ich einen minimalen Wind, der mir entgegenweht. Auch das ist gut. Richtig gut. Er erhöht unsere Chance, keinen Besuch von der Polizei zu bekommen.

Wäre es jetzt deutlich wärmer, hätten einige der Bewohner der angrenzenden Häuser mit Sicherheit ihre Fenster sperrangelweit geöffnet, wodurch sie auf jeden Fall etwas von der inzwischen illegalen Party hören würden. Aber diese eisige Kälte, vermute ich, wird niemand freiwillig in sein Schlafzimmer wehen lassen.

Ich radle über die kleine Brücke, raus aus dem Englischen Garten, vorbei an der Wirtschaft Osterwaldgarten, einmal um den Block und schaue nach, ob auch wirklich keine Fenster offen stehen. Zwei sind gekippt, mehr entdecke ich jedenfalls nicht. Und egal wie sehr ich mich auch anstrenge, ich höre zum Glück auch – Fenster auf oder zu – nichts.

Ich radle zurück. Wieder über die Brücke, parallel zum Schwabinger Bach und dann am Kleinhesseloher See entlang. Als ich stoppe, um noch einmal in die Nacht hineinzuhören, ob wir auffliegen könnten, entdecke ich einen Mann, der mit seinem Hund spazieren geht. Und jetzt höre ich auch ganz dumpf die Bässe. »Dreht die Bässe runter«, tippe ich sofort in mein Handy. »Und macht die Musik noch ein bisschen leiser.« Dann schicke ich die Nachricht an einen Kollegen, der innen aufpasst, dass die Gesellschaft im Überschwang ihrer Feierlust keinen akustischen Blödsinn macht.

Der Mann mit dem Hund hat aber nichts gemerkt. Als ich dicht an ihm vorbeifahre, sehe ich, dass er Airpods im Ohr hat. Wenn es welche der zweiten Generation sind, denke ich und werde entspannter, unterdrücken die ihm ja sowieso einen Großteil der Außengeräusche.

Der leichte Wind, der aus nordwestlicher Richtung weht, schiebt den geringen Klangteppich unserer Party, den man aber wirklich nur hochkonzentriert in einem Radius von fünfzig Metern um die Location herum vernimmt, in Richtung des mittleren Rings, einer vierspurigen und auch abends noch vielbefahrenen Straße, die um München führt, wo die Musik vom Verkehrslärm verschluckt wird.

Dreimal schwinge ich mich in dieser Nacht noch aufs Fahrrad und drehe meine Kontrollrunde. Mehr im Spaß als im Ernst hatte der Kunde gedroht, dass er nichts zahlen werde, wenn seine Feier frühzeitig enden würde. Ich glaube nicht, dass er das tatsächlich gemacht hätte, höchstens einen Teil abgezogen, aber darum geht es auch nicht. Ich persönlich hatte ihm versprochen, dass er eine Feier bis in den frühen Morgen bekommt. Und dann muss ich dieses Versprechen auch halten.

KAPITEL 25

UNBEZAHLBARE SCHÄTZE

Ein Event, ganz gleich welcher Größenordnung, ist immer auch eine gemeinsame Reise, die wir als Partyservice mit dem Gastgeber unternehmen. Manchmal auch eine Abenteuerreise mit ungewissem Ausgang.

Vor ein paar Jahren war Olaf Lühring bei uns im Weinkeller. Nicht um eine Flasche zu kaufen, sondern um uns einen besonderen Schatz zu präsentieren. Lühring ist Taucher. Aber kein Schönwetter-einmal-im-Jahr-Urlaubstaucher, sondern richtig. Er steigt in die Nordsee, in diese dunkelgrüne, unberechenbare Tiefe mit ihren besonderen Anforderungen.

Das Wasser ist eisig und die Sicht fast immer schlecht. Nach wenigen Metern in der Tiefe sieht man kaum noch etwas. Ohnehin nur seltene Sonnenstrahlen werden von der aufgewühlten See verschluckt. Man steigt ins Ungewisse ab. Dass um einen herum eigentlich nichts außer Wasser ist, weiß man. Aber im Dunkel der Nordsee haben es schon viele unerfahrene Taucher vergessen und sind von plötzlichen Ängsten vor dem Ungewissen drangsaliert worden.

Hinzu kommt die reißende Strömung. Das Meer steht eigentlich nur in einem kurzen Zeitkorridor still, wenn Ebbe und Flut sich ablösen. Eine Stunde dauert das in etwa.

Lühring ist ein erfahrener Wracktaucher. Die Nordsee ist sein Revier. Sie gilt als eines der wrackreichsten Gewässer überhaupt. Zwei Weltkriege und das Wetter haben zahlreiche Schiffe sinken lassen. 50 000 sollen in der Nordsee liegen.

Auf dem Grund der Weltmeere befinden sich Gold und Silber, Schmuck und Schätze im Wert von mehr als fünfundzwanzig Milliarden Euro. Irgendwas davon verbirgt sich bestimmt auch in vermoderten Nordseewracks, davon ist Lühring überzeugt.

Im Sommer 2014 fuhr er weit von der Küste weg. Knapp 100 Kilometer raus aufs Meer, um an eine frühere Handelsroute zu gelangen. Viele Stunden hatte er zuvor in Archiven und am Schreibtisch verbracht, hatte alte Seekarten studiert und in Geschichtsbüchern gestöbert. Schiffe aus England, Frankreich, Deutschland und Skandinavien müssten irgendwo unter ihm liegen.

Es sind zehn Grad. Der Himmel ist grau. Das Wasser noch gräulicher als sonst. Lühring lässt sich in die graugrüne Soße fallen. Langsam steigt er ab. Zehn Meter tief. Zwanzig Meter tief. Dreißig Meter tief. Er ist ganz ruhig. Mit sich und dem Nichts um sich herum im Einklang. Er ist jetzt in vierzig Metern, zeigt sein Tiefenmesser an, ein paar Meter noch und er ist am Grund angekommen.

Tatsächlich ist da etwas im Schlick verborgen. Lührings Handgriffe sitzen. Vorsichtig bewegt er sich um das Wrack herum. Da, Kanonen! Vielleicht hat er einen alten Marinesegler entdeckt oder ein bewaffnetes Handelsschiff.

Behutsam sucht und tastet er weiter. Bis Lühring einen Korb findet, der bei der kleinsten Berührung zerfällt. Sein Inhalt aber bleibt heil.

Den Tauchgang in der Nordsee hat Lühring alleine durchgeführt. Aber er erzählt davon so lebendig, dass alle, die sich um ihn versammelt haben, das Gefühl haben, mit zum Wrack abgestiegen zu sein.

Der schönste Wein ist, aus meiner Sicht als Unternehmer, selbstverständlich der verkaufte. Die Flasche, die Kunden bei uns im Stammhaus gekauft haben. Oder die sie im Restaurant in großartiger Atmosphäre zusammen mit tollen Menschen getrunken haben.

Aber Wein ist für mich auch – obwohl meine Geschmacksfestplatte, wie erwähnt, keinen Hochleistungsprozessor hat – etwas Besonderes. Der Neapolitaner Gennario Iorio, der in Frankreich als Kellermeister arbeitet, hat Wein sogar einmal als ein Lebewesen bezeichnet, das man auch »schlafen lassen muss«, was er auf die Lagerung bezogen hat.

Der Schatz, den Lühring mitgebracht hat, hat gut geschlafen. Vorzüglich sogar, was auch ein Teil des Besonderen ist. Märchenliebhaber würden wahrscheinlich vom Dornröschenschlaf sprechen.

Der Schatz hatte ideale Lagerbedingungen. Im Dunkeln, bei ungefähr sieben Grad Temperatur. Mehrere hundert Jahre lang. Deshalb geht es an diesem Abend nicht nur ums Trinken, sondern auch um historische Erkenntnisse.

Dafür ist Professor Philippe Schmitt-Kopplin da, anerkannter Lebensmittelchemiker an der TU München und am Helmholtz-Zentrum und eine Koryphäe auf seinem Gebiet. Er hatte schon mal eine Champagnerflasche untersucht, die vor Finnland aus der Ostsee geborgen worden war und, wie sich herausstellte, ungefähr aus dem Jahr 1830 stammte.

So etwas kann man anhand verschiedenster Faktoren feststellen. Erst im 17. Jahrhundert wurden Weine in Flaschen gefüllt. Zuvor war es gängiger, dafür Holzfässer, Schläuche aus

Tierhäuten oder Amphoren aus Ton zu nutzen. Auch die Form einer Flasche kann wichtige Ergebnisse liefern, wie wir an diesem Abend lernen.

Die von Lühring gehobenen Flaschen, insgesamt hat er vier gefunden, sind aus schwarzem Glas mit einer bauchigen Mallet-Form, ähnlich einer Zwiebel. Damit gehören sie zu den frühesten Weinflaschen aus Glas.

Weitere Hinweise liefert der Verschluss. Ein Korken. Die wurden ab 1680 verwendet, nachdem der Benediktinermönch Pierre Pérignon – dem zu Ehren ein Champagner den Namen Dom Pérignon trägt – sie für seine Schaumweinflaschen statt der bisherigen Holzstopfen benutzte.

Die Flasche sei, so wird nach aufwendigen Untersuchungen festgestellt, aus dem Zeitraum zwischen 1660 und 1700, sodass der Wein mindestens 300 Jahre alt ist.

Mehr als 300 Sommer und Winter sind über die Flaschen hinweggeschwappt, tosende Sturmfluten und schreckliche Weltkriege. Sie haben alles überstanden. 300 Jahre lang eingeschlossen unter einer fast fünfzig Meter hohen Wassersäule.

Volker Müller, einer der Initiatoren dieses Abends, ein Weinsammler und der Hauptgeschäftsführer der Unternehmerverbände Niedersachsen, ist zuversichtlich, dass kein Meerwasser eingedrungen ist, da die Flasche eine kleine Luftblase aufweist.

Er hat das Privileg, diesen Schatz aus einer anderen Zeit zu öffnen. »Da müssen wir extrem vorsichtig sein, dass sie nicht zerbricht«, sagt er und ein Raunen geht durch das Publikum.

Der normale Korkenzieher, mit dem er den ersten Versuch unternimmt, findet keinen Halt. Er flutscht ohne Gegenwehr hinaus. Zurück bleibt ein bröseliger Rest.

»Typisch bei so einer alten Flasche«, sagt Müller – und wirkt noch entspannt. Nun muss die sogenannte Hebamme ran, ein feines Werkzeug, das an zwei Seiten zwischen Flaschenhals und Korken geschoben wird. Mit feinen drehenden Bewegungen bekommt Müller den Korken Stück für Stück aus der Flasche.

Dann ist es so weit und eine der ältesten unberührten Weinflaschen aller Zeiten ist offen. Theoretisch hätte bereits Johann Sebastian Bach sie an irgendeinem Hofe genießen können. Oder Ludwig XIV., der Sonnenkönig.

Doch nun stehen wir hier, in freudiger Erwartung auf einen besonderen Geschmack.

»Die Flasche ist offen«, ruft Müller, »ich kann den Wein sehen!«

Und wir können ihn riechen, denke ich und drehe mich nach hinten weg, in der Hoffnung, ein bisschen sauberen Sauerstoff zu erhaschen, der nicht nach Hölle stinkt. Ekliger Schwefel steigt empor.

»Schlimmer als faule Eier«, höre ich einen Gast leise sagen.

»Wie Erbrochenes mit einer Prise abgestandenem Meerwasser«, flüstert ein anderer.

Dass so ein großartiges Getränk in der Lage ist, so einen entsetzlichen Gestank zu erzeugen.

Während die Vielzahl der Gäste auf Sicherheitsabstand geht, ist Schmitt-Kopplin Sekundenbruchteile nach dem Öffnen zur Flasche gesprungen, um eine Probe für die Laboruntersuchung zu nehmen, bevor die Luft den Inhalt oxidieren und kontaminieren kann oder es zu Verunreinigungen kommt.

Er zieht mit einer Pipette eine blassgelbe Flüssigkeit aus der Flasche und füllt sie in Ampullen. Später wird er diese mit einem hochauflösenden High-End-Massenspektrometer untersuchen.

Volker Müller verteilt Probeschlucke in Gläser. Dann hält er sich selbst den historischen Tropfen unter die Nase.

»Wir riechen hier die ersten Fruchtnoten, ernsthaft, Leute!«, ruft er.

Für seinen Entdecker Olaf Lühring ist der Wein »eher leicht salzig«, eine Mischung aus »erdigem Geruch und Ammoniak«. Er glaube schon, dass ein bisschen Salzwasser eingedrungen sei.

Chemiker Schmitt-Kopplin legt sich indes fest, dass es sich bei der Entdeckung um einen Rotwein handelt. »Das sieht man an den fahlen Pigmenten, die sich am Flaschenboden abgesetzt haben. Die Weinsignatur ist zwar immer noch vorhanden, aber von Schwefel überlagert.«

»Jeder probiert auf eigene Gefahr und auf eigenes Risiko«, sagt Müller und reicht die Gläser herum.

Noch Tage später schmecke ich den Abgang dieses uralten und einzigartigen Tropfens. Er wird ewig auf meiner Geschmacksfestplatte gespeichert sein. Zum Glück. Denn es war ein Abenteuer, diesen historischen Wein, aus einer der ältesten original verkorkten Flaschen, probiert zu haben, trotz der geschmacklichen Enttäuschung. Denn das Drumherum, die Inszenierung, passte perfekt.

*

Events, ganz gleich, ob sie in Schuppen stattfinden oder in Weinkellern, ob es Hochzeiten sind oder Geburtstage, sind immer erst dann ein voller Erfolg, wenn alles von Anfang bis zum Ende stimmt.

Oftmals ist es so, dass Mitarbeiter, wenn sie frisch bei uns anfangen, durchatmen und zufrieden lächeln, sobald bei einer Veranstaltung das Essen beendet ist und alle Gäste zufrieden vor ihren leer gegessenen Tellern sitzen. Sie glauben, dass alles gut sei, wenn das Essen warm und lecker war, alles reibungslos serviert worden ist, und womöglich denken sie dann: »Geschafft!«, und die Anspannung der vorherigen Stunden fällt von ihnen ab.

Aber dann haben sie es eben noch nicht geschafft. Es gibt keinen Grund, dann nachzulassen. Gutes Essen rausgeben, das kann jeder. Anschließend beginnt erst der wichtigste Teil des Jobs. Ab jetzt müssen wir aufmerksamer denn je sein. Wir müssen uns in die Gäste reinversetzen, versuchen nachzuempfinden, wie es ihnen geht. Der Gastgeber inklusive jedem einzelnen Besucher seines Events muss bis zum letzten Moment den perfekten Service von uns bekommen. Das letzte Bier um fünf Uhr in der Früh entscheidet darüber, wie wir unseren Job gemacht haben. Nur wenn auch dieses Bier noch genauso aufmerksam und gut gezapft worden ist wie das am Beginn des Abends, waren wir richtig gut.

Mein Job ist es, andere glücklich zu machen. Dafür muss ich manchmal auch ein radelnder Lautstärkenkontrolleur sein oder ein trockentauchender Ekelweinprobierer. Ganz gewiss muss ich aber immer aufmerksam sein und ein hochempfindlicher Stimmungsempfänger.

Wenn beispielsweise bei einer Hochzeit die Stimmung zu kippen droht, weil ein Vater oder Schwiegervater, ein Trauzeuge oder ein alter Schulfreund die Kunst der Rede nicht beherrscht, zu weit ausholt, sich in ausschweifenden Belanglosigkeiten verrennt und seine Pointen nicht ankommen, dann müssen wir den

Mut haben, den nächsten Gang in die Rede reinzuservieren. Wir dürfen dann nicht tatenlos am Rand stehen, frei nach dem Motto: »Wir können doch nicht.« Doch, können wir – müssen wir sogar! Bevor eine ganze Hochzeitsgesellschaft einschläft, müssen wir klug einschreiten.

Wir müssen ständig bereit sein, zu improvisieren. Wenn das Essen zu lange dauert, die Gäste träge immer tiefer in ihre Stühle sacken und man merkt, dass sich eine Müdigkeit über alle legt, dann müssen wir auch mal ein Dessert ausfallen lassen. Dann muss die Band Gas geben und die Leute wecken. Und es wird eben nicht nach durchgetaktetem Zeitplan am Tisch gegessen, sondern improvisiert und wild durcheinander stehend, nachdem alle ihre Beine gelockert haben und der Kreislauf wieder in Schwung gekommen ist.

Ich bin auch kein Freund davon, dass die Band erst langsam loslegt. Bei den passenden Events rate ich eher zu einem krachenden Start.

Wobei wir nicht über den Kopf eines Paares, das ja immerhin unser Auftraggeber ist, hinweg entscheiden, sie bei irgendetwas außen vor lassen würden. Wir beraten die Paare. Wenn sie es dann trotzdem nicht so haben wollen, wie wir vorschlagen, dann ist es völlig in Ordnung. Aber es ist unsere Pflicht, aus unserer Erfahrung in Sachen Inszenierung heraus, ein bisschen zu helfen und wenn nötig aktuell zu reagieren und gegebenenfalls zu improvisieren.

Am Ende, das ist meine Erfahrung, kommt es vor allem bei einer Hochzeit nämlich nicht darauf an, ob es Wiener Schnitzel mit Kartoffelsalat gegeben hat oder ob wir den teuersten Fisch der Welt serviert haben. Das Essen muss schon gut sein. Aber viel wichtiger ist, dass jeder Gast die Gefühle zwischen Braut und Bräutigam spürt. Dass man das pure Glück vor Augen hat, wenn sich beide in den Arm nehmen, miteinander tanzen und sich anlächeln. Mit echten Emotionen im Raum läuft jede Hochzeit, dann ist alles in bester Ordnung. Zugelassene und gezeigte Emotionen verleihen einer Hochzeit mehr Glanz als das beste Essen, die klangvollste Band und die bunte Verpackung, in die wir ein Event wickeln können.

Dementsprechend ist das wichtigste Kompliment, das wir nach Veranstaltungen bekommen können, nicht: »Das Essen war so lecker.« Am wichtigsten ist, wenn man uns hinterher sagt: »Es war ein tolles Fest. Eine wunderbare Party. Wir hatten sehr viel Spaß.«

Dafür müssen wir bereit sein, auf Details zu achten. Und ich muss, so wie es mir einst als Fünfzehnjährigem der Oberkellner im Hofbräuhaus beigebracht hat, 100-prozentige Aufmerksamkeit demonstrieren. Ich muss jedem einzelnen Mitarbeiter vorleben, wie ich Dienstleistung verstehe. Ich könnte auch stundenlange Vorträge darüber bei uns im Haus halten, aber viel besser funktioniert es, wenn ich selbst es zeige. Wenn auf dem Boden ein Papier liegt, dann hebe ich es auf. Wenn ich einen schmutzigen Teller in der Ecke sehe, nehme ich ihn mit. Wenn die Speisekarten nicht akkurat gestapelt sind, sondern einfach nur hingeklatscht und unaufgeräumt wirken, dann richte ich sie.

Wenn ich das nicht mache – oder, und das wäre wohl sogar noch schlimmer, es nicht sehen würde –, dann kann ich es auch nicht von meinen Leuten erwarten.

Wir haben seit einigen Jahren wieder Veranstaltungen in privatem Kreis, wo auch geraucht werden darf. Da musste ich feststellen, dass vor allem junge Mitarbeiter neu sensibilisiert werden mussten, die Aschenbecher zu leeren.

Früher, als Rauchen in Klubs und Diskotheken noch erlaubt war, es selbst in Flugzeugen und Zügen Raucherabteile gab, wusste jeder Kellner, dass volle Aschenbecher ein Zeichen von schlechtem Service sind. Nun mussten wir es ihnen neu beibringen.

Entscheidend ist, dass sich jeder unserer Mitarbeiter immer selbst in den Gast reinversetzt, spürt, wie dieser sich gerade fühlt. Wenn man diesen einfachen Rat befolgt, macht man viel richtig.

KAPITEL 26

DER FALSCHE WAGEN

»Entscheidend ist, dass sich jeder unserer Mitarbeiter immer selbst in den Gast reinversetzt« – das mag aufgeschrieben einfach klingen. Ist es aber tatsächlich nicht. Denn Fehler lauern überall. Wir haben einmal ein Event für die wundervolle Familie Sixt organisieren dürfen. Erich und Regine sind ein absolutes Powerpaar, wie es sie selten gibt. Sie hat ihre Familie einmal wie einen Tintenfisch beschrieben, mit ihrem Mann als Kopf und sich selbst und die Söhne Konstantin und Alexander als Fangarme.

Erich Sixt hatte immer, seit er 1969 die Firma von seinem Vater übernommen hat, den Wunsch nach »dramatischem Wachstum«, wie er es ausdrückte. Das hat ihn angetrieben und ihm geholfen, auch Krisen zu meistern und die Autovermietung, die seinen Namen trägt, zu einem weltumspannenden Konzern aufzubauen.

Auch mit ihm ist es inspirierend zu sprechen, wenn er seine Sichtweise auf Unternehmensführung mit einem teilt. Erich Sixt erklärte mir zum Beispiel einmal, wie wichtig er fände, dass Führungspersönlichkeiten ein kindliches Staunen behalten. Das ginge seiner Wahrnehmung nach allmählich verloren. »Wenn wir staunen und diskutieren, gewinnen wir Wissen«, sagte er.

Er ist ein humorvoller Mann. Er hat ein Lachen, das einem in Erinnerung bleibt. Dabei ist er, was ich sehr schätze, trotzdem nie schadenfroh. Er lacht mit Menschen, nicht über sie. Auch wenn seine Firma Werbekampagnen schaltet, die, so hat es mal das Fachportal W&V beschrieben, wie »giftige Pralinen« sind. Sie nehmen selbst ranghöchste Politiker mit beißender Satire aufs Korn, immer brüllend komisch.

Es war tiefster Winter, als wir das Sixt-Event, zu dem die Familie in Kitzbühel geladen hatte, vorbereiten durften. Es war richtig frostig. Und die Location, in der gefeiert werden sollte, lag in den Bergen am Ende einer kleinen Straße, die eine Steigung von sechs Prozent hatte und nicht zu den Straßen gehörte, die als Erstes von den Streufahrzeugen angefahren werden. Es ging also richtig steil hoch und zu allem Überfluss war es spiegelglatt.

Ein Großteil unserer Mitarbeiter war von München aus angereist. Wir hatten aber auch ein paar, die vor Ort darauf angewiesen waren, Fahrzeuge zu mieten. Selbstverständlich war der erste Anruf unserer Mitarbeiter bei der örtlichen Mietwagenstation mit den orange-schwarzen Farben von Sixt. Zu unserem Unglück gab es dort aber keine Fahrzeuge mehr, die mit Schneeketten ausgestattet waren. Ohne Schneeketten war es unmöglich, die vereiste Straße zu befahren. Also entschlossen sich die Mitarbeiter, es waren ein paar wenige, notgedrungen bei einer anderen Autovermietung nachzufragen, wo es noch Fahrzeuge mit entsprechendem Equipment gab.

Als Regine Sixt sah, dass unsere Leute mit den falschen Autos vorfuhren, stellte sie mich erbost zur Rede. Das könne nicht sein, schimpfte sie. Ihr war gar nicht nach Lachen oder Drüberhinwegsehen zumute. »Das ist unangebracht«, rief sie. Sie drohte sogar damit, die Veranstaltung abzusagen, so sehr sei ihr die Lust vergangen, dass wir sie ausrichteten.

Mir imponierte diese Frau, wie sehr sie für das Unternehmen kämpfte. Sie konnte und wollte nicht über unseren Fauxpas hinwegsehen, der an sich ja nichts mit dem Essen, der Dienstleistung, unserem Service oder einem falsch ausgerichteten Gefühlsseismografen zu tun hatte.

Ich konnte ihren Unmut sogar verstehen. Sie hatte ja recht. Uns in einem Auto von der Konkurrenz zu sehen, musste bei ihr das gleiche Gefühl ausgelöst haben wie bei mir, wenn immer ich in der Allianz Arena die Windlichter mit dem Do&Co-Logo sehe. Und diese Gefühle braucht man, um sein Unternehmen groß und erfolgreich zu machen, um ständig für es zu kämpfen. Um nie nachzulassen.

Regine Sixt fährt also, um bei ihrem selbstgewählten Bild zu bleiben, wenn ihr etwas nicht passt, die Fangarme des Tintenfisches aus und krallt sich den Schmerzverursacher, in diesem Fall mich. Da ist sie nicht anders als Uli Hoeneß und Karl-Heinz Rummenigge, die ihren Verein, ihr Bayern München, immer in jeder Lebenslage mit Kraft, Leidenschaft und Vehemenz verteidigt haben. Keiner durfte Bayern unter ihrer Führung kritisieren, sich nach Niederlagen amüsieren oder Spieler des Vereins attackieren. Es wurde immer verbal zurückgeschossen, auch mal übers Ziel hinaus, so intensiv jedenfalls, dass jeder eingeschüchtert war.

Letztlich war es unser Fehler, dass wir nicht rechtzeitig daran gedacht hatten, Mietwagen bei Sixt zu reservieren und so vorausschauend zu sein, auch an die mögliche Notwendigkeit von Schneeketten zu denken.

Wir müssen also, das habe ich ja bereits dargelegt, verdammt aufmerksam, weitsichtig und ein hochempfindlicher Stimmungsempfänger sein. Wir müssen genau zuhören, um gegebenenfalls auf langweilige Hochzeitsreden reagieren zu können. Gleichzeitig müssen wir aber auch oft bewusst weghören. Weil der Kunde ein Höchstmaß an Diskretion und Schutz unsererseits erwarten darf.

*

Ende 2001 oder Anfang 2002, auf den Tag genau weiß ich es nicht mehr, saßen beispielsweise Edmund Stoiber und Angela Merkel in unserer Bürostube. In diesem holzvertäfelten Schmuckstück, gerade mal sechs Quadratmeter groß, besprachen sich die beiden Politiker. Es war während einer heißen Phase, als es zu klären galt, wer der richtige Kanzlerkandidat (oder Kandidatin) für die Union wäre. Die K-Frage hatte es schon bei Strauß gegen Albrecht gegeben, auch bei Kohl gegen Strauß und nun lautete sie in der aktuellen Auflage Stoiber oder Merkel.

Am 11. Januar 2002 wurde die Antwort darauf beim historischen Wolfratshauser Frühstück gegeben. Familie Stoiber hatte Angela Merkel zu sich nach Hause eingeladen, um bei verschiedenen Semmeln, zweierlei Brot, Nektarinen und Ananas, roten und weißen Trauben, drei Käsesorten, gekochtem und geräuchertem Schinken, Eiern, Butter, Honig, Johannisbeermarmelade und frisch gepresstem Orangensaft sowie Kaffee, angerichtet auf einer weißen Stoffdecke, die über einem Nussbaumtisch ausgebreitet war, zu sprechen. Am Ende überließ Merkel Stoiber die Kandidatur. Die K-Frage sei verfrühstückt worden, hieß es. *Der Spiegel* bezeichnete das Frühstück als »die politischste Morgenmahlzeit der bundesrepublikanischen Geschichte«.

Ich weiß nicht, was Merkel und Stoiber bei uns in der Bürostube besprochen haben. Dass sie dort saßen, ist auch nie herausgekommen. Im Gegensatz zum Wolfratshauser Frühstück, das von Reportern bis ins kleinste Detail erfragt und rekonstruiert worden ist, über das es sogar einen eigenen Wikipedia-Artikel gibt, sind vom Bürostubentreffen keine Inhalte bekannt oder erfragt worden.

Ebenso wenig weiß ich, worüber sich Kai Diekmann, damals *Bild*-Chefredakteur, wenig später mit Stoiber in derselben Stube unterhielt. Ich kann mir nur vorstellen, und ich glaube nicht, dass ich übertreibe, dass bei uns hochpolitische Ideen diskutiert und Wahlkampf-Schlachtpläne kreiert worden sind. Ein klein bisschen Politikgeschichte wurde, nicht nur bei diesen Gesprächen, auch bei uns geschrieben.

Ich bin ein politisch interessierter Mensch. Als junger Mann hätte ich wahnsinnig gerne noch ein Politikstudium drangehängt. Aber dann hat mich das Arbeitsleben eingeholt und eingesaugt, und ich habe von dieser Idee leider Abstand nehmen müssen.

Heute weiß ich, dass es eher klug ist, ein neutraler Gastgeber zu sein, dass ich mich in meinem Beruf mit politischen Statements zurückhalte, vor allem öffentlich.

Unser System, so wie es in Deutschland funktioniert, ist, das zumindest kann ich mit Überzeugung behaupten, zunächst einmal gut. Wir sind medizinisch auf einem Stand, für den uns der größte Teil der Welt beneidet, wenn es auch in der Organisation des Gesundheitswesens öfter hapert. Wir haben eine hervorragende wirtschaftliche Basis. Wobei man schon sagen muss, dass unser Land, wenn man bedenkt, wie viel Geld uns zur Verfügung steht, zu wenig für unsere Infrastruktur getan hat (und tut). Wir müssten in Sachen Schule und Bildung besser dastehen. Wir müssten das schnellste Internet der Welt haben. Wir müssten beim Thema erneuerbare Energien viel weiter sein, als wir es sind. Deutschland hätte das Potenzial, in all diesen Themen führend zu sein. Stattdessen haben wir uns in den vergangenen Jahren vor richtungsweisenden Entscheidungen gedrückt. Der Politik fehlten der Mut und auch die Zeit für unpopuläre Maßnahmen.

Ich glaube, dass es uns helfen würde, wenn die Legislaturperiode um ein Jahr verlängert würde. Dass wir also nur noch alle fünf und nicht mehr alle vier Jahre Bundestagswahlen hätten. Dieses weitere Jahr, davon bin ich überzeugt, würde den Abgeordneten mehr Luft verschaffen, zwischen Einarbeitung und dem nächsten Wahlkampf ihre Ideen umzusetzen. Eben auch solche, deren Wirkung man erst nach zwei oder drei Jahren erkennt.

Wir Unternehmer müssen ja teilweise auch Entscheidungen treffen, die unpopulär sind. Mit denen wir ins Risiko gehen. Aber letztlich treffen wir sie im Sinne des Unternehmens.

Ich glaube auch, dass unsere Gesellschaft – auf die Gefahr hin, dass ich mir mit dieser Auffassung keine Freunde mache – im Großen und Ganzen bequemer geworden ist. Noch vor ein paar Jahren rissen sich Bewerber um Arbeitsplätze, haben gefragt, was sie tun können, um den Job zu bekommen. Heute hat sich das gedreht. Qualifizierte Kandidaten fragen, was ihnen das Unternehmen bieten könne, damit sie sich für den Job entscheiden. Jeder will etwas sein, aber dass man bis dahin auch viel investieren und tun muss, vergessen leider zu viele.

Ich stelle das insbesondere im Zusammenhang mit der Coronapandemie fest, genauer: mit all den Hilfsmaßnahmen der Bundesregierung.

Grundsätzlich waren die Maßnahmen großartig und wichtig. Und wir müssen dankbar dafür sein, dass der deutsche Staat sie zur Verfügung gestellt und damit verhindert hat, dass die Arbeitslosenquote durch diesen teuflischen Virus nicht noch höher gegangen ist.

Nichtsdestotrotz habe ich manchmal das Gefühl, dass sich einige Arbeitnehmer zu sehr daran gewöhnt haben, mit ganz wenig Arbeit leben zu können. Was auch verständlich ist. Sie haben neunzig Prozent ihres Gehaltes bekommen und konnten sich darüber hinaus weitere 450 Euro dazuverdienen. Mit einem Tag Arbeit hatten einige sogar mehr als vorher.

Nochmals: Es ist gut, dass der Staat da war und geholfen hat. Dass er den Familien, von denen viele während des Lockdowns isoliert in kleinen Wohnungen gehockt haben, sich mit Homeschooling und geschlossenen Kindergärten arrangieren mussten, so die existenziellen Ängste genommen oder sie zumindest gemildert hat. Es darf aber nicht sein, und das ist keine Kritik am Staat, sondern ein Appell an diejenigen, die davon profitiert haben, dass man nachher nicht mehr gewillt ist, so leidenschaftlich zu arbeiten wie vor der Pandemie.

Corona hat uns alle überrascht und überrollt. Der Virus war und ist eine Herausforderung und ein stetiger Lernprozess für jeden Einzelnen, an dem wir uns aber auch alle beteiligen sollten. Anstatt, wie es in Deutschland meines Erachtens viel zu früh und oft gemacht wurde und wird, gleich nach dem Staat zu rufen und ausschließlich ihn um Hilfe zu bitten, oftmals sogar, ehe man sich selbst Gedanken gemacht hat, welche Maßnahmen man ergreifen kann.

Natürlich gibt es zahlreiche Menschen, die Hilfe brauchen und wo jegliche Unterstützung wichtig und richtig ist. Dass wir bei Themen wie der Flutkatastrophe helfen, steht außer Frage. Dass wir ein soziales Auffangnetz haben, da bin ich absolut dafür. Ich bin aber auch dafür, dass Unternehmer mit mehr Weitsicht planen sollten.

Seit unserer Beinahpleite habe ich gelernt, dass man als Unternehmer immer auch Reserven braucht, um schwierige Zeiten zu überstehen. Deshalb hätten wir die Coronaphase auch ohne staatliche Hilfen überstehen können. In Hinblick auf künftige ähnliche Geschehnisse könnte es sinnvoll sein, staatlicherseits das Eigene-Reserven-schaffen-Prinzip stärker zu fördern, ob bei Unternehmen oder im privaten Bereich.

Etwas, was mir außerdem Bauchschmerzen bereitet: dass kaum noch jemand Verantwortung übernehmen möchte. Selbst Führungskräfte suchen mir zu oft nach Ausreden. Das geht so nicht. Als Führungskraft gibt es keine Ausreden. Man muss alle Eventualitäten einplanen oder die Kreativität und Entschlossenheit haben, Lösungen zu finden. Man muss klar in seinem Handeln und in seinem Führungsstil sein.

Mir ist – auch wenn das nichts mit Partys und Events zu tun hat – einmal über zwei Ecken zu Ohren gekommen, dass unsere Auszubildenden in Parsdorf eine Zeit lang immer nur montags Hemden getragen haben. »Weil dann der Herr Käfer kommt, da müssen wir ordentlich sein«, lautete die Begründung.

Das hat mich wahnsinnig geärgert. Weil diese Denkweise von einem hohen Maß an Impertinenz zeugt. Für mich muss niemand ein weißes Hemd anziehen. Aber es geht um das Bild, das wir als Firma gegenüber unseren Kunden abgeben. Das muss stimmen. Natürlich kann ich den Fehler nicht bei den einzelnen Auszubildenden suchen. Dass sie offensichtlich nicht verstanden hatten, wofür Käfer steht, ist zunächst einmal der Fehler derjenigen, die die Werte von Käfer weitergeben und vorleben. Der Geschäftsführung. Also war ich derjenige, bei dem die Fehlerkette ihren Anfang nahm.

Vielleicht klingt es belanglos und mag für Augenrollen sorgen. Vielleicht ist es auch nur Wunschdenken, das aus meiner Sportleidenschaft entstanden ist. Aber manchmal würde ich mir wünschen, dass unsere Führungskräfte mehr wären wie Jan Fitschen, wie John Kostecki, wie Arjen Robben, wie Bastian Schweinsteiger, wie Uli Hoeneß oder auch wie mein Freund Lothar Matthäus.

Dass sie bereit wären, volllaufende Schiffe nicht nur vor dem Absaufen zu retten, sondern trotz des Rückschlags auf Sieg zu segeln, dass sie sich nicht mit Platz zwei und drei zufriedengeben, selbst wenn das schon Erfolge wären, sondern sich Gold schnappen. Dass sie sich gegen Tritte und Grätschen wehren. Dass sie unbeugsam sind, Schlägen trotzen, Platzwunden ihnen nichts anhaben und sie sich trotzdem mit atemberaubenden Leistungen verewigen. Dass sie Verantwortung übernehmen, den Ball fordern, mit ihm über den ganzen Platz marschieren und ihn ins Tor schießen. Dass Führungskräfte einfach ein bisschen von dieser Wucht und von diesem Willen dieser Spitzenpersönlichkeiten übernehmen würden.

Diese Entschlossenheit brauchen wir nicht nur auf dem Arbeitsmarkt, sondern auch bei der Mission, unsere Erde anständig an die nächsten Generationen zu übergeben. Ich habe da, als Papa und als Unternehmer, meine Aufgabe zu leisten.

Ich habe gegenüber Raphael und Nikolas die Pflicht, ihnen eine ordentliche Welt zu hinterlassen.

Keinem Vater und keiner Mutter kann und darf es egal sein, in welchem Zustand wir die Welt, in die wir unsere Kinder gesetzt haben, verlassen.

Natürlich ist das keine leichte Aufgabe. Und natürlich bin ich nicht nur als Unternehmer, sondern konkret als Wiesn-Wirt, Restaurantbesitzer und Partyveranstalter da besonders gefordert. Denn natürlich und völlig zu Recht kreisen gerade auch über uns die Schlagworte »Food Waste« und »Verschwendung«.

Weltweit werden laut Welthungerhilfe pro Jahr 1,3 Milliarden Tonnen Essen weggeworfen. In Deutschland sind es allein zwölf Millionen Tonnen. Das ist eine entsetzliche, ja skandalöse Zahl, die wir uns alle auf der Zunge zergehen lassen sollten. Daran gibt es nichts schönzureden.

Auch wir schmeißen Lebensmittel weg. Auch wir tragen zu diesen Zahlen bei. Wobei es, und das will ich nicht als Ausrede verstanden wissen, auch nicht immer ganz einfach ist, alles neu zu denken. Wir können in der Kuchenabteilung nicht nur eine einzige Himbeertarte anbieten. Es müssen schon zehn, fünfzehn in der Anrichte liegen, damit die Kunden richtig Lust haben zu kaufen. Auch auf der Wiesn wird kein Gastgeber akzeptieren, wenn wir Vorspeisenplatten servieren, auf denen gerade mal drei mickrige Semmeln und zwei Radieschen liegen.

Dennoch: Wir sind uns unserer Verantwortung bewusst und verfolgen Maßnahmen, um Verschwendung, so gut es geht, zu minimieren. Bei Events beispielsweise am Buffet. Selbstbedienungsbuffets sind nicht mehr zeitgemäß. Die führen einfach dazu, dass unheimlich viel weggeworfen wird. Deshalb macht es Sinn, dass die Menschen zwar noch ans Buffet gehen, sich das Essen dort aber nicht selbst nehmen, sondern einem Mitarbeiter den Teller reichen, der ihnen auftut, ohne den Teller unangebracht vollzuschlagen.

Ich glaube ohnehin, dass sich das Essverhalten verändern wird. Fleisch wird künftig eher eine Beilage als der Hauptbestandteil einer Mahlzeit. Dafür wird der Gemüseanteil höher ausfallen. Fleisch wird nicht dieser Fixstern eines jeden Essens bleiben, wie es in den letzten Jahren noch war. In Zukunft werden die Leute kaum noch ein 150-Gramm-Filet bestellen, sondern eines mit »nur« achtzig oder neunzig Gramm. Das aber wahnsinnig wertig ist. Von einem Tier, das auf einer anständigen Weide gestanden hat, wo es ordentliches Gras fressen konnte, nicht gequetscht und gemästet worden ist.

Ich glaube schon, dass das Bewusstsein der neuen Generation vorhanden ist, mehr für gutes Essen zu bezahlen und Massentierhaltung nicht zu unterstützen.

Auf dem Oktoberfest haben wir inzwischen das Toilettensystem umgestellt, weg von der chemischen Wasserspülung. Glühbirnen haben wir durch LED-Lampen ersetzt. Wir sind dabei, unsere Messestände CO_2-neutral zu machen, weil wir Baumaterialien aus wiederverwendbaren oder nachwachsenden Rohstoffen aussuchen, also keinen Kunststoff oder Stahl, stattdessen Holz. Gleichzeitig werden wir Bäume pflanzen lassen, hier in Deutschland, voraussichtlich am Münchner Messegelände.

Für unser veganes Restaurant haben wir Kochkleidung aus recyceltem Plastik gefunden. Grundsätzlich haben wir vor, dass unsere gesamte Personalkleidung so nachhaltig wie möglich produziert ist. Allerdings kann sie derzeit noch nicht komplett nachhaltig sein, weil ein kleiner Anteil, so ist mein

Wissensstand zumindest aktuell, Polyester in der Kleidung sein muss, andernfalls kann man sie nicht richtig reinigen und bügeln lassen.

Wir sind uns also bewusst, dass wir etwas tun müssen. Und wir tun etwas. Wir haben eine Nachhaltigkeitsbeauftragte, die sich um das Thema kümmert. Wir haben vierzig, fünfzig Punkte festgelegt, die bis Ende 2025 angegangen sein müssen, um unseren Teil zur Verbesserung beizutragen. Das ist zumindest ein Anfang.

Ich bin übrigens davon überzeugt, dass ein überwiegender Teil der Menschen – Stichwort Schwarmintelligenz – schlau genug ist, um Antworten und Maßnahmen hinsichtlich der Klimakrise, des Ozonlochs und zum Thema CO_2-Ausstoß zu finden. Es gibt Menschen, die verdammt gut darin sind, Probleme zu erkennen, zu benennen und Lösungen zu entwickeln, um Katastrophen abzuwenden. Der Mensch hat es bisher immer einigermaßen schlau und geschickt gemeistert.

KAPITEL 27

BAUCHGRUMMELN

Mit knurrendem Magen lasse ich mich und mein Buch in den grauen Ohrensessel in meinem Hotelzimmer fallen. »Wie schlau von dir«, sage ich mir mit einer gehörigen Portion Selbstironie, »ausgerechnet zu einer Entschlackungskur die Autobiografie von einem Küchenchef einzupacken.« Mein Magen gluckert, er ist nach einer Fenchelsuppe, einem gedünsteten Saibling mit Petersilienwurzeln, hauchdünnen Gemüsechips, alles ganz oft und gründlich gekaut und dazu mit zahlreichen Schlucken Kräutertee begossen, noch sehr weit von einem Sättigungsgefühl entfernt.

Ich habe Anthony Bourdains *Geständnisse eines Küchenchefs* schon mehrfach gelesen. Es ist eines meiner Lieblingsbücher, das ich gerne und oft verschenke. Der leider bereits verstorbene Bourdain war immer ein Sinnlichkeitsjunkie. Jemand, der es verachtete, wenn Fisch auf ein Blech geklatscht und mit geklärter Butter und Paprika bestreut zum Geschmackstod gegrillt wurde.

Verbitterte Boulettenmanscher konnte er nicht ausstehen. Er hatte eine Lieblingspfanne. Und spielte gerne mit Messern. Als Kind bekam er seine erste Auster zu essen. Er habe, so beschreibt er es, »dieses glänzende Objekt, das vage sexuell aussah, das triefte und fast lebte«, in die Hand genommen, die Muschel in seinen Mund gekippt und einen unvergesslich süßen Augenblick erlebt, der lebendiger war als so viele andere seiner ersten Male. »Lebendiger als der erste Joint oder der erste Tag an der Highschool. Es schmeckte nach Seewasser, nach Salz und Fleisch und irgendwie nach Zukunft.«

Für Bourdain war Essen Abenteuer, Schmerz, Sinnlichkeit, Beständigkeit, Berufung und Sex. Essen habe sogar etwas, so beschreibt er es, mit Macht zu tun. »Ich möchte, dass die Leser eine Vorstellung davon bekommen, dass es eine Freude ist, wirklich gutes Essen auf professionellem Niveau herzustellen.«

*

Köche sind wunderbare Menschen. Ganz wichtig für mich und unser Unternehmen. Und auch wenn ich selbst nicht kochen kann, höchstens erwärmen, gehört es für mich selbstverständlich dazu, mich mit ihnen zu beschäftigen.

Eigentlich ist Kochen zunächst einmal etwas relativ Einfaches. Du brauchst dafür Feuer, Wasser, einen Topf oder eine Pfanne. Heute reicht es sogar beinah aus, einen Thermomix zu besitzen. Der, der bei uns zu Hause steht, heißt Paul, so wie der französische Drei-Sterne-Koch Paul Bocuse.

Über Essen drückt sich auch eine Lebenseinstellung aus. Grundsätzlich habe ich eine simple und klare Einstellung, die da heißt: Was die Leute gerne mögen, kann man essen.

Wobei man deutlich zwischen Essen in einem Restaurant und daheim unterscheiden muss. Als die Menschen wegen Corona zu Hause bleiben mussten, Restaurants über Monate geschlossen blieben, das öffentliche Leben, das wir zuvor kannten, stillgestanden hat, haben viele Menschen ihre Küchen erst richtig kennengelernt. Sie haben sogar Spaß am Kochen gefunden – zumindest am vereinfachten Kochen. Auch wegen der Pandemie ist der Trend zu Convenience-Food weiter gestiegen. Single-Portionen statt Familienpackungen. Schnelles Veredeln von vorgefertigten Portionen. Alles, was man für ein Gericht braucht, ist zusammen verpackt. Lieber passende Portiönchen als aufgerissene Familienpackungen, die am Ende weggeworfen werden.

Aber je nachdem, wer mit Feuer, Wasser und Töpfen hantiert, kann am Ende auch etwas ganz Wundervolles herauskommen – das Ergebnis aus der Verbindung von Handwerk und Kunst. Und für die künstlerische Note geht man gerne in Restaurants. Für ein besonderes Essen in einer besonderen Atmosphäre, wo die Zeit nicht der Zubereitung, sondern dem Genuss gewidmet wird.

Wenn wir Köche anstellen, egal für welchen unserer Läden, stehen natürlich das Fachliche und der Lebenslauf ganz oben, über allem anderen. Es gibt aber ein paar Punkte, die mir darüber hinaus wichtig sind.

Ich finde es zum Beispiel nicht gut, und das ist überhaupt nicht herablassend gemeint, wenn ein Koch dick ist. Wenn er ein bisschen mehr auf den Rippen hat, ist es okay. Aber ich bin der Meinung, dass jemand, der bei uns kocht, ein ästhetisches Gespür für Essen haben muss und es nicht einfach nur in sich reinschaufeln darf.

Außerdem achte ich bei Köchen darauf, dass sie extrem gepflegt sind. Fingernägel mit Trauerrändern gehen gar nicht.

Die Hände müssen alles in allem ordentlich sein. Ich akzeptiere auch keine dreckigen Kochjacken.

Ein Koch, der bei uns arbeiten möchte, muss äußerlich und auch vom Kopf her sauber, man könnte auch sagen: rein, sein. Er muss verstehen, dass er indirekt in den Körper der Gäste eindringt. Denn sie verzehren, was er mit seinen Händen zubereitet hat. Dementsprechend respektvoll wünsche ich mir auch den Umgang mit den Produkten, die unsere Köche in die Hand nehmen und verarbeiten. Dieser Respekt spielt bei unseren Bemühungen, weniger Lebensmittel wegzuwerfen, auch eine Rolle.

Und genau so arbeiten unsere Köche und Küchenchefs, die großartige Handwerker sind, auch. Sie alle sind Genussarbeiter und kreieren Genussmomente! Für mich, und nicht nur für mich, haben sie sogar Star-Status!

Jeden Einzelnen von ihnen würde ich jetzt gerade am liebsten anrufen und anflehen, mir irgendetwas zu essen in den Lanserhof bei Innsbruck zu bringen. Wie kann man nur so hungrig sein, denke ich, obwohl ich dieses Gefühl ja schon kenne. Schon seit mehreren Jahren gönne ich mir zum Jahresbeginn eine Auszeit in diesem Gesundheitshotel.

Kein Zucker, kein Kaffee, kein Alkohol, Nikotin konsumiere ich ohnehin nicht, kein Fleisch. Stattdessen viel Bewegung und frische Luft. Auch aufs Handy und Internet sollte ich eigentlich vollständig verzichten, was mir aber nicht ganz gelingt. Aber ich nutze beides nur sehr eingeschränkt, man kann es durchaus als lauwarmen Erreichbarkeitsentzug bezeichnen.

Das Essen ist salz- und fettarm. Weißes Mehl, Gluten und Kuhmilch verschwinden von meinem Speiseplan. Zum Frühstück reichen auch mal Reiswaffeln mit Avocadomus.

Nach dem Einchecken wurde ich gewogen und gemessen. In einem Gespräch über meine Ernährungsgewohnheiten musste ich zugeben, dass ich Weißbrot in mich reinschaufle, wenn ich angespannt bin. Bei einem Event kann es durchaus passieren, dass ich unbewusst ein ganzes Weißbrot in mich reinschiebe. Natürlich nicht im Ganzen, sondern Stück für Stück.

»Restart your Life«, heißt es in der Infobroschüre des Hotels. Ganz so dick würde ich den Grund meines einwöchigen Aufenthalts nicht auftragen. Aber mir hilft diese Woche des Runterkommens, um die Akkus wieder aufzuladen.

Ich war in meinem Leben, grob überschlagen, auf über 30 000 Partys oder Veranstaltungen. An manchen Abenden am Wochenende tauche ich auf drei, vier Events abwechselnd auf, um mich persönlich zu überzeugen, dass alles läuft. Fünfzehn Veranstaltungen besuche ich also mindestens pro Woche. Mehr als 700 im Jahr. Ich gehe viel zu oft viel zu spät ins Bett. Und das nun seit mittlerweile über vierzig Jahren.

Da muss man aufpassen. Und dem Körper und dem Geist ab und zu Ruhe gönnen. Das Hotel liegt auf einem Sonnenplateau, eingerahmt von tiefen Wäldern und weiten Wiesen. Die Luft ist frisch und das Wasser in den Bergbächen klar. Der perfekte Ort, um runterzukommen.

Ich bin auch wegen Detlef hier. Meinem Freund, dem ich durch meine Schusseligkeit fast das Champions-League-Finale 2013 versaut hätte. Im November 2020 ist er verstorben. Der Krebs hat ihn besiegt.

Detlef war immer so unverwüstlich. So stark, so klar, so charakterfest an meiner Seite. Ich konnte mich immer auf ihn verlassen. Er war ein furchtloser Mensch. Vielleicht ist er auch deshalb viel zu spät zum Arzt gegangen, sodass der Krebs, der eigentlich heilbar gewesen wäre, schon gestreut hatte.

Wie schon mit meinem Vater, sprach ich nun mit ihm übers Ende. Zumindest indirekt. Eigentlich schmiedeten wir Pläne, um auf seine Lieblingsinsel, nach Mallorca, wo er eine Wohnung hatte, zu fahren. Wir blickten nach vorne, versuchten beide, selbst als er bereits auf der Palliativstation war, Optimismus zu versprühen. Wir lachten über unsere Erinnerungen an London. Detlef konnte es auch sieben Jahre später nicht fassen, dass ich auf der Suche nach unseren Tickets in den versifften Mülleimer gegriffen hatte. Ich dankte ihm für seine Hilfe, als Käfer finanziell kurzzeitig in Schieflage geraten war.

»Versprich mir, dass du auf dich aufpasst«, forderte er von mir. Der Krebs hatte sich bis zu seiner Wirbelsäule durchgefressen. Er fand kaum eine Position, in der es ansatzweise erträglich war, zu liegen. Wenn er nachts einschlief, hatte ich Angst, das letzte Mal mit ihm gesprochen zu haben. Einmal stand er am nächsten Morgen noch mit einer Kraft auf, die Hoffnung gab, dass er den Kampf doch durchstehen könnte. Doch zwei Tage später war er tot.

Detlef fehlt mir. Genauso wie mein Vater. Und meine Mutter. Und wie Clarissas Vater. Oder auch Alfred Wurm, den ich mehr als fünfzig Jahre kannte. Sein Vater, der den gleichen Vornamen wie sein Sohn hat, war der Chef der Münchner Modewoche. Er war viele, viele Jahre unser Firmenanwalt und mein Freund, bis er an Leukämie verstarb.

Ich halte mein Wort, das ich Detlef gegeben habe, und passe auf mich auf. Ich lasse mich ärztlich durchchecken.

Und gönne mir einmal im Jahr diese Pause inklusive Entschlackung, um jedes Jahr im Januar ein bisschen Gewicht zu verlieren.

Wobei ich grundsätzlich keine Angst vorm Älterwerden habe. Klar merke ich, dass sich ein paar Dinge verändern: Als ich jung war, habe ich als Erstes den Sportteil gelesen, dann kam die Phase, als der Wirtschaftsteil als Erstes verschlungen wurde. Und heute hänge ich hauptsächlich am München-Teil, wenn ich die *Süddeutsche* aufschlage.

Mein großes Glück als später Vater ist, dass ich aber nicht im Trott meiner Generation hängen bleibe, sondern dank Nikolas und Raphael die Chance habe, Väter und Mütter kennenzulernen, die zehn oder auch fünfzehn Jahre jünger sind als ich.

*

Wieder knurrt mir der Magen. Ich lege das Buch zurück in meinen Koffer. »Eine romantische Reise in die Finsternis der Kühlschränke«, so hat *Der Spiegel* das Buch zusammengefasst, hilft mir gerade nicht. Ich schaue aus dem Fenster und sehe mit Schnee bestäubte Bergspitzen. Sie dürften zum Karwendelgebirge gehören.

Selten habe ich so viel Ruhe und so viel Zeit. Normalerweise ist mein Tag durch Zeitknappheit geprägt. Jedes sich öffnende Zeitfenster will schließlich sinnvoll genutzt werden. Nun aber sitze ich einfach da. Wäre ich jetzt daheim bei Clarissa, würde ich vorschlagen, die Zeit zu nutzen und *Haus des Geldes* weiterzuschauen.

Während beim ersten Corona-Lockdown die halbe Welt stillstand, sind wir dieser großartigen spanischen Panzerknackerserie verfallen, nachdem wir uns zunächst mittels *The Crown* das Leben der Queen zu Gemüte geführt hatten. *Haus des Geldes* besticht ganz einfach mit kunstvoll gestalteten Charakteren, deren Geschichten vor- und zurückspringen, sich von uns und voneinander entfernen und sich dann wieder annähern und vermischen. Den Machern ist es gelungen, dass sofort die Gangster unsere Sympathie haben, wir ihnen sogar die Daumen drücken, wenn sie mit kriminellen Zaubertricks, Täuschungen und Manipulation irrwitzige Überfälle begehen.

Aber ohne Clarissa will ich nicht weiterschauen. Es ist unsere Serie. Unsere gemeinsame Routine. Mal ganz davon abgesehen, dass es auch nicht Sinn und Zweck meiner Auszeitwoche ist, mich vom Fernseher berieseln zu lassen. Es geht darum, sich mental fallen zu lassen und dem Kopf Ruhe zu gönnen. Das ist aber gerade, jedes Mal aufs Neue, am Anfang gar nicht so leicht.

Meine Gedanken springen, während ich einfach aus dem Fenster schaue. Immer wieder holen mich Arbeitsthemen ein. »Haben wir eigentlich die Plakette von Uli Hoeneß wieder angebracht?«, frage ich mich.

Als wir unser Restaurant während Corona geschlossen halten mussten, haben wir die Zeit genutzt, um sämtliche Räumlichkeiten auf Hochglanz zu polieren. Wir haben zum Beispiel die Böden tiefengereinigt, wie es beim normalen Betrieb niemals möglich gewesen wäre. An gewöhnlichen Tagen rennen da ungefähr 500 oder 600 Gäste drüber. Nun haben wir ihn gebohnert und mit Pflegestoffen poliert, die eine Woche einwirken konnten. Wir haben unsere Küchen, die natürlich auch so immer sauber gemacht werden, teils in ihre Einzelteile zerlegt, um auch hinter den Leisten scheuern zu können. Wir haben an der Prinzregentenstraße die Garderobe im Restaurant entfernt und stattdessen eine Probierstube für Weine eingerichtet. Wir haben Bilder abgehängt, um wirklich jeden Millimeter für die Wiedereröffnung herauszuputzen. Und wir haben sogar die Plakette abgeschraubt, die wir Uli Hoeneß zu seinem 50. Geburtstag an seinem Lieblingsplatz geschenkt hatten, um sie aufzupolieren und das Holz dahinter und das Drumherum zu streichen. Ich hatte aber bisher gar nicht geschaut, ob wir sie auch wieder angebracht haben.

Ich mache mir eine kleine Notiz auf einem Block, den ich in der Schreibtischschublade in meinem Hotelzimmer finde.

Weitere Gedanken kommen und gehen.

Für die Wiesn 2022, nach zwei Jahren Coronaunterbrechung, müsste ich auch noch einiges planen.

»Hab ich noch mal die Chance, das Catering in der Allianz Arena zu bekommen?«

»Werde ich mir jemals den Traum erfüllen, ein eigenes Hotel zu besitzen?«

Ich versuche mich zu beruhigen. Ich will jetzt nicht daran denken, was alles zu tun ist und was wir alles berücksichtigen müssen.

»Christian könntest du auch wieder treffen«, schießt der nächste Gedanke bereits durch meinen Kopf. Aber den lasse ich gerne zu, immerhin ist er privat.

Christian ist mein Halbbruder. Mein Vater hatte während seiner zweiten Ehe eine Affäre, aus der er entstanden ist. Viele,

viele Jahre wusste Christian gar nicht, wer sein Vater überhaupt war. Und ich wusste auch lange Zeit nicht, dass es ihn gibt. Erst mit dreißig Jahren hat Christian unseren Vater ein bisschen kennengelernt. Auch wir haben uns getroffen, und so habe ich ungefähr im Alter von fünfzig Jahren noch einen Bruder bekommen. Er ist ein toller Kerl. Hat sich ein eigenes Leben aufgebaut, auf das er sehr stolz sein kann. Die Geburt von Nikolas und Raphael und die seiner ersten Tochter liegen nur vier Tage auseinander, sodass wir über die Kinder eine enge Verbundenheit aufgebaut haben, ich würde sogar sagen, richtig gute Freunde geworden sind.

Ich werde ihm, beschließe ich, abends, wenn ich eh das Handy zur Hand nehme, um kurz mit der Firma zu sprechen, eine Textnachricht schicken.

Mein Magen knurrt jetzt lauter denn je. So laut, dass mich das Geräusch aus meinen Gedanken reißt. Mal ist es mehr ein Blubbern, dann ein Rumoren, manchmal ein Gluckern. Auch wenn das, was mein Magen da produziert, nicht unbedingt dazugehört, so gibt es doch so viele wundervolle Geräusche auf diesem Planeten. Ich glaube, es gibt kaum einen Menschen, der sich nicht in leisem, rhythmischem Wellenrauschen verlieren kann. Mit Lemmy habe ich es am Strand in Saint-Tropez gehört, als wir uns nach heißen Partynächten beim Mittagsschlaf im Sand ausgeruht haben. Ich weiß bis heute, auch wenn es über vierzig Jahre her ist, wie die Wellen damals klangen.

Ich liebe das Ploppen, wenn jemand gekonnt eine Weinflasche öffnet. Überraschenderweise höre ich es auch gerne, wenn Formel-E-Autos geladen werden. Erstmals habe ich das pfeifende Zirpen in der Boxengasse in Rom gehört, weil wir bei der Formel E, dem Elektropendant zur Formel 1, auch das Catering machen. »Warum lande ich eigentlich immer wieder beim Thema Essen?«, frage ich mich, ein bisschen genervt von mir selbst.

KAPITEL 28

FREUNDSCHAFTEN

In dieser Nacht schlafe ich unruhig. Das ist bei mir in den ersten Nächten im Lanserhof immer so. Dann, am nächsten Morgen, gibt es Dinkelknäckebrot mit Karottenpaste. Das Knurren wird leiser, ganz verschwinden tut es nicht.

Nach dem Frühstück gehe ich spazieren und merke, wie meine Gedanken nun mehr bei mir bleiben. Wie sie sich mehr um mich drehen und um diejenigen, die für meine persönliche Entwicklung wichtig waren.

Wie zum Beispiel Joachim, der verschiedene Internetplattformen entwickelt und erfolgreich gemacht hat. Ich habe ihn durch ein Business-Netzwerk kennengelernt, das mir unheimlich viel gebracht hat, die YPO, die Young Presidents' Organization. Topmanager und Geschäftsführer aus über 125 Ländern gehören zu dieser Vereinigung. Um aufgenommen zu werden, vereinfacht beschrieben, muss man im Alter von unter vierzig Jahren bereits in einer leitenden Position gearbeitet haben. Man braucht Fürsprecher, bestimmte Branchen sind nicht zugelassen. Wer fünfzig Jahre alt ist, ist aus dem innersten Kreis wieder raus. Man bleibt allerdings als Forty-niner miteinander verbunden.

Es geht darum, andere an Erfahrungen aus dem Wirtschaftsleben teilhaben zu lassen, ohne sie zu belehren. Besprochenes bleibt intern. Es ist ein Austausch unter Unternehmern, unter

Gleichgesinnten, die ähnliche Herausforderungen zu meistern oder Probleme zu lösen haben. Man hilft sich untereinander, wenn man kann.

Ich habe durch meine Eltern nie gelernt, was Offenheit ist. Mein Vater war zu wenig da. Meine Mutter musste funktionieren. Ihre Ängste und Gefühle haben beide, wahrscheinlich auch ein Generationenthema, nicht mit mir geteilt. Wenn sie Probleme hatten, haben sie sie gelöst. Ohne sie vorher im Familienkreis zu besprechen. Wenn sie etwas bedrückt hat, haben sie es unterdrückt. Ich meine das gar nicht als Vorwurf, sondern stelle es einfach nur fest. Es wurde weniger gesprochen, sondern einfach gemacht. Wahrscheinlich mussten sie, weil sie während des Zweiten Weltkrieges aufgewachsen sind, die Gabe entwickeln, Erlebtes nicht an sich ranzulassen, geschweige denn darüber zu reden.

Wer verschlossen ist, tut sich aber schwer, Freunde zu gewinnen. Wer Freundschaften schließen möchte, muss sich gegenüber anderen Menschen öffnen. Er muss lernen, ihnen zu vertrauen und sie an sich heranzulassen. Nur so funktioniert echte, intensive, gelebte und langjährige Freundschaft. Nur so entsteht warme Vertrautheit.

Zwei Freunde können so viel miteinander vereinen – ihr Talent, ihren Mut, ihre Hoffnung und ihre Energie. Wenn es langjährige Freundschaften sind, weiß man manchmal schon im Vorfeld, was der andere sagen wird.

Das alles musste ich lernen und habe es zum Glück auch gelernt. Wobei dieser Lernprozess erst bei der YPO eine neue Dynamik entwickelt hat. Erst dort habe ich wirklich verstanden, welche Offenheit notwendig ist, um innige Freundschaften zu schließen und zu pflegen. Dort habe ich auch verstanden, wie befruchtend Begegnungen mit anderen Menschen sein können. Wie schön es sein kann, seinen Freundeskreis, der seit der Jugend besteht, zu erweitern und auch Menschen zu begegnen, die vollkommen anders sind als man selbst. Vor allem sind alles »echte«, bodenständige Leute ohne Realitätsverzerrung, wie sie oft in sozialen Netzwerken vorherrscht.

Meine besten Freunde sind noch immer die, die ich als Kind oder Jugendlicher gewonnen habe, obwohl ich damals verschlossener war. Nun, mit mehr Offenheit, kommen neue dazu. Sie ersetzen auch niemanden, sondern erweitern einfach meinen Freundeskreis.

Der Journalist Max Scharnigg hat einmal einen wunderbaren Beitrag über Männerfreundschaften in der *Süddeutschen Zeitung* geschrieben, der mich auch zum Nachdenken angeregt hat. »Irgendwann hat man nur noch gute Bekannte«, lautete die Überschrift. Er arbeitete sich durch Studien und mitunter auch an provokanten Behauptungen ab, schrieb Sätze wie, dass es sich ab einem gewissen Alter »ein bisschen altmodisch und ungewohnt« anhöre zu sagen, »wir werden Freunde«. Freundschaftsanbahnung sei vom vierten bis zum vierundzwanzigsten Lebensjahr ein »soziales Basisprogramm, auf das man keine großen Gedanken verschwendet«, es laufe immer nebenbei. »Auf dem Spielplatz, im Sportverein, in gemeinsam geschwänzten Mathedoppelstunden errichtet man sich gemein hin das Freundschaftsfundament, mit dem man ins erwachsene Leben startet.« Aber dann, im Laufe der Karriere und wegen wachsender Beziehungen, verfüge man irgendwann nur noch über ein knapper werdendes Freundschaftsbudget, und schließlich setze, vor allem bei Männern, der Freundeschwund über die Jahrzehnte ein.

Ganz zum Schluss des sehr lesenswerten und anregenden Stücks schreibt Scharnigg: »Bekannte sind gut, aber Freunde sind besser. Und oft müsste man nur den Schalter im Kopf umlegen und ein bisschen mehr Nähe zulassen, um aus dem einen den anderen zu machen. Denn auch Männer brauchen später im Leben noch emotional belastbare Freundschaften, in denen sich nicht nur Grillzangen, sondern auch mal Probleme und Sorgen besprechen lassen. Schon allein, um den eigenen Partner in dieser Hinsicht zu entlasten.«

Diese Nähe habe ich zum Glück auch schon vor dem Artikel zugelassen, dank der Begegnungen bei YPO. Und vor allem dort Freunde hinzugewonnen, mit denen ich nicht nur über Grillbesteck und sonstige Oberflächlichkeiten reden kann.

Der bereits erwähnte Joachim ist einer von ihnen. Er ist jemand, von dem ich mich gerne inspirieren lasse.

Als Unternehmer war er ein absoluter Überflieger. Er schloss die Uni im Eiltempo und mit Bravour ab, wurde Unternehmensberater und Gründer. Er wollte immer schneller und besser sein als andere. Auf der Karriereleiter nahm er gerne mehrere Sprossen auf einmal. Er habe, sagte er mir mal, eigentlich nichts anderes gemacht, als zu arbeiten. Bewusst übertrieben sprach er von seiner 168-Stunden-Woche.

Alles drehte sich um den Erfolg. Bis er im November 2002 in den Urlaub nach Südafrika fuhr. An seinem letzten Tag machte er mit einem Freund eine letzte Motorradtour. Die Straße war kilometerlang schnurgerade, der Himmel strahlend blau. Neben der Straße verlief die Küste. Traumbedingungen also, alles schien perfekt.

Wäre da nicht dieser alkoholisierte Autofahrer gewesen, der auf der gegenüberliegenden Fahrbahn zum Überholen ausscherte und Joachim übersah. Er selbst hat keine Erinnerungen mehr an den Unfall. Sie enden ungefähr zwei Stunden vor dem Crash und setzen erst wieder nach achtundvierzig Stunden ein.

Der Autofahrer erwischte ihn so übel, dass ihm das rechte Bein abgerissen wurde. Auch die rechte Schulter wurde herausgerissen. Joachims Glück ist, so beschreibt er es zumindest, dass er vor der Abfahrt seinen stylischen Halbhelm nicht findet und sich daher den Integralhelm schnappt. Dass eine der besten Privatkliniken des Landes nur sechs Minuten entfernt ist. Und dass er eine häufige Blutgruppe hat, schließlich wird er 160 Beutel Blut benötigen bei der siebenstündigen Operation, bei der ihm zunächst das Leben gerettet wird.

Doch dann verfärbt sich sein rechter Arm, die Ärzte nehmen ihn ab. Seine Niere versagt, der linke Lungenflügel kollabiert, dann auch noch der rechte. Die Ärzte versuchen über einen Drainageschlauch, der durch den Brustkorb in den Pleuraspalt eingeführt wird, vorsichtig die Luft abzusaugen und so den Unterdruck wiederherzustellen. Doch es misslingt.

Drei von vier Ärzten, so nimmt es Joachim wahr, geben ihn auf. Sie können nicht mehr. Glauben nicht daran, ihn zu retten. Ihm wird schwarz vor Augen, er ist überzeugt, dass es das war.

Doch schließlich gelingt es noch einmal, ihn zurückzuholen. Insgesamt acht Wochen bleibt er in der Klinik in Südafrika. Dann wird er nach Zürich verlegt. Man prognostiziert ihm ein Dasein als ewiger Pflegefall.

Doch Joachim will das nicht akzeptieren. Wie einst als Unternehmer erstellt er eine Art Businessplan für sich, definiert klare Ziele: Er will von der Dialyse wegkommen. Er will stehen können. Er will mit einer Prothese laufen lernen. Und lernen, mit links zu schreiben.

Joachim hat mir und anderen bei YPO seine ganze Geschichte abgeklärt erzählt. Ohne ins Stocken zu geraten oder um Fassung zu ringen. Er hat sie inzwischen auch häufig öffentlich erzählt, weil er anderen Menschen mit Behinderung hilft und ihnen Mut machen möchte, ansonsten würde ich auch niemals über sein Schicksal schreiben.

Diese neuen Herausforderungen des Lebens haben ihn nicht besiegt. Sie haben ihm die Lebensfreude nicht geraubt. Stattdessen hat Joachim einen anderen Blick aufs Leben gewonnen, der mir imponiert. Vor dem Unfall habe er, so erzählte er, sich sehr stark mit der Zukunft beschäftigt. »Jetzt bewege ich mich viel mehr in der Gegenwart und versuche, das Beste aus der Gegenwart zu machen.«

Als seine Lungen kollabierten, er das Gefühl hatte, aus dem Leben gerissen zu werden, habe er sich nicht die Frage gestellt: »Wie erfolgreich bin ich eigentlich gewesen? Wie wertvoll sind meine Firmen?«

Stattdessen habe er sich gefragt, was er für ein Mensch gewesen ist.

»Was war ich für ein Chef? Was war ich für ein Kollege? Was war ich für ein Sohn? Was war ich für ein Partner? Was war ich für ein Vater?«

Eigentlich sind das ganz einfache Fragen. Aber vielleicht gerade deshalb verdammt wichtige Fragen, die sich jeder irgendwann einmal beantworten sollte. Aber man muss sich auch die Zeit nehmen, sie zu beantworten. Das geht nicht mal eben nebenher. Man muss den Mut aufbringen, sich ehrlich mit ihnen auseinanderzusetzen. Man muss bereit sein, auch kritisch mit sich selbst umzugehen.

Nach dem Spaziergang gibt es Gott sei Dank mal wieder Essen im Lanserhof. Das Grummeln meines Magens ist inzwischen wieder so laut, dass es sich fast wie eine Steinlawine anhört, die von einem Berg ins Tal rauscht. Serviert werden hauchdünn belegte Buchweizentoasts und Zucchininudeln. Ich kaue und kaue und kaue.

Zurück auf dem Zimmer setze ich mich an den Schreibtisch und greife zum Block, auf dem ich mir am Vortag die Erinnerung notiert habe, nach der Hoeneß-Plakette zu schauen.

»Was war ich eigentlich für ein Sohn?«

»Was bin ich für ein Freund?«

»Wie gut bin ich meinen Kunden gegenüber als geliehener Freund?«

»Was bin ich für ein Partner?«

»Was bin ich für ein Vater?«

EPILOG

Wenn ich in den Spiegel schaue, sehe ich einen Mann, so Anfang, höchstens Mitte fünfzig. Ich sehe jemanden, der sich gut fühlt, energiegeladen und voller Tatendrang ist. Mir passiert tatsächlich genau das, was Michael Reichardt mir prophezeit hat: dass man dabei nicht sehe, wie alt man geworden ist.

Vielleicht habe ich, seitdem Michael das gesagt hat, häufiger in den Spiegel geschaut, dabei womöglich die ein oder andere Falte oder auch den ein oder anderen dazugekommenen Altersfleck – bewusst oder unbewusst – übersehen.

Wobei es mir aber auch egal ist, wie alt oder jung ich letztlich äußerlich wirken mag. Denn grundsätzlich bin ich mit demjenigen, dem ich in die Augen schaue, ziemlich zufrieden.

Ich bin ein Unternehmer aus Leidenschaft, ein unendlich stolzer Vater und ein sehr glücklicher Ehemann. Ich weiß nur zu gut, wer ich bin und wer ich in den nächsten Jahren sein möchte.

Im Laufe der vielen Gespräche, die ich mit Kai Psotta für dieses Buch geführt habe, habe ich mir selbst zahlreiche Fragen beantwortet, auch einige, mit denen ich mich aufgrund von Joachims Geschichte beschäftigt habe. Es hat mir gutgetan, so intensiv interviewt zu werden und mir von Zeit zu Zeit selbst Fragen zu stellen und sie zu beantworten. Dieser innere Dialog war hilfreich.

Der Mensch, mit dem man sich am Tag am häufigsten unterhalte, das stammt von dem bereits erwähnten Jugendtrainer Norbert Elgert, sei man selbst. »Dementsprechend ist es logisch, dass es extremen Einfluss auf uns selbst hat, wie wir mit uns sprechen. Wenn du den ganzen Tag nur negativ mit dir sprichst, kannst du doch nicht positiv gestimmt durchs Leben gehen! Wenn ich mir den ganzen Tag einrede, was für eine Pfeife ich bin, darf ich mich nicht wundern, wenn ich mich auch wie eine Pfeife verhalte. Alles, was wir sagen, hören auch unsere Ohren. Deshalb ist es so wichtig, dass wir größtenteils aufbauend mit uns sprechen.« Wenn man sich selbst nicht positiv beeinflussen könne, »wie willst du dann andere positiv beeinflussen? Nur wer selbst begeistert ist, kann andere begeistern.«

Da steckt so viel Wahres drin.

Um mit mir selbst positiv zu sprechen, diesen Aspekt würde ich noch hinzufügen, muss ich mich kennen und mein Verhalten verstehen. Ich sollte mich intensiv mit mir auseinandergesetzt haben, um zu verstehen, warum ich manchmal wie reagiere. Je besser ich mich kenne, je sortierter meine eigene Geschichte abgespeichert ist, desto klarer kann ich zunächst mich und schließlich andere positiv beeinflussen.

Deshalb ist es so wichtig, miteinander zu reden. Das habe ich in der viel zu späten Auseinandersetzung mit meinem Vater gelernt. Ich hätte mich viel früher in dieser Intensität mit ihm, seinem Blickwinkel und uns beschäftigen sollen.

Die Vielzahl der Menschen ist gut und liebenswert. Es lohnt sich, sich mit ihnen zu beschäftigen und zu reden. Und zwar, und ich schreibe das nicht als alter Mann, der sich vor Neuerungen verschließt, im wirklichen, echten Leben.

Wir sollten aufpassen, nicht zu oft in der virtuellen Welt zu verschwinden. Die virtuelle Welt schmeckt und duftet nicht. In ihr gibt es nichts, was man auf seiner persönlichen Geschmacksfestplatte ablegen kann. Mir hilft es bis heute, dass ich niemals den Geruch vergesse, den ich als kleiner Junge im Büro unserer Konditorei eingesogen habe.

Diese Gerüche und Geschmäcker machen das Leben aus. Jede Hochzeit, jede Feier ist mit den eigenen Augen beobachtet und festgehalten schöner, als wenn man ein Handydisplay dazwischenschiebt.

Das Leben mit den eigenen Augen gesehen ist immer schöner als aufgezeichnete Erinnerungen. Auch wenn man keine Filter drüberlegen kann, damit Farben oder Konturen noch kräftiger erscheinen.

In der Rolle, die ich künftig bei uns im Unternehmen einnehmen möchte, ist diese kleine Erkenntnis wichtig. Denn auch um Trends zu erkennen, muss man raus ins echte Leben. Trends erfährt man nicht am Schreibtisch, indem man Suchmaschinen benutzt oder Homepages scannt. Diese Maßnahmen vereinfachen die Suche nach Trends, aber es ist und bleibt unabdingbar, Trends zu spüren, zu schmecken, zu riechen und zu erleben. Ein Unternehmen darf nie im gesicherten Autopilotmodus fliegen. Es braucht immer wieder Kurskorrekturen, mal kleinere, mal größere. Wir haben und werden uns immer an den Besten orientieren, die es auf der Welt gibt.

Ich habe bei uns im Unternehmen ein großartiges Team um mich herum. Menschen und Macher, die genau wissen, wie ich denke und ticke. Die verinnerlicht haben, wie Käfer zu dem geworden ist, was es ist. Und die mein Vertrauen genießen, ihre Ideen einzubringen und umsetzen zu dürfen. Ich habe verstanden, wie wichtig es ist, starke Fuhrungspersonen um mich herum wachsen zu lassen.

Meine Führungskräfte haben die Gabe, einfach denken zu können. Sie lieben und kennen Details, verlieren sich aber nicht im Kleinklein. Sie übernehmen Verantwortung für ihr Handeln und gehen dahin, wo die Probleme sind, und warten nicht darauf, bis die Probleme zu ihnen kommen.

Sie würden nicht auf die Idee kommen, einen Gang mit leeren Händen zu machen, wenn irgendwo noch leere Teller umherstehen. Meinen Blick auf ausgebrannte Glühbirnen hat ebenfalls jeder von ihnen übernommen, und zwar, weil sie verstanden haben, dass derjenige, der Nuancen ignoriert, irgendwann auch größere Versäumnisse übersehen wird.

Das Motto »Hauptsache, leidenschaftlich« wird bei uns gelebt. Wir nehmen unsere Mitarbeiter jederzeit ernst, schenken ihnen Gehör und vertrauen ihnen.

Das alles ist wahnsinnig schön zu sehen. Das beruhigt mich und gibt mir eine ganz große Portion Zufriedenheit, dass ich unser Unternehmen, ehe meine Söhne irgendwann hoffentlich einsteigen werden, bis dahin in sehr guten Händen aufgehoben weiß.

Wer leidenschaftlich arbeitet, und das würde ich mir, so viel Unbescheidenheit darf an dieser Stelle sein, zuschreiben, kann niemals einen vollkommenen Schlussstrich ziehen. Es ist eine Kunst, konsequent loszulassen und anderen Entscheidungen zu überlassen.

Ich war über viele Jahrzehnte gerne ein geliehener Gastgeber. Und ich werde es auch noch ein paar Jahre bleiben. Aber in den nächsten Jahren, in denen ich wie früher unterwegs sein werde, um genau zu beobachten, wie sich Dienstleistung und Service, Essen und Ausgehen, Kochen und Einladen verändern werden, werde ich noch eine weitere Rolle einnehmen.

Ich werde für unsere Führungskräfte ein geliehener Ratgeber sein.

Jemand, der aus der eigenen Erfahrung berichten kann. Der selbst weiß, dass Fehler passieren können, und der ganz gewiss nicht alles nur richtig gemacht hat. Ich habe experimentiert und zugehört. War mal zurückhaltender, mal mutiger, aber immer beharrlich. Mit meiner Beharrlichkeit ist es übrigens auch gelungen, den Aachener CHIO, das Weltfest des Reitsports, nach Jahrzehnten doch noch unserem Konkurrenten abzuluchsen und das Catering dort übernehmen zu dürfen.

Bei YPO habe ich nicht nur Offenheit und Vertrauen gelernt, sondern eben auch die Vorzüge von geliehenen Ratgebern erkannt, ohne dass diese dort so genannt worden wären.

Ich hatte immer vor, respektvoll älter zu werden. Mich nicht dauerhaft auf einer Suche nach meiner Rolle zu befinden. Ich glaube, dass ich dabei ein deutliches Stück weitergekommen bin.

Ich freue mich auf die nächsten Jahrzehnte mit Käfer und mit Ihnen als Kunden. Ich freue mich, weiterhin für Sie ein geliehener Gastgeber sein zu dürfen. Und für meine Führungskräfte und alle unsere wunderbaren Mitarbeiter als geliehener Ratgeber zur Verfügung zu stehen.

Und ich freue mich, Zeit mit meiner wunderbaren Frau und meinen fantastischen Kindern zu verbringen.

Ich werde mit ihnen spielen, das wertvollste Angebot, das sie mir machen können, annehmen.

Clarissa und ich werden Nikolas und Raphael zeigen, wie wichtig Offenheit und Vertrauen sind. Wir werden ihnen erklären, wie schön es ist, Zeit mit anderen Menschen zu verbringen.

Die Mehrzahl der Menschen ist gut und liebenswert. Die Menschen sind schlau. Daran will ich ganz fest glauben.

Ihr Michael Käfer

DANKSAGUNG

Ich müsste an dieser Stelle jeden meiner 1400 Mitarbeiter namentlich erwähnen, weil es jeder Einzelne verdient hat. Jeder in unserem Unternehmen ist wichtig und leitet einen so wertvollen Beitrag. Sie alle haben in den Jahren meiner Führung Käfer zu dem gemacht, was es am Ende ist.

Meinen Mitstreitern in der Geschäftsleitung ein großes, herzliches Dankeschön für all Euer Herzblut, Eure Leidenschaft für Käfer, dafür, dass Ihr unsere Werte jeden Tag vorlebt und ein so Superteam seid. Einen Dank an mein Büro, dafür, dass Ihr mir so viel Arbeit abnehmt und mit so großer Loyalität zu mir steht!

Danke an all meine geliehenen Freunde, vor allem an die echten, wahren Freunde, von denen ich einige hervorheben möchte: Lemmy, Hans-Georg, Alexander, Lothar, Florian, Ralf, Stefan, Wolfgang, Peter, Peter (der mich gesund hält), meine inspirierenden Forum-Freunde, meine viel zu früh gestorbenen Freunde Detlef und Alfi.

Dank an meine zwei Michaels. Michael mein väterlicher Freund, Ratgeber, Mentor, der Du mir im Leben so viel beigebracht hast und ohne diese Hilfe, ich nie da wäre, wo ich heute bin! Und Michael, der mir einen für mich entscheidenden Rat gegeben hat und der so oft ohne Eigeninteressen für mich da war und ist.

Danke, liebe Clarissa, dass Du »JA« gesagt hast und mit mir Dein Leben teilst. Danke, dass Du für mich da bist und mir Halt gibst, dass ich bei Dir »angekommen« bin. Du bist alles, was ich mir gewünscht habe.

Danke, lieber Nikolas und lieber Raphael. Ihr seid mein größtes Geschenk. Danke, dass Ihr mit mir spielen wollt und somit Euer wertvollstes Gut mit mir teilt. Ihr habt, da spreche ich auch im Namen Eurer Mutter, unser Leben vollkommen gemacht.

Danke an meine Eltern, ich vermisse Euch. Meine Mutter, die so viel für mich entbehrt hat, die mir so viel Herzensliebe gegeben und gelehrt hat. Mein Vater, den ich heute in so vielen Dingen besser verstehe als früher, an den ich so oft denke und auf den ich stolz bin. Er hat es geschafft, für immer unvergessen zu sein. Meine geliebte Großmutter, die mir Fleiß und Bescheidenheit gelehrt hat und mein Onkel Helmut, der so oft unterschätzt wurde. Ohne ihn wäre Käfer nie das, was wir heute sind. Ihr habt mir den Grundstock für mein so gutes Leben gegeben.

Die fünf Buchstaben Danke sind ein wunderbares Wort. Es ist so wichtig, sofern es aus tiefster Überzeugung und von Herzen kommt.

Ihr/Euer
Michael Käfer

Danke Kai, dass Du mich zu diesem Projekt überredet hast und für Deine Zeit und für Dein Können.

QUELLEN UND LITERATURHINWEISE

Amann, Melanie: »Als die K-Frage verfrühstückt wurde«, *Der Spiegel*, 4.9.2021

Arlt, Sebastian: »Sturmlauf des Pragmatikers«, *Morgenpost*, 10.8.2006

Bardola, Nicola: *Mercury in München. Seine besten Jahre* © 2021 Wilhelm Heyne Verlag, München, in der Penguin Random House Verlagsgruppe GmbH (Abdruck mit freundlicher Genehmigung der Penguin Random House Verlagsgruppe)

Bayern München: »Vom Gemüsehändler zum Fußball Manager«, 21.11.2012

Beck, Sebastian/Kratzer, Hans: »So haben Sie Neuschwanstein noch nie gesehen«, *Süddeutsche Zeitung*, 26.12.2017

Beisenherz, Micky: »Super GAUdi – es geht noch stumpfer, täterää«, *Stern*, 2.10.2017

Bethge, Philip: »Die Heilkraft des Grooves«, *Der Spiegel*, 13.2.2018

Bourdain, Anthony: *Geständnisse eines Küchenchefs: Was Sie über Restaurants nie wissen wollten* © 2001 Karl Blessing Verlag, München, in der Penguin Random House Verlagsgruppe GmbH, Übersetzung: Dinka Mrkowatschki (Abdruck mit freundlicher Genehmigung der Penguin Random House Verlagsgruppe)

Brudermanns, Bernd: »Größte Teams aller Zeiten: Der FC Bayern«, *tz*, 31.5.2011

Burnside, John: *Lügen über meinen Vater* © 2017 Penguin Verlag, München, in der Penguin Random House Verlagsgruppe GmbH, Übersetzung: Bernhard Robben (Abdruck mit freundlicher Genehmigung Penguin Random House Verlagsgruppe)

Cappelmann, Tim: »Schatztaucher: Sein Lebenstraum zieht ihn in die Tiefen der rauen Nordsee«, *Stern*, 13.9.2018

De Benedictis, Éric: »Die verrückte Geschichte von Hummer«, *Vice*, 20.11.2015

Decker, Susanne: »Zugvogelrekorde«, *Planet Wissen*, SWR, 25.3.2020

Deutsche Welle: »Mit Stil: Autobianchi A112«, *Motor mobil*, YouTube, 5.5.2011

Dieterle, Claus: »Über eine Höhenkette auf den Gipfel«, *Frankfurter Allgemeine Zeitung*, 9.8.2006

Dinkelaker, Max/Ahrens, Tobias/Nussdorfer, Florian: »Der Kollaps«, *11 Freunde*, 31.5.2021

Elgert, Norbert: *Gib alles – nur nie auf!* © 2019 Ariston, München, in der Penguin Random House Verlagsgruppe GmbH (Abdruck mit freundlicher Genehmigung der Penguin Random House Verlagsgruppe)

Fischer, Gerhard: »König der Löwen«, *Süddeutsche Zeitung*, 5.3.2013

Forster, Karl: »Die größten Poser an der Isar«, *Süddeutsche Zeitung*, 2.5.2016

Franz, Angelika: »Im Abgang faule Eier mit Meerwasser«, *Neue Zürcher Zeitung am Sonntag*, 1.5.2016

Freudenberg, Sandra: »Von wegen Märchenkönig – Ludwig II. von Bayern war ein König der Berge«, *Neue Zürcher Zeitung*, 9.10.2000

Frühbuss, Sabine: »Kriminalgeschichte: Banküberfall mit Geiseln und zwei Toten«, *Zwischen Spessart und Karwendel*, BR, 9.8.2021

Gassmann, Daniela: »Wie ich lernte, meinen Bauch zu verstehen«, *Süddeutsche Magazin*, 9.6.2021

Geiselberger, Heinrich/Moorstedt, Tobias/Schrenk, Jakob: »Wie Beckenbauer zum ›Kaiser‹ wurde«, *Der Spiegel*, 23.4.2012

Gertz, Holger: »Der härteste Job der Welt«, *Süddeutsche Magazin*, 9.10.2014

Goldmann, Sven: »Der verhinderte Held von Atlético Madrid«, *Der Tagesspiegel*, 26.4.2016

Gopnik, Blake: *Warhol: Ein Leben als Kunst – Die Biografie* © C. Bertelsmann Verlag, 2020

Göttler, Fritz: »Jabadabaduuuu!«, *Süddeutsche Zeitung*, 30.9.2020

Graeter, Michael: *Extrablatt*, Langen, 2009

Grimm, Imre: »Der Zauber der Töne: Warum Musik uns glücklicher macht und das Gehirn trainiert«, *Redaktionsnetzwerk Deutschland*, 8.5.2021

Gröner, Christoph: »Der Nachtschwarm«, *Süddeutsche Zeitung*,17.5.2010

Hagelüken, Alexander/Kuntz, Michael: »Reden wir über Geld: Erich Sixt: ›Ich habe ein gestörtes Verhältnis zum Auto‹«, *Süddeutsche Zeitung*, 17.5.2010

Halatsch, Patrick/Kaulbars, Sven: *Im Vollwaschgang um die Welt*, NDR, 2002

Haller, Lara: *Lebensmittelverschwendung – Ursachen & Fakten*, Welthungerhilfe, 2020

Handel, Stephan: »Herr der Tische«, *Süddeutsche Zeitung*, 27.9.2014

Hielscher, Hans: »Die Big Band war sein Instrument«, *Der Spiegel*, 29.4.2019

Hillen, Barbara: »Qualität aus Leidenschaft – Die Geschichte des Unternehmens Feinkost Käfer (1930–2014)«, *Feinkost Käfer*, 2014

Hofer, Joachim: »Im Gespann erfolgreich«, *Handelsblatt*, 30.1.2014

Hollstein, Walter: »Ohne Vater bleibt sich der Sohn fremd«, *Die Welt*, 17.3.2014

Hüetlin, Thomas: »Piraten in weißen Schürzen«, *Der Spiegel*, 12.8.2001

Hummel, Thomas: »Die Ära des Radi«, *Süddeutsche Zeitung*, 1.5.2020

Jonas, Fabian: »Der erste Weltmeister des FC Bayern«, *Der Spiegel*, 7.3.2011

Käfer, Gerd/Lejeune, Erich: *Der Gourmet-Papst: Dienen ist mein Leben – aber bitte mit Sahne* © 2006 Redline Wirtschaftsverlag, München

Keller, Claudia: »Mit Gott auf der Überholspur«, *Der Tagesspiegel*, 4.4.2015

Kirschneck, Jens/Eggers, Erik/Schaar, Thorsten: »Der Albtraum eines Sommers«, *11 Freunde*, 15.5.2011

Kirschneck, Jens: »Papas Plattitüden«, *11 Freunde*, 13.3.2013

Koch, Sebastian: *Terra X Superbauten Neuschwanstein*, ZDF, 10.7.2014

Kotteder, Franz: »Mit Charme und Chansons«, *Süddeutsche Zeitung*, 25.7.2014

Kotteder, Franz: »Schädelweh at the Schwanthalerhöh«, *Süddeutsche Zeitung*, 5.6.2016

Kringiel, Danny: »Familienbild aus der Steinzeit«, *Der Spiegel*, 30.9.2020

Kröll, Jessica: »Wilde Schießerei mit zwei Toten: So endete Deutschlands erster Bankraub mit Geiseln«, *Stern*, 4.8.2021

Lange, Fabian/Lange, Cornelius: »Mit langem Abgang«, *Frankfurter Allgemeine Zeitung*, 10.1.2017

Lauer, Natalie: *H'ugo's Pizzabuch*, Hugos GmbH, 2015

Lejeune, Erich: *Der Gourmet-Papst: Dienen ist mein Leben – aber bitte mit Sahne* © 2006 Redline Wirtschaftsverlag, München

Lemaire, Guy: *Frankreich: Paris – Großmarkt Rungis*, Arte, 2013

Lerche, Angelika: »Der goldene Sommersitz«, *Hamburger Abendblatt*, 10.8.2002

López, José Carlos Menzel: »Miguel Reina: Das erzählte mein Sohn Pepe über Bayern«, *tz*, 27.4.2016

Maier, Anna: »Den kriegen wir nicht mehr hin!«, *KeinHochglanzmagazin*, 1.5.2018

Mattauch, Christine: »16 Millionen Dollar im Jahr«, *Süddeutsche Zeitung*, 17.5.2010

Mautz, Ina Simone: »Schweinshaxe und Schaumbad: Wie Queen in München ihre Freiheit genossen«, *Rolling Stone*, 26.11.2021

Mayer, Patrick: »Warum heißt der Kaiser eigentlich Kaiser? Ein Streit begleitet Franz Beckenbauer bis heute«, *tz*, 17.7.2021

Mayr, Manuela: »Gunter Sachs: Die Kunst war für ihn weiblich«, *Augsburger Allgemeine*, 9.5.2011

Meier, Philipp: »Ein Basquiat für Japan – und die ganze Welt«, *Neue Zürcher Zeitung*, 19.5.2017

Messner, Reinhold: *Berge versetzen* © 2018 BLV, München (Abdruck mit freundlicher Genehmigung von BLV, einem Imprint des GRÄFE UND UNZER Verlags)

Morgenstern, Karl: »Als aus Taxifahrern wieder Piloten wurden«, *Stern*, 29.3.2015

Muras, Udo: »0:5 der Bayern war eine ›Alkoholverdunstungsstunde‹«, *Die Welt*, 23.12.2015

Muras, Udo: »Als ›Katsche‹ einen Tag lang ›Kaiser‹ war«, *Deutscher Fußball Bund*, 22.2.2018

Nathusius, Philipp von: »Das Oktoberfest ist ein musikkultureller Albtraum«, *Süddeutsche Zeitung*, 24.9.2014

Nairne, Eleanor: *Jean-Michel Basquiat* © 2018 Taschen Verlag, Köln

Ono, Yoko, zitiert von Ehemann John Lennon in einem Interview im Dezember 1980, abgedruckt in: *All We Are Saying: The Last Major Interview with John Lennon and Yoko Ono*, 2000

o. V.: »Als Bayerns ›Katsche‹ traf – Atléticos alte Helden leiden«, *Süddeutsche Zeitung*, 26.4.2016

o. V.: »Basquiat-Gemälde für 110 Millionen Dollar versteigert«, *Der Spiegel*, 19.5.2017

o. V.: »Beckenbauer verliert seinen ›besten Freund‹«, *Der Spiegel*, 14.7.2002

o. V.: »Effenberg will Bayer Nervenschwäche einreden«, *Der Spiegel*, 18.5.2000

o. V.: »Ein Fußballplatz wie eine Seenplatte«, *Süddeutsche Zeitung*, 4.9.2015

o. V.: »Ein großer Visionär«, *Frankfurter Allgemeine Zeitung*, 15.7.2002

o. V.: »Es gab Momente, da bin ich am Erwartungsdruck fast erstickt. Lothar Matthäus wird 60«, *Der Spiegel*, 21.3.2021

o. V.: »Kostecki: ›Diese Etappe war brutal‹«, *Frankfurter Allgemeine Zeitung*, 12.12.2001

o. V.: »München. Deutschlands heimliche Hauptstadt«, *Der Spiegel*, 22.9.1964

o. V.: »Paris geht durch den Magen«, *Der Tagesspiegel*, 17.4.2011

o. V.: »Rummenigge: Eine unglaubliche Trauer«, *Spox*, 20.5.2012

o. V.: »Verkaufter Ruhm«, *Der Spiegel*, 1.1.1967

Pfeiffer, Frieder: »Wie viel Unglück passt in ein einziges Fußballspiel?«, *Süddeutsche Zeitung*, 21.5.2012

Pitzke, Marc: »Große, böse Gebäude«, *Der Spiegel*, 24.8.2011

Pochhammer, Gabriele: »Glanzvoll seit der Kreidezeit«, *Süddeutsche Zeitung*, 18.9.2021

Pohlmann, Sonja: »Schlussapplaus für ›Stars in der Manege‹«, *Der Tagesspiegel*, 28.12.2009

Prince/Piepenbring, Dan: *The Beautiful Ones – Die unvollendete Autobiografie* © 2021

Wilhelm Heyne Verlag, München, in der Penguin Random House Verlagsgruppe GmbH

Redzepi, René: *NOMA: Zeit und Ort in der Nordischen Küche*, Phaidon, 2011

Reichardt, Moritz: »Vom Obandeln und Schnackseln«, Wiesn-Kolumne, *Süddeutsche Magazin*, 1.10.2018

Schaeffner, Bjørn: »Es geht ums Repertoire, nicht ums Mischen«, *Neue Zürcher Zeitung*, 10.8.2016

Scharnigg, Max: »Irgendwann hat man nur noch gute Bekannte«, *Süddeutsche Zeitung*, 21.8.2021

Scherf, Martina: »Fünf-Sterne-Luxus gibt es nur für Urlauber«, *Süddeutsche Zeitung*, 20.3.2019

Schirn Kunsthalle Frankfurt: *Jean-Michel Basquiat – Vom Tag auf den Straßen zum angesagtesten Namen der Kunstszene*, YouTube, 12.3.2018

Schmidt-Polex, Carl: »Chicago und Oktoberfest«, *Die Zeit*, 13.8.1971

Schöngen, Max: »Das Trauma Schwarzenbeck«, *Spox*, 19.5.2014

Schröder, Marieke: *Schumann's Bargespräche*, Thalia Media, BR, 2017

Schröter, Rolf: »Familiensinn: Wie das System Sixt funktioniert«, W&V, 27.2.2015

Seiler, Christian: »Mein Alter«, *Süddeutsche Magazin, Männerheft*, 13.3.2015

Steinitz, David: »Rettungsschwimmen in der Post-Silikonbrust-Ära«, *Süddeutsche Zeitung*, 20.5.2017

Stinn, Kornelia: »Der Philosophenweg auf dem Muottas Muragl«, *Neue Zürcher Zeitung*, 22.11.2017

Stock, Oliver: »Der Mann mit den zwei Seiten«, *Handelsblatt*, 7.12.2007

Taiber, Anika: »Die zwei Leben des Joachim Schoss«, *Augsburger Allgemeine*, 28.10.2013

Todorov, Dimitri: *22 Jahre Knast. Autobiographie eines Lebenslänglichen* © 2001 Verlagsgruppe Droemer Knaur, München

Tyrnauer, Matt: *Studio 54 The Documentary: Der legendärste Club aller Zeiten und seine Geschichte, GEO Television*, 2019

Uslar, Moritz von: »Der Bär tut nichts«, *Die Zeit*, 23.10.2020

Vensky, Hellmuth: »Ewige Sehnsucht nach dem freien Fall«, *Die Zeit*, 12.6.2012

Wagner, Franz Josef: *Brief an Deutschland* © 2010 Diederichs, München, in der Penguin Random House Verlagsgruppe GmbH (Abdruck mit freundlicher Genehmigung der Penguin Random House Verlagsgruppe)

Weiss, Raphael: »100. Geburtstag von Robert Schwan: Der Architekt des FC Bayern«, *BR*, 20.11.2021

Werner, Andreas: »Rummenigge wird 60: So denkt Hoeneß über ›Karl-Heinz‹«, *tz*, 25.9.2015

Werner, Jürgen: »Die Sprache des menschlichen Gesichts«, *FAZ*, 1.10.1998

Westermeier, Klaus: *Michael Käfer – Erfolg im Schlaraffenland. Von der perfekten Dienstleistung zum Lifestyle-Konzern* © 2000 mi Verlag

Winkler, Willi: »Die Scham und die Sitte«, *Süddeutsche Zeitung*, 25.2.2020

Wittl, Wolfgang: »Wie war das beim Frühstück mit Frau Merkel, Herr Stoiber?«, *Süddeutsche Zeitung*, 15.9.2017

Wondratschek, Wolf: »Gedicht für Georg Schwarzenbeck«, aus: *Gedichte für die linke Hand* © 2018 Ullstein Verlag (Abdruck mit freundlicher Genehmigung des Autors)

Edel Books
Ein Verlag der Edel Verlagsgruppe

Neumühlen 17, 22763 Hamburg
www.edelbooks.com

Projektkoordination: Svetlana Romantschuk
Lektorat: Matthias Michel
Coverfoto: Thorsten Jochim
Layout und Satz: Datagrafix GSP GmbH, Berlin | www.datagrafix.com
Gestaltung von Umschlag und Bildstrecke: Groothuis. Gesellschaft der Ideen und Passionen mbH | www.groothuis.de
Lithografie: Frische Grafik, Hamburg
Druck und Bindung: GGP Media GmbH, Pößneck

MIX
Papier aus verantwortungsvollen Quellen
FSC® C014496

Printed in Germany

ISBN 978-3-8419-0817-9